Studienwissen kompakt

Mit dem Springer-Lehrbuchprogramm „Studienwissen kompakt" werden kurze Lerneinheiten geschaffen, die als Einstieg in ein Fach bzw. in eine Teildisziplin konzipiert sind, einen ersten Überblick vermitteln und Orientierungswissen darstellen.

Thomas Schuster
Leona Rüdt von Collenberg

Finanzierung: Finanzberichte, -kennzahlen, -planung

Springer Gabler

Thomas Schuster
Duale Hochschule Baden-Württemberg
Mannheim
Mannheim, Deutschland

Leona Rüdt von Collenberg
Deutsche Post DHL
Bonn, Deutschland

ISBN 978-3-662-46181-5   ISBN 978-3-662-46182-2 (eBook)
DOI 10.1007/978-3-662-46182-2

Die Deutsche Nationalbibliothek verzeichnet diese Publikation in der Deutschen Nationalbibliografie; detaillierte bibliografische Daten sind im Internet über http://dnb.d-nb.de abrufbar.

Springer Gabler
© Springer-Verlag Berlin Heidelberg 2015
Das Werk einschließlich aller seiner Teile ist urheberrechtlich geschützt. Jede Verwertung, die nicht ausdrücklich vom Urheberrechtsgesetz zugelassen ist, bedarf der vorherigen Zustimmung des Verlags. Das gilt insbesondere für Vervielfältigungen, Bearbeitungen, Übersetzungen, Mikroverfilmungen und die Einspeicherung und Verarbeitung in elektronischen Systemen.

Die Wiedergabe von Gebrauchsnamen, Handelsnamen, Warenbezeichnungen usw. in diesem Werk berechtigt auch ohne besondere Kennzeichnung nicht zu der Annahme, dass solche Namen im Sinne der Warenzeichen- und Markenschutz-Gesetzgebung als frei zu betrachten wären und daher von jedermann benutzt werden dürften.

Der Verlag, die Autoren und die Herausgeber gehen davon aus, dass die Angaben und Informationen in diesem Werk zum Zeitpunkt der Veröffentlichung vollständig und korrekt sind. Weder der Verlag noch die Autoren oder die Herausgeber übernehmen, ausdrücklich oder implizit, Gewähr für den Inhalt des Werkes, etwaige Fehler oder Äußerungen.

Gedruckt auf säurefreiem und chlorfrei gebleichtem Papier.

Springer Fachmedien Wiesbaden GmbH ist Teil der Fachverlagsgruppe Springer Science+Business Media
(www.springer.com)

我听见我忘记, 我看见我记住, 我做我了解.
Wǒ tīng jiàn wǒ wàng jì, wǒ kàn jiàn wǒ jì zhù, wǒ zuò wǒ liǎo jiě.
Ich höre und ich vergesse. Ich sehe und ich erinnere mich. Ich handle und ich verstehe.
zugeschrieben Xunzi (荀子; Xúnzǐ) (312–230 vor Christus)

Vorwort

Das vorliegende Lehrbuch beinhaltet die Themen im Bereich Finanzierung, die typischerweise in einer Grundlagenvorlesung in einem wirtschaftswissenschaftlichen Bachelor-Studiengang an Universitäten, Fachhochschulen oder Dualen Hochschulen behandelt werden. Der Inhalt wird in dem Buch „Finanzierung: Anleihen, Aktien, Optionen" von Thomas Schuster und Margarita Uskova fortgeführt, das ebenfalls bei Springer Gabler in der Reihe „Studienwissen kompakt" erschienen ist. Das Buch eignet sich natürlich auch für Anlageberater von Banken sowie für Praktiker in Unternehmen und Behörden, die täglich mit Finanzierungsfragen und Kapitalanlageentscheidungen zu tun haben.

Das Buch weist zahlreiche Vorzüge auf. Zusammen mit dem Buch für Fortgeschrittene deckt es alle wichtigen Themen im Bereich Finanzierung ab. Es ist eingängig geschrieben und leicht verständlich. Das Buch enthält eine Fülle von Praxisbeispielen. Zentrale Aussagen des Textes werden in Merke!-Boxen und durch mit einem Symbol gekennzeichnete Abschnitte mit dem Titel „Auf den Punkt gebracht" hervorgehoben. Für jedes Kapitel gibt es viele Let's-check-Aufgaben, mit denen der Leser sofort überprüfen kann, ob er das Gelesene verstanden hat. Ausführlichere „Vernetzende Aufgaben" dienen der weiteren Vertiefung und gegebenenfalls der Klausurvorbereitung. Am Ende jeden Kapitels findet der Leser unter der Rubrik „Lesen und Vertiefen" weiterführende Literaturangaben, um den Stoff bei Interesse zu vertiefen. Schließlich ist am Ende des Buchs ein Glossar mit den wichtigsten Fachbegriffen zu finden.

Im Internet sind zu dem Buch weitere Materialien unter folgender Internetadresse veröffentlicht:

▶ http://www.springer.com/978-3-662-46181-5

Smartphonebesitzer können auch den QR-Code einscannen, der am Ende des Vorworts abgedruckt ist, um die Internetseite des Lehrbuchs aufzurufen.

Leser können auf der Internetseite des Buchs ausführliche Lösungen sowohl zu den Let's-Check-Aufgaben als auch zu den vernetzenden Aufgaben herunterladen. Dozenten finden dort für jedes Kapitel ausführliche PowerPoint-Folien sowie Musterklausuren mit Lösungen. Voraussetzung zum Herunterladen der

Vorlesungsunterlagen ist, dass der Dozent sich auf der Internetseite von Springer bei DozentenPLUS anmeldet.

Am Entstehungsprozess dieses Buches haben viele Personen bewusst oder unbewusst mitgewirkt. Es ist für uns eine Selbstverständlichkeit, diesen unseren Dank auszusprechen. Grundlage des Buchs ist eine Vorlesung „Financial Management", die einer der Autoren im Bachelor-Studiengang „International Business" der Internationalen Hochschule Bad Honnef Bonn mehrmals gehalten hat. Deswegen geht der erste Dank an die Studierenden dieser Vorlesung, die durch aufmerksames Zuhören und kritisches Nachfragen zur pädagogischen und didaktischen Qualität dieses Buches beigetragen haben. Ein weiterer Dank geht an zahlreiche anonyme Autoren im Internet, die uns zahlreiche Anregungen zu Beispielen und Übungsaufgaben gegeben haben. Schließlich bedanken wir uns bei Stefanie Brich und Margit Schlomski vom Verlag Springer Gabler, die professionell und kompetent die Entstehung dieses Buches begleitet haben.

Zum Schluss wollen wir es nicht versäumen, unseren Lesern viel Spaß bei der Entdeckungsreise durch das Finanzierungsland zu wünschen. Wir versprechen Ihnen, dass es viele spannende Dinge zu entdecken gibt. Schauen Sie sich alles an und verweilen Sie dort etwas länger, wo es Ihnen am besten gefällt.

Mannheim und Bonn

Thomas Schuster
Leona Rüdt von Collenberg
Januar 2015

Inhaltsverzeichnis

1	**Einführung in die Finanzierung**	1
	Thomas Schuster, Leona Rüdt von Collenberg	
1.1	**Die Rolle des Finanzmanagers**	3
1.2	**Ziele des Finanzmanagements**	6
1.3	**Die Rolle der Kapitalmärkte**	8
1.4	**Lern-Kontrolle**	10
2	**Unternehmensformen und Corporate Governance**	15
	Thomas Schuster, Leona Rüdt von Collenberg	
2.1	**Rechtsformen von Unternehmen**	17
2.1.1	Das Einzelunternehmen	17
2.1.2	Die Personengesellschaft	18
2.1.3	Die Kapitalgesellschaft	20
2.2	**Das Prinzipal-Agent-Problem in der Kapitalgesellschaft**	25
2.2.1	Direkte Agency-Kosten	26
2.2.2	Indirekte Agency-Kosten	26
2.3	**Anreizgestaltung und Mechanismen der Unternehmenskontrolle**	27
2.3.1	Anreizgestaltung	28
2.3.2	Unternehmenskontrolle	29
2.4	**Lern-Kontrolle**	30
3	**Bilanz und GuV**	35
	Thomas Schuster, Leona Rüdt von Collenberg	
3.1	**Die Bilanz**	37
3.1.1	Aufbau der Bilanz	38
3.1.2	Aktiva	38
3.1.3	Passiva	40
3.2	**Die GuV**	45
3.2.1	Struktur der GuV	45
3.2.2	Nichtauszahlungswirksame GuV-Positionen	47
3.2.3	Fixe und variable Kosten	49
3.3	**Unternehmensteuern**	50
3.3.1	Unternehmensrelevante Gewinnsteuern	51
3.3.2	Grenzsteuersatz vs. Durchschnittssteuersatz	52
3.4	**Cashflows**	55

3.4.1	Operativer Cashflow	55
3.4.2	EBITD – Earnings before interest, tax and depreciation	57
3.4.3	EBITDA – Earnings before interest, tax, depreciation and amortization	59
3.4.4	Kapitalflussrechnung	59
3.5	**Lern-Kontrolle**	62
4	**Finanzkennzahlen und Kennzahlenanalyse**	**67**
	Thomas Schuster, Leona Rüdt von Collenberg	
4.1	**Finanzkennzahlen**	69
4.1.1	Einleitung	69
4.1.2	Investitionskennzahlen	77
4.1.3	Finanzierungskennzahlen	84
4.1.4	Liquiditätsanalyse	88
4.1.5	Renditekennzahlen	93
4.1.6	Marktwert-Kennzahlen	96
4.2	**Kennzahlenanalyse**	98
4.2.1	Interner Gebrauch	99
4.2.2	Externer Gebrauch	100
4.2.3	Zeit-Trend-Analyse	103
4.2.4	Wettbewerberanalyse	103
4.2.5	Potentielle Probleme	106
4.3	**Lern-Kontrolle**	106
5	**Langfristige Finanzplanung**	**113**
	Thomas Schuster, Leona Rüdt von Collenberg	
5.1	**Eigenkapital vs. Fremdkapital**	115
5.1.1	Fremdkapital	115
5.1.2	Eigenkapital	116
5.2	**Externe vs. interne Finanzierungsquellen**	119
5.2.1	Außenfinanzierung	120
5.2.2	Innenfinanzierung	121
5.3	**Langfristige Finanzplanung im Unternehmen**	123
5.3.1	Vereinfachtes Verfahren der langfristigen Finanzplanung	124
5.3.2	Langfristige Finanzplanung	128
5.4	**Finanzierung und Wachstum**	135
5.4.1	Interne Wachstumsrate	138
5.4.2	Nachhaltige Wachstumsrate	140
5.5	**Lern-Kontrolle**	142

Inhaltsverzeichnis

6　Discounted-Cash-Flow-Bewertung 153
Thomas Schuster, Leona Rüdt von Collenberg
6.1　**Der Ein-Perioden-Fall** 155
6.1.1　Zeitwert von Geld 155
6.1.2　Endwertmethode 156
6.1.3　Barwertmethode 156
6.2　**Der Mehr-Perioden-Fall** 158
6.2.1　Einfache Verzinsung 158
6.2.2　Zinseszinsen 159
6.2.3　Kapitalwertmethode 161
6.2.4　Unterjährige Verzinsung 164
6.2.5　Effektiver Jahreszins 165
6.2.6　Ewige Rente 166
6.2.7　Annuität 167
6.2.8　Annuitätendarlehen 170
6.3　**Bewertung von Unternehmen** 172
6.4　**Lern-Kontrolle** 174

Serviceteil 181
Tipps fürs Studium und fürs Lernen 182
Formelsammlung 187
Glossar 193
Literatur 197

Einführung in die Finanzierung

Thomas Schuster, Leona Rüdt von Collenberg

1.1 Die Rolle des Finanzmanagers – 3

1.2 Ziele des Finanzmanagements – 6

1.3 Die Rolle der Kapitalmärkte – 8

1.4 Lern-Kontrolle – 10

Lern-Agenda

Dieses Kapitel klärt die Rolle des Finanzmanagers, zeigt die Ziele des Finanzmanagements auf und diskutiert die Rolle der Kapitalmärkte für unternehmerische Entscheidungen. Der Finanzmanager ist zuständig für alle Finanz-Themen, die im Unternehmen anfallen. Er wird durch den Treasurer und den Controller unterstützt. Des Weiteren lernen Sie, dass man die Ziele den Finanzmanagements in Ertrags- und in Risikoziele einteilen kann. Das wichtigste Ziel ist es, den Unternehmenswert zu maximieren. Schließlich lernen Sie die verschiedenen Kapitalmärkte kennen, auf denen Aktien und Anleihen entweder emittiert oder dann anschließend gehandelt werden können.

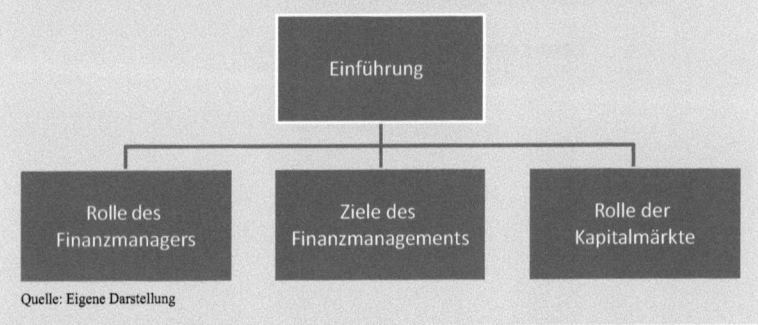

Quelle: Eigene Darstellung

Während eines Jahres werden über die Medien eine Vielzahl von Informationen aus der Geschäftswelt publiziert: Börsencrashs, Börsenhypes, Quartals- und Jahreszahlen, Inflationsraten, Wachstumsraten verschiedener Branchen und Länder, Immobilienpreisentwicklungen, Gold- und Ölpreise, Finanzmarktdaten aus dem In- und Ausland. Kein Geschäftsführer eines kleinen Unternehmens oder Manager eines Konzerns kann sich dauerhaft diesen Informationen entziehen. Somit benötigen alle Führungspersonen ein Grundverständnis von Finanzthemen, damit sie in der Lage sind, Investitionen genau zu bewerten, den besten Finanzierungsmix zu bestimmen, das Risiko von kurz- und langfristigen Kapitalanlagen zu steuern und die Erwartungen der Investoren zu befriedigen.

Auf den ersten Blick scheinen diese Bereiche unabhängig voneinander zu sein.

Ein einfaches Beispiel soll jedoch kurz darstellen, dass diese Bereiche in der Realität untereinander vollkommen vernetzt sind: Angenommen, Sie möchten ein Unternehmen gründen, welches Tennisbälle herstellt. Sie werden Geschäftsführer, Abteilungsleiter und Mitarbeiter einstellen, die Rohstoffe einkaufen, diese zum Endprodukt verarbeiten und es an ihre Kunden verkaufen. Die Übersetzung in die Finanzsprache lautet: Sie beschaffen sich Finanzmittel (= Finanzierung), die Sie in Wertgegenstände wie Grundstücke, Gebäude, Maschinen und Geschäftsausstattung investieren (= Investition), und Bankguthaben, um zumindest anfänglich davon die Gehälter und Löhne Ihres Personal zu bezahlen. Hierbei müssen die Investitionssumme und die Finanzie-

Abb. 1.1 Unternehmensbilanz (Quelle: Eigene Darstellung)

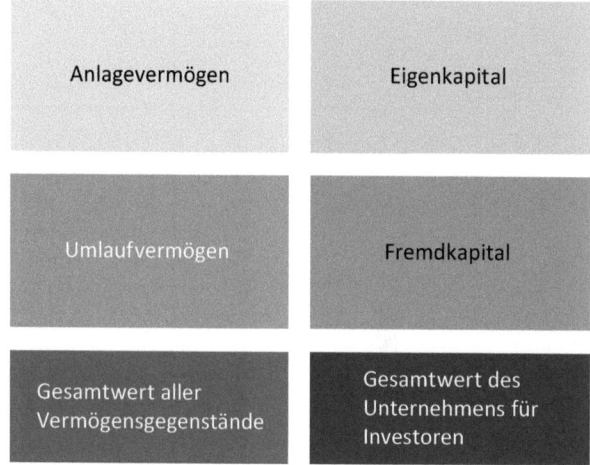

rungssumme aufeinander abgestimmt werden. Nun werden die Tennisbälle produziert und die Gehälter und Löhne des Personals bezahlt (= Kosten). Durch den Verkauf der Produkte nimmt das Unternehmen Geld ein (= Umsatz), welches entweder dazu verwendet wird, die Kosten zu decken oder es wieder intern oder extern anzulegen bzw. an interne oder externe Kapitalgeber auszubezahlen. Das Unternehmensziel besteht also in der Regel in der Schaffung eines (immer größeren) Unternehmenswertes. Dieser Unternehmenswert kann beispielsweise mit einer Bilanz dargestellt werden (◘ Abb. 1.1).

1.1 Die Rolle des Finanzmanagers

In Großunternehmen hat normalerweise ein Manager der obersten Hierarchieebene die Zuständigkeit für Finanzthemen. Seine Bezeichnung lautet meist „Finanzvorstand" im Englischen „Chief Financial Officer" (CFO). Die für seine Entscheidungen benötigten Informationen bezieht er hauptsächlich von einem Treasurer und einem Controller. Der Treasurer ist für die Steuerung der Ein- und Auszahlungen (Cashflows) sowie die Berechnung von Kapitalbedarf und die Erstellung von Finanzplänen zuständig. Beim Controller laufen Informationen des internen Rechnungswesen (Kosten- und Leistungsrechnung) und des externen Rechnungswesens (Bilanzierung) zusammen, außerdem Informationen über Steuern und die Finanzstrategie des Unternehmens (◘ Abb. 1.2).

> Auf den Punkt gebracht: Im Unternehmen ist der Finanzvorstand für die Finanzthemen zuständig. Er wird unterstützt von einem Treasurer und einem Controller.

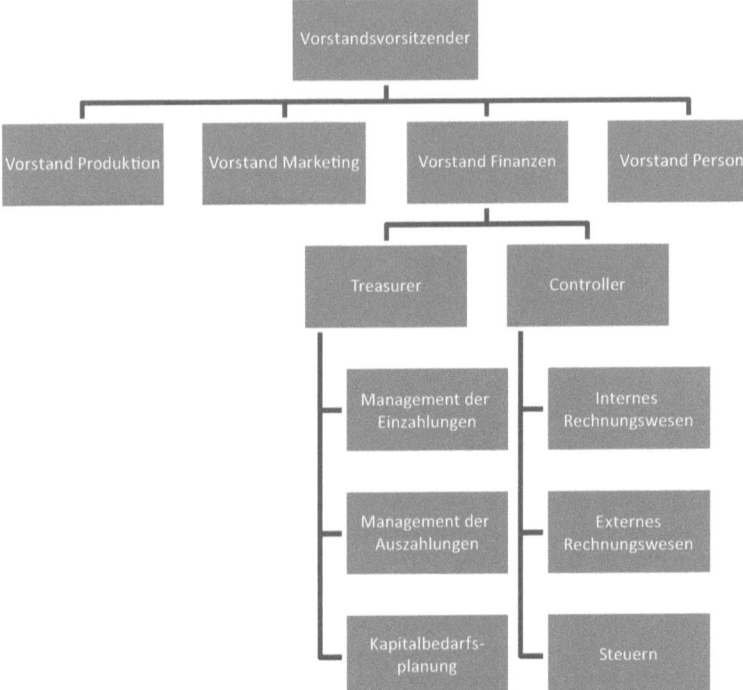

◘ Abb. 1.2 Unternehmenshierarchie (Quelle: Eigene Darstellung)

In kleineren Unternehmen werden viele dieser Aufgaben meist in Personalunion vom kaufmännischen Geschäftsführer oder Finanzvorstand wahrgenommen.

Unabhängig von der Unternehmensgröße besteht die Hauptaufgabe des Finanzverantwortlichen in der Schaffung von Unternehmenswerten durch den gezielten Einsatz des Finanzvermögens. Wie erreicht er das? Das Unternehmen soll

- Wertgegenstände anschaffen, die mehr Geld verdienen, als sie kosten und
- Unternehmensanteile, Anleihen und andere Finanzinstrumente verkaufen, mit denen das Unternehmen mehr Geld verdienen kann als sie kosten.

Merke!

Die Aufgabe des Finanzmanagers ist es, den Unternehmenswert durch gezielten Einsatz des Finanzvermögens zu steigern.

1.1 · Die Rolle des Finanzmanagers

Einige Beispiele sollen dies verdeutlichen.

Beispiel: Buchgewinn und Cashgewinn

Die Goldy AG kauft Gold, verarbeitet es weiter und verkauft es dann. Das Unternehmen hat Gold im Wert von 5 Million Euro am Jahresanfang eingekauft und sofort bar bezahlt. Bis Jahresende wird das gesamte Gold im Wert von 5,23 Millionen Euro verkauft, jedoch mit Zahlungsziel Anfang des kommenden Jahres.
Die bilanzielle Erfolgsrechnung stellt dies folgendermaßen dar:

	Umsatzerlöse	5.230.000 €
−	Aufwendungen	5.000.000 €
=	Jahresergebnis	+230.000 €.

Aus der Buchhaltungsperspektive erscheint das Unternehmen also profitabel.
Die finanzielle/Cash-Erfolgsrechnung kommt zu folgendem Ergebnis:

	Einzahlungen	0 €
−	Auszahlungen	5.000.000 €
=	Jahresüberschuss	−5.000.000 €.

Die finanzwirtschaftliche Perspektive blickt auf die tatsächlichen Ein- und Auszahlungen, die Cashflows, weil die Wertentstehung maßgeblich von den Cashflows abhängt. Für die Goldy AG hängt somit die Wertschaffung davon ab, ob und wann die Einzahlungen in Höhe von 5,23 Millionen Euro erfolgen.

Beispiel: Cashflow-Timing

Die Goldy AG hat entschieden, ein neues Produkt zu entwickeln. Hierzu liegen zwei Produktvorschläge vor. Beide Varianten erfordern eine Investition von 10.000 € zu Beginn. Variante A erzielt im vierten Jahr Einzahlungen in Höhe von 25.000 €. Variante B erreicht jährlich Einzahlungen in Höhe von 5.000 € für die Dauer von vier Jahren, also insgesamt 20.000 €.

Jahr	Produkt A (in €)	Produkt B (in €)
1	0	5.000
2	0	5.000
3	0	5.000
4	25.000	5.000
Summe	**25.000**	**20.000**

Auf den ersten Blick erscheint Produkt A aufgrund der höheren Einzahlungen die bessere Wahl. Jedoch fließen die Einzahlungen von Produkt B wesentlich früher ins Unternehmen.

Ohne weitere Informationen kann nicht bestimmt werden, welche Variante einen größeren Wert für die Eigentümer erwirtschaftet. Wie Sie ausrechnen, welche Investition attraktiver ist, lernen Sie in dem Lehrbuch Grundlagen der Investitionslehre (Schuster und Rüdt von Collenberg 2015).

1.2 Ziele des Finanzmanagements

In der Regel besteht das Ziel des Finanzmanagements – sehr vereinfacht ausgedrückt – im Geld verdienen oder im Steigern des Unternehmenswertes für die Inhaber. Eine Ausnahme bilden die nichtgewinnorientierten Unternehmen, die sogenannten Non-Profit-Unternehmen.

Ein Unternehmen kann ein oder mehrere der folgenden Zielen verfolgen:
- Insolvenz vermeiden,
- Vermeidung finanzieller Risiken,
- Umsatz maximieren,
- Marktanteile maximieren,
- Kosten minimieren,
- Gewinn maximieren,
- Eigenkapitalrendite maximieren,
- Unternehmenswert maximieren.

Etliche dieser Ziele lassen sich einzeln einfach erreichen. Umsätze können erhöht werden, indem Preise gesenkt werden. Die Kosten können minimiert werden, indem nicht länger Forschung und Entwicklung betrieben werden. Die Gewinnmaximierung wird häufig als Hauptziel eines Unternehmens erwähnt, aber es ist kein genaues Ziel. Ist der Gewinn des laufenden Jahres gemeint? Dann können Instandsetzungsarbeiten verschoben werden, Neuanschaffungen bleiben aus und kurzfristige Kostensenkungsmaßnahmen werden massiv genutzt. Jedoch ist klar, dass diese Maßnahmen nicht im Interesse der Investoren liegen können.

Oder ist der langfristige Gewinn angesprochen? Aber was meint das genau? Ist damit der buchhalterische Jahresüberschuss gemeint oder der Gewinn je Aktie? Was bedeutet überhaupt langfristig?

Die oben genannten Ziele sind alle unterschiedlich, lassen sich aber in zwei Gruppen einordnen. Die erste Gruppe bezieht sich auf den Gewinn oder die Rentabilität. Hierzu gehören die Ziele wie Senkung der Kosten oder Erhöhung der Eigenkapitalrendite. Die Ziele der zweiten Gruppe, wie Vermeidung finanzieller Risiken oder der Insolvenz, beziehen sich auf die Steuerung und Kontrolle von Risiko. Unglücklicherweise widersprechen sich die Ziele dieser zwei Gruppen oft, können also meistens nicht gleichzeitig erreicht werden. Um einen Gewinn zu erzielen, muss auch ein Risiko eingegangen werden. Somit ist es nicht möglich, gleichzeitig den Gewinn zu maximie-

1.2 • Ziele des Finanzmanagements

ren und das Risiko zu minimieren. Es ist ein Finanzziel erforderlich, welches beide Gruppen sinnvoll vereint.

Der Finanzmanager eines Unternehmens trifft seine Entscheidungen für die Eigenkapital-Inhaber des Unternehmens (bei Aktiengesellschaften sind dies die Aktionäre, bei einer GmbH die Gesellschafter, bei einer OHG die Inhaber). Aus Sicht dieser Inhaber stellt sich die Frage: Was ist eine gute Entscheidung des Finanzmanagements? Wenn davon ausgegangen werden kann, dass die Inhaber Unternehmensanteile besitzen, weil sie einen Gewinn erwirtschaften möchten, ist die Antwort offensichtlich: gute Finanzentscheidungen steigern den Unternehmenswert (und somit auch den Wert von Anteilen davon, wie beispielsweise Aktien), und schlechte Finanzentscheidungen verringern den Unternehmenswert. Deshalb sollte der Finanzmanager Entscheidungen treffen, die den Unternehmenswert erhöhen, sein Auftrag lautet: Maximierung des Marktwertes des Eigenkapitals der Inhaber.

Dieses Ziel kann konkret auf Unternehmen mit frei handelbaren Aktien übertragen werden, dort lautet es: Maximierung des aktuellen Aktienwertes des Unternehmens.

> **Merke!**
>
> **Hauptziel des Unternehmens** ist es, den Unternehmenswert zu steigern.

Dieses einfach formulierte Ziel scheint auf den ersten Blick zu eindimensional, nur auf die Nutzensteigerung der Inhaber ausgerichtet. Es ist dabei jedoch zu berücksichtigen, dass das Eigenkapital eine Residual-/Restgröße darstellt. Das Eigenkapital ist der Betrag, der übrig bleibt, wenn vom Gesamtvermögen eines Unternehmens dessen Schulden abgezogen werden. Jetzt wird ersichtlich, dass zuerst die Angestellten, Zulieferer und Gläubiger finanziell befriedigt werden und nur der übrig bleibende Rest den Inhabern zusteht. Wird also dieser Rest, die Residualgröße, das Eigenkapital erhöht bzw. maximiert, haben bereits auch alle anderen Anspruchsgruppen zuvor davon profitiert. Außerdem schließt dieses Ziel auch die Gewinnmaximierung und die Maximierung der Eigenkapitalrendite mit ein. Denn wenn der Gewinn hoch oder die Eigenkapitalrendite attraktiv ist, wollen viele Anleger die Aktie des Unternehmens kaufen, so dass der Aktienkurs und damit auch der Wert aller Aktien steigen.

> **Auf den Punkt gebracht:** Falls der Unternehmenswert maximiert wird, schließt das auch weitere Ziele wie Maximierung von Gewinn und Eigenkapitalrendite oder Minimierung der Kosten und des Risikos mit ein.

Es gilt, genau diese Finanzentscheidungen zu identifizieren, die den Unternehmenswert erhöhen. Das Thema Finanzierung oder Corporate Finance könnte definiert

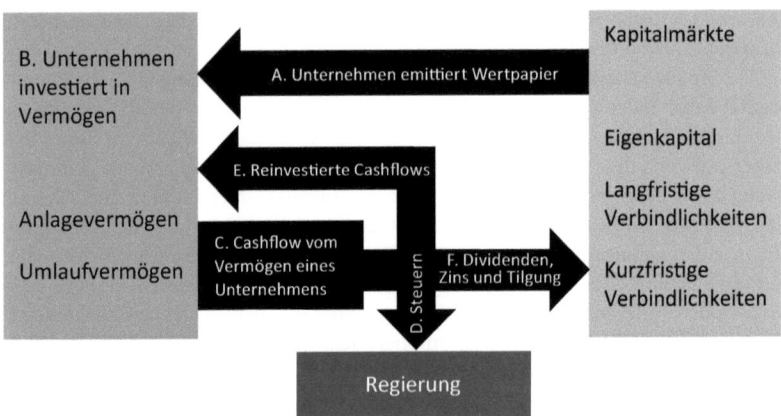

☐ **Abb. 1.3** Cashflow zwischen Unternehmen und Finanzmärkten (Quelle: Hillier et. al. (2013), S. 6)

werden als die Untersuchung der Beziehungen zwischen Geschäftsentscheidungen und dem Unternehmenswert.

1.3 Die Rolle der Kapitalmärkte

Zum besseren Verständnis sei schematisch gezeigt, wie die Finanzströme zwischen Unternehmen und Umwelt verlaufen (siehe ☐ Abb. 1.3).

Unternehmen benötigen Geld für Investitionen in neue Projekte. Dabei steht ihnen eine Vielzahl von alternativen Finanzierungsquellen zur Verfügung. Als erstes müssen sie entscheiden, ob das Geld ausgeliehen werden soll (beispielsweise in Form von Krediten, also Fremdkapitalaufnahme) oder ob sie einen Unternehmensanteil dafür verkaufen möchten, also zum Beispiel Aktien emittieren. Im Fall der Fremdkapitalaufnahme wird beispielsweise ein Bankkredit aufgenommen und die Darlehenssumme plus Zinsen zu einem späteren Zeitpunkt zurückgezahlt. Werden Unternehmensanteile herausgegeben, wird ein Teil des Unternehmens gegen Geld verkauft.

Die Fremdkapitalaufnahme kann in Form eines Bankdarlehens erfolgen oder indem Schuldverschreibungen (Anleihen) in die Finanzmärkte ausgegeben werden. Die Schuldverschreibungen regeln vertraglich Gläubigerrechte, insbesondere das Recht auf Tilgung des Kreditbetrags und Verzinsung. Werden Unternehmensanteile ausgegeben, kann dies in Privatverhandlungen stattfinden (z. B. mit einem neuen, bekannten Gesellschafter) oder durch öffentlichen Verkauf an bekannte oder unbekannte Käufer. Der letztere Fall findet durch den Verkauf von Anteilspapieren statt, besser bekannt unter dem Namen Aktien. Diese entsprechen Ansprüchen auf die Restgröße Eigenka-

1.3 · Die Rolle der Kapitalmärkte

pital. Sowohl die Schuldverschreibungen als auch die Anteilspapiere werden auf den Finanzmärkten gehandelt.

> **Merke!**
>
> Unternehmen können sich entweder durch **Fremdkapital** oder **Eigenkapital** finanzieren.

Die Finanzmärkte setzen sich aus den Geldmärkten und Kapitalmärkten zusammen. Geldmärkte sind die Märkte für Schuldverschreibungen mit einer kurzen Laufzeit (in der Regel weniger als ein Jahr). Die Kapitalmärkte sind die Märkte für Schuldverschreibungen mit langer Laufzeit (über ein Jahr) (oder auch Anleihen genannt) und Eigenkapitalanteile (oder auch Aktien genannt).

Die Finanzmärkte lassen sich weiterhin in Primärmärkte und Sekundärmärkte unterscheiden. Auf den Primärmärkten (Emissionsmärkten) findet die Erstausgabe (Neuemission) von Finanzkapital von öffentlich-rechtlichen Körperschaften und privatwirtschaftlichen Aktiengesellschaften statt. Das geschieht in der Regel in Form von Anleihen und Aktien. Auf den Sekundärmärkten werden die bereits ausgegebenen (emittierten) Papiere gehandelt, wodurch sich die Eigentumsverhältnisse an den gehandelten Papieren ändern. Es gibt zwei Arten von Sekundärmärkten: Händler-Märkte und Auktions-Märkte. Die Händler-Märkte für Eigenkapital und langfristiges Fremdkapital heißen Over-The-Counter-Märkte (OTC-Märkte). Die meisten Schuldverschreibungen werden hier gehandelt. Ein Händler kauft diese an und verkauft sie weiter, wobei alle Beteiligten meist nur elektronisch angebunden und an keinem festen Ort versammelt sind. Die Auktionsmärkte unterscheiden sich in zweierlei Hinsicht. Ein Auktionsmarkt/Börse hat erstens einen festen Ort (wie z. B. die Börse in Frankfurt, London oder New York) und zweitens werden hier direkt Kauf- und Verkaufsangebote zusammengeführt und zum Abschluss gebracht. Händler spielen nur eine untergeordnete Rolle.

> **Auf den Punkt gebracht:** Unternehmen benötigen finanzielle Mittel für den Geschäftsbetrieb. Diese erhalten sie am kurzfristigen Geld- oder am langfristigen Kapitalmarkt. Sie können dort Anleihen oder Aktien auf dem Primärmarkt emittieren. Anschließend können Investoren diese auf dem Sekundärmarkt weiterverkaufen.

1.4 Lern-Kontrolle

Kurz und bündig

Der Finanzvorstand hat die Aufgabe, die finanziellen Geschicke des Unternehmens zu leiten. Er wird dabei von einem Treasurer und einem Controller unterstützt. Diese bereiten die Finanzdaten auf, die als Basis der Finanzentscheidungen dienen.

Das wichtigste Ziel des Unternehmens ist die Maximierung des Unternehmenswerts. Für eine Aktiengesellschaft bedeutet dies, den Kurswert der emittierten Aktien zu maximieren. Ist das Unternehmen nicht börsennotiert, so wird der Marktwert der Eigenkapitalanteile maximiert.

Das Ziel, den Unternehmenswert zu maximieren, ist ein langfristiges Ziel. Es schließt andere finanzwirtschaftliche Ziele wie Gewinnmaximierung, Maximierung der Eigenkapitalrendite oder Kostenminimierung mit ein.

Das Unternehmen beschafft sich die zum Betrieb notwendigen Mittel entweder als Fremd-oder als Eigenkapital. Gerade bei kleineren Unternehmen ist es üblich, Fremdkapital in Form von Bankdarlehen aufzunehmen. Große Unternehmen emittieren Anleihen oder Aktien auf dem Primärmarkt. Die Kapitalanleger können diese anschließend auf dem Sekundärmarkt weiterverkaufen.

? Let's check

1. Welche der Aussagen ist falsch?
   - ☐ Die Funktionen des „Treasurers" und des „Controllers" sind weitestgehend identisch.
   - ☐ Das englische Wort „treasure" bedeutet auf Deutsch „Schatz". Der „Treasurer" ist also der Schatzmeister, der dafür sorgt, dass möglichst wenig Geld ausgegeben wird.
   - ☐ Der „Controller" kontrolliert die Finanzen auf Unregelmäßigkeiten im Umgang mit den Kassenbeständen.
   - ☐ Die Funktion des Controllers ist mit der des Navigators auf einem Schiff zu vergleichen, der dem Steuermann hilft, die Richtung zu halten. Bei ihm laufen alle Zahlen aus Buchhaltung, Kosten- und Leistungsrechnung, internen Statistiken und steuerlichen Zahlungserwartungen zusammen und er gewinnt dadurch ein Gesamtbild, das er mit den Planzahlen vergleicht. Abweichungen dienen dem operativen Management als Orientierung.

2. Welche Behauptung bezüglich des Cashflows ist richtig?
   - ☐ Ein Wert entsteht erst mit festgestelltem Cashflow.
   - ☐ Cashflow heißt Kassen-Fluss. Cashflow-Berechnungen beschäftigen sich daher mit der Frage, wie sich Einzahlungen und Auszahlungen über die Zeitachse entwickeln.

1.4 · Lern-Kontrolle

- ☐ Der Cashflow – das ergeben neueste Untersuchungen – wird in seiner Bedeutung überschätzt, weil er keine Rolle spielt, wenn ohnehin immer genügend flüssige Mittel zur Verfügung stehen.
- ☐ Cashflow-Betrachtungen berücksichtigen im Finanzmanagement den Zeitpunkt, zu dem Zahlungen erfolgen.
- ☐ Cashflow und Bilanzgewinn sind immer gleich.

3. Was sagen Sie zu der wesentlichen Aufgabe der Finanzverantwortlichen, die oben so formuliert ist: *Wertgegenstände anschaffen, die mehr Geld verdienen, als sie kosten.*
   - ☐ Sie ist falsch und gilt nur für Handelsunternehmen.
   - ☐ Sie ist falsch, weil Wertgegenstände kein Geld verdienen können.
   - ☐ Wertgegenstände stehen hier stellvertretend für Vermögenswerte, die alleine oder in sinngebender Weise miteinander verknüpft dem Wertschöpfungsprozess dienen.
   - ☐ Die Aufgabe ist unmoralisch, weil der Einsatz von Wertgegenständen, die mehr verdienen, als sie kosten, einen kapitalistischen und damit unsozialen Denkansatz verfolgt.

4. Ist es sinnvoll, kurzfristige Gewinnmaximierung und exzessive Ausdehnung des Marktanteils als gleichwertige Unternehmensziele vorzugeben?
   - ☐ Ja, weil sich der Gewinn nur bei exzessiver Ausdehnung der Marktanteile maximieren lässt.
   - ☐ Ein Versuch ist es wert, aber es ist zweifelhaft, ob die Gleichrangigkeit sinnvoll ist.
   - ☐ Nein, denn die Erhöhung des Marktanteils bedeutet meist gleichzeitig Erhöhung des Bekanntheitsgrades (Werbung ist kostenintensiv) und Verdrängung von Mitbewerbern, was – wenn kein erkennbarer Produktvorteil vorliegt – zu einem verschärften Preiswettbewerb führt. Das geht zu Lasten des Gewinns bzw. der Umsatzrendite. Das widerspricht dem Ziel der Maximierung des Periodengewinns.
   - ☐ Gewinnmaximierung und exzessive Ausdehnung des Marktanteils sind von Natur aus gleichwertig. Man muss diese Ziele also gar nicht gleichwertig vorgeben.

5. Die Aufgabe des Finanzmanagers ist oben definiert als *Maximierung des Marktwertes des Eigenkapitals der Inhaber.* Ist diese Formulierung uneingeschränkt richtig?
   - ☐ Ja, denn das oberste Ziel ist immer die Gewinnmaximierung zur Erhöhung des Eigenkapitalwertes.
   - ☐ Nein, denn die Entscheidung der Unternehmenspolitik (z. B. welche Leistungen sollen mit welchen Anstrengungen über welche Vertriebswege in welchen Märkten angeboten werden) trifft nicht das Finanzmanagement

– es begleitet diese Prozesse bezüglich der finanziellen Machbarkeit und Konsequenzen.
- ☐ Das kann man nicht entscheiden, da sich die Aufgabe des Finanzmanagers von Unternehmen zu Unternehmen unterscheidet.
- ☐ Ja, denn das Eigenkapital muss höher sein als das Fremdkapital.
6. Welches sind die Ziele des Finanzmanagements?
   - ☐ Insolvenz vermeiden
   - ☐ Marktanteil konstant halten
   - ☐ Gewinn maximieren
   - ☐ Kosten maximieren
7. Eine AG möchte sich auf dem Kapitalmarkt finanzielle Mittel beschaffen. Welche der folgenden Märkte stehen ihr offen? Welche Aussage trifft zu?
   - ☐ Für die Aufnahme von Darlehen wendet sie sich an Händler-Märkte.
   - ☐ Um Aktien zu platzieren, wendet sie sich an die Frankfurter Börse als Sekundärmarkt.
   - ☐ Um Anleihen aufzulegen, bietet sich der Primärmarkt an.
   - ☐ Die AG kann sich Kapital auf dem Wochenmarkt besorgen.
8. Nennen Sie die richtigen Eigenschaften von Geld- und Kapitalmärkten.
   - ☐ Geldmärkte sind Märkte für langfristige Schuldverschreibungen.
   - ☐ Geldmärkte sind Märkte für kurzfristige Schuldverschreibungen mit einer Laufzeit von bis zu zwei Jahren.
   - ☐ Geldmärkte sind Märkte für Aktien.
   - ☐ Kapitalmärkte sind die Märkte für Schuldverschreibungen mit einer Laufzeit von über einem Jahr.
9. Die Frankfurter Börse dient …
   - ☐ … der Emission von Schuldverschreibungen.
   - ☐ … der Ver- und Ersteigerung von Wertpapieren.
   - ☐ … dem Kapitalanleger – auch dem privaten –, um Unternehmensanteile zu kaufen.
   - ☐ … dem Wertpapierhändler, um Aktien zu kaufen und zu verkaufen.

❓ Vernetzende Aufgaben

1. Diskutieren Sie kritisch folgende Aussage: „Manager sollten sich nicht auf den aktuellen Aktienwert fokussieren, weil dies zu einer Überbetonung von kurzfristigen Gewinnen und einer Vernachlässigung von langfristigen Gewinnen führen wird."
2. Das Unternehmen Buch AG weist in seinem letzten Jahresbericht folgende Positionen aus: 34 Mill. € in Anlagevermögen, 10 Mill. € in Umlaufvermögen, 11 Mill. € in kurzfristigen Verbindlichkeiten und 8 Mill. € in langfristigen Verbindlichkeiten. Wie hoch war das Eigenkapital?

1.4 · Lern-Kontrolle

3. Der globale Konzern Moller-Maersk publiziert auf seiner Internetseite: „Bei Moller-Maersk ist unsere Vision, ein Unternehmen mit Weltklasse, Bekanntheit und in höchstem Maße respektiert zu sein. Ein attraktiver Geschäftspartner und Arbeitgeber, mit hohem gesellschaftlichen Engagement". Erklären Sie, ob zwischen dieser Vision und den Zielen des Finanzmanagements Übereinstimmung besteht.

4. Sie sind seit über zwanzig Jahren Manager in einem kleinen Unternehmen und haben eine intensive Beziehung zu ihren Mitarbeitern aufgebaut. Im letzten Monat haben Investoren aus Norwegen die Firma übernommen und Ihnen mitgeteilt, dass jetzt die Kosten reduziert werden müssten, damit der Unternehmenswert gesteigert werden könne. Ein Vorschlag der Norweger ist, 40 % der Belegschaft zu entlassen. Sie selbst glauben allerdings, dass die Mitarbeiter gerade der wichtigste Aktivposten des Unternehmens sind. Auf welcher Basis argumentieren Sie nun gegen die Meinung der neuen Besitzer?

5. Unternehmensziele der Beiersdorf AG
Gehen Sie auf die Homepage der Beiersdorf AG und suchen Sie dort unter der Rubrik „Investoren" nach dem Geschäftsbericht für 2013. Finden Sie die Seite, auf der Beiersdorf Informationen über „Geschäft und Strategie" veröffentlicht. (Falls Sie nicht die richtige Seite finden, benutzen Sie folgenden Link:
▶ http://assets.beiersdorf.de/~/media/Beiersdorf/local/de/investors/financial-reports/2013/Beiersdorf-Geschaeftsbericht-2013-DE.pdf?download=true
Dabei werden Sie auf folgenden Ausschnitt stoßen:
„**Wertmanagement und Steuerungssystem**
Ziel des unternehmerischen Handelns von Beiersdorf ist es, die Marktanteile des Unternehmens im Sinne eines qualitativen Wachstums nachhaltig zu steigern und gleichzeitig die Ertragsbasis auszubauen. Daraus leiten sich die langfristigen Hauptsteuerungsgrößen ab, nämlich Umsatzwachstum in Verbindung mit Marktanteilsentwicklung und EBIT beziehungsweise EBIT-Umsatzrendite (Relation von EBIT zu Umsatz). Durch konsequentes Kostenmanagement und hohe Effizienz beim Einsatz der Ressourcen sollen international wettbewerbsfähige Renditen erwirtschaftet werden."
   1. Nennen Sie die Ziele der Beiersdorf AG.
   2. Welche davon sind Ziele des Finanzmanagements?

6. Die Führungsspitze eines mittelständischen Unternehmens der Konsumgüterindustrie besteht aus zwei Geschäftsführern und dem Produktionsleiter: Dem kaufmännischen Geschäftsführer, zuständig für das Finanzmanagement, und dem Geschäftsführer Vertrieb, dem das Marketing mit Werbung und die Verkaufsorganisation untersteht. Der Produktionsleiter ist zuständig für Beschaffung, Lagerung und Produktion. Alle drei Personen sind für ihre Bereiche gleichermaßen qualifiziert und entscheiden übergreifende Aufgaben kollegial.

Als Inhaber sind Sie gefordert, den „primus inter pares"[1] zu bestimmen, also den bei Zielkonflikten Letztentscheidenden.

Diskutieren Sie, ob es besser ist, den Finanzgeschäftsführer oder den Geschäftsführer Vertrieb zu wählen?

Lesen und Vertiefen

- Becker, H. P. (2013). *Investition und Finanzierung*. Wiesbaden: Gabler, Kap. 2
  Hier werden ausführlich die Finanzziele eines Unternehmens dargestellt.
- Brealey, R. A., Myers, S. C., Allen, F. (2014). *Principles of Corporate Finance*. New York: McGraw-Hill, Kap. 1
  In diesem Kapitel werden die wichtigsten Finanzentscheidungen sowie die wichtigsten Finanzziele eines Unternehmens erläutert.
- Hillier, D., Ross, S. A., Westerfield, R. W., Jaffe, J., Jordan, B. D. (2013). *Corporate Finance*. London et al.: McGraw-Hill, Kap. 1.
  Das Kap. 1 stellt die wesentlichen Akteure und Ziele des Finanzmanagements dar.
- Perridon, L., Steiner, M., Rathgeber, A. W. (2012). *Finanzwirtschaft der Unternehmung*. München: Vahlen, Kap. A.II.1
  Hier werden die wichtigsten Finanzziele des Unternehmens beschrieben.

---

1 Ersten unter Gleichen.

Unternehmensformen und Corporate Governance

Thomas Schuster, Leona Rüdt von Collenberg

2.1 Rechtsformen von Unternehmen – 17
2.1.1 Das Einzelunternehmen – 17
2.1.2 Die Personengesellschaft – 18
2.1.3 Die Kapitalgesellschaft – 20

2.2 Das Prinzipal-Agent-Problem in der Kapitalgesellschaft – 25
2.2.1 Direkte Agency-Kosten – 26
2.2.2 Indirekte Agency-Kosten – 26

2.3 Anreizgestaltung und Mechanismen der Unternehmenskontrolle – 27
2.3.1 Anreizgestaltung – 28
2.3.2 Unternehmenskontrolle – 29

2.4 Lern-Kontrolle – 30

T. Schuster, L. Rüdt von Collenberg, *Finanzierung: Finanzberichte, -kennzahlen, -planung,*
Studienwissen kompakt, DOI 10.1007/978-3-662-46182-2_2,
© Springer-Verlag Berlin Heidelberg 2015

Kapitel 2 · Unternehmensformen und Corporate Governance

Lern-Agenda
Sie werden in diesem Kapitel den in Deutschland verbreitetsten Rechtsformen begegnen, in denen sich unternehmerische Aktivitäten artikulieren können. Sie werden verstehen, dass die Wahl der Rechtsform sowohl eng mit den unternehmerischen Absichten als auch mit der Ausgangslage bei der Gründung verknüpft ist. Sie werden mit den Auswirkungen auf die Haftungs- und Führungsstruktur, den Vor- und Nachteilen rechtlicher Rahmenbedingungen und den Reibungsverlusten vertraut gemacht, die sich aus Interessenkonflikten ergeben können.

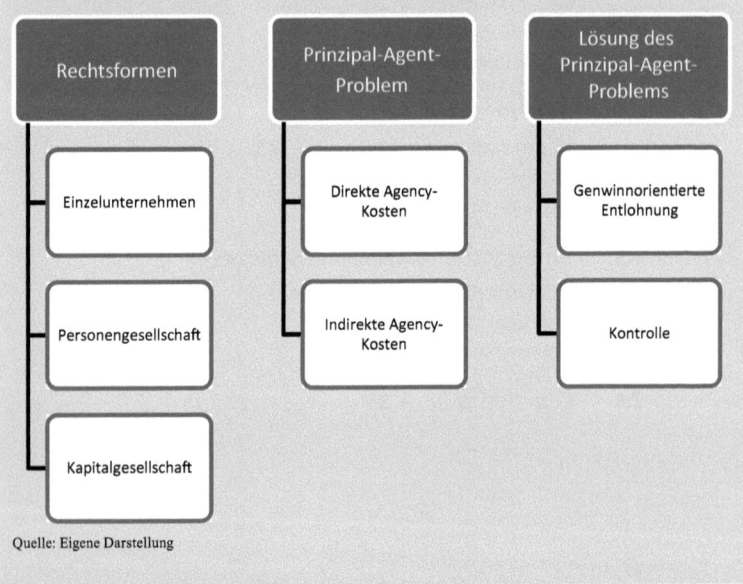

Quelle: Eigene Darstellung

Robert H., Vertriebs-Innendienst-Sachbearbeiter einer mittelständischen Druckerei, die sich mit der Herstellung klassischer Geschäfts-Drucksachen von Visitenkarten über Formulare, Prospekte bis hin zu einfacheren Katalogen beschäftigt, erkennt die enormen Chancen in Herstellung und Vertrieb von selbstklebenden Etiketten und deren Funktion als Werbe- und Informationsträger. Sein Vorschlag, in diesen Markt durch Investition in die Produktionsanlagen zu investieren, wird seitens der Geschäftsleitung abgelehnt.

Er beschließt daraufhin, diese Chance auf eigene Rechnung wahrzunehmen.

Seine Recherchen zur Erstellung eines Geschäftsplans ergeben eine wachsende Nachfrage, die von wenigen sehr großen, national anbietenden Herstellern und einer Vielzahl namenloser Anbieter mit lokalem Wirkungsradius versorgt wird. Letztere haben eher den Charakter kleiner, gewachsener Handwerksbetriebe und weisen damit tendenziell einen Mangel an marktstrategischer Ausrichtung und definierter Zielsetzung aus. Die großen Unternehmen sind in allen Aspekten volumenorientiert: Große Auflagen, große Umsätze. Sie richten ihr Angebot an Großabnehmer der Konsumgüterindustrie und scheuen den Vertriebsaufwand im Zusammenhang mit kleineren Auflagen. In diese Lücke beabsichtigt Robert H. im regionalen Standortumfeld zu stoßen.

Mangels eigener Mittel ist er gezwungen, Kapitalgeber zu finden, was ihm sowohl für das Eigenkapital als auch für das Fremdkapital gelingt. Es stellt sich die Frage nach der Gesellschaftsform. Die Kapitalgeber – zu denen er selbst gehört und die alle gleich hohes Beteiligungskapital bereitstellen –, beschließen die Gründung einer GmbH & Co KG, bei der die Beteiligungsverhältnisse in der GmbH denen der Kommanditisten entsprechen.

In diesem Kapitel lernen Sie unter anderem die rechtlichen Hintergründe und die Funktionsweise einer KG und auch einer GmbH kennen.

2.1 Rechtsformen von Unternehmen

Für Unternehmer gibt es verschiedene Möglichkeiten, für ihre Aktivitäten einen der gesetzlich vorgeschriebenen, rechtlich und steuerlich definierten und eindeutigen Rahmen zu wählen. Man nennt diese Möglichkeiten, sich rechtlich und steuerlich zu organisieren, die Wahl der Rechtsform. Von der Rechtsform ist der Begriff der Firma zu unterscheiden. Firma ist der Name, unter dem das Unternehmen seine Aktivitäten betreibt. Mit dem Firmennamen nimmt es am Rechtsverkehr teil.

In diesem Kapitel werden die drei bekanntesten Rechtsformen vorgestellt, nach denen sich Unternehmen rechtlich organisieren können: Das Einzelunternehmen, die Personengesellschaft und die Kapitalgesellschaft. Neben diesen Grundformen existieren auch Hybridformen, die die Eigenschaften verschiedener Rechtsformen verknüpfen.

2.1.1 Das Einzelunternehmen

Wie schon der Name andeutet, ist dieses Unternehmen im Besitz einer einzelnen Person. Diese Person haftet mit ihrem gesamten Vermögen für die wirtschaftlichen Auswirkungen der Unternehmensaktivitäten. Diese Rechtsform ist weltweit die meist verbreitete. Beim Einzelunternehmen wird rechtlich nicht zwischen dem Eigentümer und dem Unternehmen unterschieden. Die Firma mit all ihren Vermögenswerten ist Privatbesitz des Eigentümers. Die Person des Einzelunternehmers – auch Inhaber genannt – ist verantwortlich für Langzeitstrategien und Management-Entscheidungen.

Ein Einzelunternehmen existiert, solange ein Eigentümer das Geschäft führt oder solange er lebt.

> **Merke!**
>
> Das **Einzelunternehmen** gehört einer Einzelperson und ist einfach zu gründen.

Die Einzelfirma hat folgende Vor- und Nachteile.

Vorteile des Einzelunternehmens:
- Es gestaltet sich eher einfach, eine Firma als Einzelunternehmen zu gründen, da keine gesellschaftsrechtlichen Vereinbarungen getroffen werden müssen. So kann ein Unternehmer ohne große formale Papierarbeit seine eigene Firma gründen. Die Anmeldung als Gewerbe genügt im Regelfall.
- Diese Rechtsform ist am wenigsten reguliert.
- Der Einzelunternehmer behält alle Gewinne seiner Firma.
- Die Gewinne werden nur einmal als persönliches Einkommen versteuert.

Nachteile des Einzelunternehmens:
- Der Einzelunternehmer bezieht kein Gehalt. Sein Einkommen ist begrenzt durch die Höhe seines Gewinns.
- In Deutschland ist der Einzelunternehmer nicht durch die gesetzlichen Sozialsysteme gesichert. Er muss aus seinem Gewinn die Rücklagen für Krankheit, Berufsunfähigkeit und Alter bilden.
- Die Existenz des Unternehmens ist an das Leben des Eigentümers gebunden. Wenn dieser stirbt oder sich aus dem Geschäft zurückzieht, endet auch der Betrieb des Unternehmens, es sei denn, er hat seine Firma einem anderen Inhaber übertragen.
- Das Eigenkapital ist auf das Privatvermögen des Eigentümers begrenzt – für großes Wachstum sind jedoch meist höhere finanzielle Mittel notwendig.
- Der Eigentümer ist persönlich unbegrenzt haftbar, d. h. er haftet für seine Firma mit seinem gesamten Privatvermögen und -eigentum.

2.1.2 Die Personengesellschaft

Das deutsche Rechtswesen kennt – neben der im BGB geregelten Gesellschaft des bürgerlichen Rechts (GbR) – die offene Handelsgesellschaft (OHG) und die Kommanditgesellschaft (KG), deren Vorschriften im HGB zu finden sind. Alle drei Formen der Personengesellschaft haben als Eigentümer zwei oder mehr Partner, die das Geschäft auch betreiben. Zwischen den Beteiligten, Gesellschafter genannt, wird ein Gesell-

2.1 · Rechtsformen von Unternehmen

schaftsvertrag geschlossen, der Rechte und Pflichten untereinander und im Verhältnis zu ihrer Fima regelt.

> **Merke!**
>
> In Deutschland gibt es drei Arten von **Personengesellschaften**, die Gesellschaft des bürgerlichen Rechts (GbR), die offene Handelsgesellschaft (OHG) und die Kommanditgesellschaft (KG).

Auch diese Unternehmensformen sind relativ einfach zu gründen. Hier werden die Gewinne nur einmal auf der Ebene des persönlichen Einkommens versteuert. Generell sind die Vor- und Nachteile ähnlich denen beim Einzelunternehmen.

Was sind aber nun die Unterschiede zwischen einer OHG und der KG?

Zur Gründung einer offenen Handelsgesellschaft tun sich mindestens zwei, aber auch mehr Personen zusammen, um gemeinsam ein Unternehmen zu betreiben. Im Verhältnis der Gesellschafter untereinander (Innenverhältnis) ist für die OHG charakteristisch, dass alle Gesellschafter zur Geschäftsführung berechtigt und verpflichtet sind und die Ergebnisse – ob Verluste oder Gewinne – nach Köpfen verteilt werden. Nach außen (Außenverhältnis) haftet jeder Gesellschafter mit seinem gesamten persönlichen Vermögen. Wenn die privaten Vermögen der Gesellschafter im Verhältnis zu den Geschäftsrisiken hoch sind, dann ist eine OHG sehr kreditwürdig und ein gern gesehener Darlehensnehmer bei Banken.

Üblicherweise besteht allerdings ein Gesellschaftsvertrag, der Rechte und Pflichten der Gesellschafter untereinander festlegt. Der Vertrag regelt unter anderem, welche Rechte die Gesellschafter im Geschäftsverkehr mit Dritten haben.

Offene Handelsgesellschaften müssen in Deutschland ins Handelsregister eingetragen werden, um Geschäftspartnern die Möglichkeit zu geben, sich über die Zuständigkeiten und Risiken bei der Aufnahme einer Geschäftsverbindung Klarheit zu verschaffen.

Der wichtigste Unterschied zur OHG ist, dass in der Kommanditgesellschaft nicht alle Partner mit ihrem Privatvermögen unbegrenzt haften. In der KG haften nur bestimmte Gesellschafter mit ihrem gesamten Vermögen. Man nennt sie Komplementäre oder Vollhafter. Alle anderen Gesellschafter haften nur mit der Höhe ihrer Einlage. Man nennt sie Kommanditisten. Die Einlagen der Gesellschafter können unterschiedlich hoch sein. Allein die Komplementäre sind zur Geschäftsführung berechtigt und verpflichtet. Nachteilig ist daher, dass Kommanditisten nur eingeschränkte oder keine Kontrollmöglichkeiten haben. Sie spielen sozusagen nur eine passive Rolle als Kapitalgeber. Kommanditisten sind also am Unternehmen beteiligt, ohne sich am Betreiben der Firma einbringen zu müssen. Die Gesellschafter einer Personengesellschaft machen – in Deutschland – ihren Anteil am Unternehmensergebnis (Gewinn oder

Verlust) im Rahmen ihrer persönlichen (privaten) Steuererklärung geltend. Üblicherweise erhält bei der Gewinnverteilung der Komplementär neben seinem Gehalt als Geschäftsführer ein Gewinnvorweg als Ausgleich für seine erhöhte Haftung. Einzelheiten regelt auch hier der Gesellschaftsvertrag.

Aus gleichen Gründen wie bei der OHG ist die KG im Handelsregister einzutragen.

Trotz der Vorteile eines Einzelunternehmens und einer Personengesellschaft ist es schwierig für größere Firmen, diese Rechtsformen zu wählen, da die Nachteile zu schwerwiegend sind. Zwar sind diese Unternehmensformen relativ einfach und günstig ins Leben zu rufen, jedoch …

- … sind die Eigentümer immer alle oder bei der KG teilweise unbegrenzt mit ihrem Privatvermögen haftbar.
- … ist die Existenz der Firma tendenziell begrenzt, weil sie oft von Unternehmens- oder Gründerpersönlichkeiten abhängt.
- … ist bei Übertragen von Eigentumsrechten oder bei Gesellschafterwechsel die Geschäftswertermittlung schwierig.
- … ist es oft schwieriger, genügend Kapital für notwendige Investitionen zu finden.

Neben den oben beschriebenen stark personen- und eigentümergeprägten Grundmodellen hat das Rechtswesen Formen entwickelt, die man als Kapitalgesellschaften bezeichnet. Der entscheidende Unterschied besteht darin, dass keine der handelnden Personen mit ihrem gesamten Vermögen haftet, sondern alle Kapitalgeber nur mit ihrer Einlage.

2.1.3 Die Kapitalgesellschaft

Obwohl – wie oben erwähnt – die größte Anzahl wirtschaftlicher Aktivitäten gerade in Deutschland im Rahmen von Einzelunternehmen und Personalgesellschaften stattfinden, haben Kapitalgesellschaften wegen ihrer Größe und dem damit verbundenen Bekanntheitsgrad die größere Bedeutung im wirtschaftspolitischen Gesamtgeschehen.

Kapitalgesellschaften sind juristische Personen, die durch ihre Beauftragten (Vorstand bei Aktiengesellschaften bzw. Geschäftsführer bei GmbHs) handeln. Kapitalgesellschaften handeln immer durch ihre Geschäftsführer. Sie handeln quasi im Auftrag der juristischen Personen. Eine juristische Person hat viele der Rechte und Pflichten, die auch eine natürliche Person besitzt. Kapitalgesellschaften haften für die Folgen ihres Tuns. So können sie beispielsweise für Verbrechen ihrer Angestellten angeklagt und verurteilt werden, sie können andere verklagen, Verträge eingehen, Eigentum erwerben oder verkaufen und haben immer einen Namen. Eine solche Gesellschaft ist sozusagen ein Bürger seines Landes ohne Wahlrecht. Anzumerken ist allerdings,

2.1 • Rechtsformen von Unternehmen

dass kriminelle Handlungen oder grob fahrlässiges Verhalten im Namen juristischer Personen auf die Geschäftsführer als natürliche Personen durchschlagen. Das gilt auch für Vermögensschäden im Verhältnis zwischen den juristischen Personen und ihren Geschäftsführern. Die Haftung ist üblicherweise im Anstellungsvertrag geregelt. Darüber hinaus hat in den letzten Jahren eine deutliche, gesetzliche Haftungsverschärfung für Geschäftsführer gegenüber der vertretenen Gesellschaft stattgefunden.

> **Merke!**
>
> Die Gesellschaft mit beschränkter Haftung (GmbH) und die Aktiengesellschaft (AG) zählen zu den **Kapitalgesellschaften**.

Wirtschaftlich entscheidend ist, dass Inhaberschaft und Management bei einer Kapitalgesellschaft grundsätzlich getrennt sind.

In Deutschland dominiert die *Aktiengesellschaft (AG)* – meist die bevorzugte Organisationsform für sehr große und oft international operierende Unternehmen – neben der *Gesellschaft mit beschränkter Haftung (GmbH)*, bevorzugt bei kleineren und mittleren Unternehmen.

Die Unterschiede sind erheblich, was sich aus den sehr unterschiedlichen Anforderungen insbesondere an den Anleger-, aber auch an den Gläubigerschutz ableitet. Diese Anforderungen schlagen sich in Umfang und Grad der Detaillierung der rechtlichen und formalen Vorschriften bei Gründung und Betrieb der jeweiligen Rechtsform nieder.

Kapitalgesellschaften haben eine Reihe von Vorteilen gegenüber Einzelunternehmen und Personengesellschaften:

- Die Inhaberschaft ist durch Eigenkapitalanteile bestimmt. Da sie vom Management der Firma getrennt ist, kann die Inhaberschaft daher einfacher übertragen werden. Das gilt insbesondere für börsennotierte Aktiengesellschaften.
- Die Existenz einer Kapitalgesellschaft ist unabhängig von den Personen der Eigentümer, was auch auf die Trennung zwischen Inhaberschaft und Management zurückzuführen ist. Der Wechsel von Anteilseignern hat im Regelfall keinen Einfluss auf den Unternehmensfortbestand.
- Die Aktionäre bzw. Gesellschafter einer Kapitalgesellschaft sind nur eingeschränkt haftbar zu machen, nämlich nur mit dem Kapital, das sie investiert haben – sie haften also nicht mit ihrem Privatvermögen für die Schulden der Firma.
- Speziell für Aktiengesellschaften ist es einfacher, hohen Kapitalbedarf zu decken. Das Unternehmen kann jederzeit Eigenkapital durch den Verkauf von Aktien erlangen. Daher wird diese Rechtsform von Großunternehmen oder Firmen, die schnell wachsen wollen, gewählt.

Kapitalgesellschaften weisen unvermeidlich auch einige Nachteile auf, wie zum Beispiel:

- Das Einkommen aus solchen Unternehmen unterliegt grundsätzlich der Doppelbesteuerung. Das bedeutet, dass die Firma nicht nur ihr Einkommen auf Unternehmensebene versteuern muss (Körperschaftsteuer). Darüber hinaus müssen die Aktionäre Kapitalertragsteuer auf die ausgeschütteten Gewinne (Dividenden/Zinsen) entrichten. Sie wird vom Unternehmen einbehalten und abgeführt. (Näheres erfahren Sie im ▶ Abschn. 3.3)
- Da die Kapitalgesellschaften vielen gesetzlichen Regulierungen unterliegen, ist die Gründung vergleichsweise kompliziert und teuer. Das trifft insbesondere auf die AG zu.
- Eine umfangreiche Berichtspflicht über wirtschaftliche Lage, Geschäftsverlauf und gesellschaftsvertragliche Veränderungen ist eine weitere Belastung, die in diesem Umfang bei Inhaberunternehmen nicht anfallen.

Die Unterschiede zwischen der Aktiengesellschaft und der GmbH sind dabei erheblich, sodass neben der Gemeinsamkeit der Haftungsbeschränkung der Eigentümer auf das eingesetzte Kapital ansonsten deutlich mehr Unterschiede zwischen den Organisationsformen der AG und der GmbH bestehen als zwischen Personengesellschaften und der GmbH.

Allen Kapitalgesellschaften ist lediglich gemein, dass ihre Gründung und Veränderung der Satzungen notariell vorgenommen und in amtlichen, öffentlichen Registern eingetragen werden müssen und diese Vorgänge einer umfangreichen Veröffentlichungspflicht unterliegen. Die dadurch erzeugte Rechtssicherheit dient Kapitaleignern und Gläubigern gleichermaßen.

Im Verhältnis zur AG kann die GmbH ein relativ einfaches Gebilde sein, das man mit einer OHG vergleichen könnte mit dem Unterschied, dass die Haftung der Gesellschafter auf ihr eingelegtes Kapital begrenzt ist. Die Geschäftsführung wird nach einer im Gesellschaftervertrag zwischen den Gesellschaftern vereinbarten Vorgehensweise berufen, wobei der oder die Geschäftsführer angestellte Manager sind, die keine Gesellschafter sein müssen, aber durchaus sein können.

Die häufig kleineren GmbHs haben oft – zumindest in der Gründungsphase – insofern Ähnlichkeiten mit Personengesellschaften, als mehrere Gesellschafter (Die Ein-Personen-GmbH ist eine Sonderfall.), von einer Geschäftsidee überzeugt, eine gemeinsame Firma gründen, aber im Unterschied zu OHG oder KG keine über ihre Einlage hinausgehende Haftung für das Wohlergehen des Unternehmens übernehmen wollen.

Diese Ähnlichkeit kommt oft dadurch zum Ausdruck, dass der Gesellschaftsvertrag z. B. hohe Zustimmungshürden für Gesellschafterwechsel oder einen einschränkenden Handlungsrahmen für Geschäftsführer vorsieht, der die Zustimmung von Gesellschaftermehrheiten erfordert.

2.1 · Rechtsformen von Unternehmen

So gesehen hat die kleine GmbH mehr Wesensähnlichkeit mit Personengesellschaften als mit Aktiengesellschaften. Eine Gegenüberstellung der AG und der GmbH in den wesentlichen Aspekten finden Sie weiter unten.

Das Wesen von Aktiengesellschaften – zumal von börsennotierten Publikumsgesellschaften, also Gesellschaften, an denen sich jedermann jederzeit und in beliebiger Höhe über die Aktienbörsen, das sind Marktplätze für Unternehmensbeteiligungen, einkaufen kann – ist im Vergleich zur GmbH der nahezu absolut anonymisierte Anteilsbesitz. Eine Kontrolle der Gesellschaft durch den einzelnen Kleinaktionär, den anteiligen Eigentümer also, ist ebenso wenig gegeben wie der direkte Einfluss auf die Geschäftspolitik.

Daher besteht bei Aktiengesellschaften Bedarf an einem außergewöhnlichen und umfangreichen Schutz der Interessen der Kapitalgeber, der Aktionäre also. Dieser Schutz wird gewährt durch die sehr umfangreichen und detaillierten Verhaltensvorschriften im deutschen Aktienrecht, das den Vertrauensschutz absichert. Die wesentlichen Elemente dieser Vorschriften umfassen die Gründung, Kapitalveränderungen, Informationen über den Geschäftsverlauf und die Mechanismen der Mitbestimmung der Aktionäre.

Aktien sind bei den meisten Aktiengesellschaften frei übertragbar – die Übertragung erfolgt ohne Rechenschaftspflicht, ist nicht eingeschränkt, und die Preise sind zwischen Käufer und Verkäufer frei festlegbar.

Aktien, also Anteilsscheine börsennotierter Unternehmen, werden (siehe ▶ Abschn. 1.3.) an Aktienbörsen gehandelt, beispielsweise BASF SE, die Deutsche Lufthansa AG oder British Airways Plc. Der DAX (**D**eutscher **A**ktien Inde**x**) ist der Index für die dreißig größten deutschen Aktiengesellschaften.

Es gibt aber im Gegensatz zu den *börsennotierten* Aktiengesellschaften auch *nicht börsennotierte* Aktiengesellschaften. Der Handel dieser Anteilsscheine wird außerbörslich privat organisiert und es besteht nicht für jedermann die Möglichkeit oder einen Anspruch auf Kauf dieser Aktien und damit Erwerb einer Beteiligung. Beispiele hierfür sind die Ernst Klett AG oder die Bayern München AG, beides nicht börsennotierte Aktiengesellschaften.

Stellt man die GmbH und die AG gegenüber, so sind zusammengefasst folgende Andersartigkeiten zu erkennen (◘ Tab. 2.1):

> **Auf den Punkt gebracht:** In Deutschland gibt es als Unternehmensformen das Einzelunternehmen, Personengesellschaften und Kapitalgesellschaften. Am weitesten verbreitet ist das Einzelunternehmen. Wirtschaftlich am bedeutsamsten sind die Kapitalgesellschaften, allen voran die Aktiengesellschaft.

In der Realität werden die drei oben genannten Rechtsformen Einzelunternehmen, Personengesellschaft und Kapitalgesellschaft oft gemischt und bilden Hybridmodelle, die Vorteile der verschiedenen Unternehmensformen vereinbaren. Ein sehr häufig

Tab. 2.1 Vergleich GmbH und AG (Quelle: Eigene Darstellung auf der Basis von Vahs und Schäfer-Kunz 2012, S. 162 ff.)

Merkmal	GmbH	AG
Rechtsgrundlage	Gesetz betreffend die Gesellschaften mit beschränkter Haftung (GmbHG)	Aktiengesetz (AktG)
Mindestkapital	25.000 EUR	50.000 EUR
Gründung	Mindestens eine natürliche oder eine juristische Person.	Mindestens eine natürliche oder eine juristische Person.
Geschäftsführung	Kann, muss aber nicht durch Gesellschafter erfolgen. Bestimmung durch Gesellschafterversammlung. Gesetzlicher Vertreter der Gesellschaft.	Durch Vorstand. Bestimmung durch Aufsichtsrat. Bestellung für höchstens fünf Jahre.
Haftung	Gesellschafter haften mit Gesellschaftsanteil.	Aktionäre haften mit ihrer Einlage.
Gewinn- und Verlustverteilung	Nach Geschäftsanteilen	Nach Aktiennennbetrag
Organe	Gesellschafterversammlung, Geschäftsführung und Aufsichtsrat.	Hauptversammlung, Vorstand und Aufsichtsrat.
Gesellschafterversammlung (GmbH) bzw. Hauptversammlung (AG)	Stellt Jahresabschluss fest. Legt Gewinnverwendung fest. Bestellt Geschäftsführer.	Stellt Jahresabschluss fest. Legt Gewinnverwendung fest. Bestellt Aufsichtsrat.
Aufsichtsrat	Kontrolliert die Geschäftsführung. Meist nur bei größeren GmbHs vorhanden.	Bestellt und kontrolliert den Vorstand
Besteuerung	Körperschafts- und Gewerbesteuer	Körperschafts- und Gewerbesteuer

anzutreffendes Beispiel hierfür ist die GmbH & Co KG, eine Kommanditgesellschaft, an der juristische und natürliche Personen beteiligt sind, wobei im Regelfall die GmbH die Komplementärfunktion übernimmt. Bei der Limited & Co KG ist der Komplementär eine britische Limited. Außerdem gibt es noch die KGaA, eine Kommanditgesellschaft auf Aktien. Hier übernimmt die Aktiengesellschaft die kapitalgebende Funktion der Kommanditisten – Vollhaftung und Geschäftsführung (Komplementärfunktion) übernehmen eine oder mehrere natürliche Personen. Ihre Stellung gegenüber den Aktionären ist daher deutlich stärker als die des Vorstandes einer reinen AG.

2.2 Das Prinzipal-Agent-Problem in der Kapitalgesellschaft

Wie im vorigen Kapitel beschrieben, ist in Kapitalgesellschaften die Inhaberschaft des Unternehmens vom Management getrennt. Ohne diese Trennung könnten beispielsweise große Publikums-Aktiengesellschaften, deren Aktien in Streubesitz sind und deren Inhaberschaft täglich an den Börsen durch den dort stattfindenden Handel wechselt, von den Inhabern selbst gar nicht geführt werden. (An einem beliebigen Handelstag, z.B. 15.12.2014, wechselten über 82.300 BASF-Aktien allein im Computer-Handel XETRA den Eigentümer.) Die Vorteile dieser Trennung liegen auf der Hand: Nur von dem ständigen Eigentümerwechsel unabhängige Manager können derartige Unternehmen effektiv steuern. Insbesondere bei Aktiengesellschaften droht infolge der Trennung von Kapitaleignern und Management das sogenannte *Prinzipal-Agent-Problem* aufzutreten. Dieses Problem ist bei GmbHs wegen der begrenzten Anzahl an Gesellschaftern und der hohen Gesellschafterkontinuität mit entsprechend größerer Nähe zur Geschäftsführung weniger gravierend.

> **Merke!**
>
> Bei Aktiengesellschaften kommt es oft zu einem **Prinzipal-Agent-Problem**. Hierbei verfolgt der Vorstand (der Agent) andere Ziele als der Aktionär als Eigentümer (der Prinzipal).

Die Beziehung zwischen den Eigenkapitalinhabern und den Managern einer Gesellschaft nennt man Vertretungsverhältnis. Derartige Verhältnisse bestehen immer dann, wenn eine Person (ein sogenannter Auftraggeber oder *Prinzipal*) jemand anderen (den Beauftragten oder *Agenten*) anstellt, um die Interessen des Prinzipals zu vertreten. Reflektiert man jedoch dieses Verhältnis zwischen Inhabern und Management kritisch, wird schnell klar, dass diese Organisation bezüglich Trennung von Inhaberschaft und Management nicht nur Vorteile bringt.

Es stellt sich nämlich die Frage, ob der Agent (das Management) immer im Interesse des Prinzipals (die Inhaber) handelt oder ob er vielleicht, auf seinen Vorteil bedacht, im eigenen Sinne das Unternehmen führt.

Hier ein Beispiel, das in Ihren Lebenskontext passen könnte:

Beispiel
Sie bitten einen Bekannten, Ihre Bücher über Finanzierung für Sie zu verkaufen (Sie brauchen sie nicht mehr, weil Sie die Klausur bereits erfolgreich bestanden haben). Sie bieten ihm für den Verkauf der Bücher einen fixe Entlohnung in Höhe von 10 €.
Heißt das, dass ihr Kommilitone die Bücher automatisch zu dem für Sie besten, also höchst möglichen Preis verkaufen wird? Nicht zwingend. Er bekommt die 10 € von Ihnen ja einfach dann, sobald er den Auftrag ausgeführt hat, nämlich wenn die Finanzierungsbücher verkauft sind. Für Ihren Freund ist es wahrscheinlich einfacher, die Bücher zu einem niedrigen Preis zu verkaufen, da er so schneller einen Abnehmer findet. Für ihn ist der kleine Job somit schnell erledigt, und er kann mit seinen Kommilitonen ins Schwimmbad gehen.

Dieser im obigen Beispiel beschriebene Interessenskonflikt wird Prinzipal-Agent-Problem genannt.

Wie Sie in ▶ Kap. 1 bereits gelernt haben, soll das Ziel des Finanzmanagements sein, den Aktienwert der Gesellschaft zu erhöhen. Die Manager hingegen verfolgen möglicherweise ganz andere Ziele, die ihnen persönlichen Luxus, Sicherheit des Arbeitsplatzes, Ansehen oder mehr Freizeit ermöglichen.

Agency-Kosten sind die Kosten, die aus dem Interessenskonflikt zwischen Eigenkapitalinhabern und Management einer Kapitalgesellschaft entstehen. Diese Kosten können *direkt* oder *indirekt* sein.

2.2.1 Direkte Agency-Kosten

Direkte Agency-Kosten lassen sich in zwei verschiedene Typen gliedern. Der eine Typ sind Unternehmensausgaben, die den Aktionär Geld kosten, dem Management aber nützen. Beispiele hierfür sind teure Firmenwagen, Clubmitgliedschaften, Privatjets oder ein luxuriös eingerichtetes Büro. Der andere Typ direkter Agency-Kosten sind Ausgaben, um das Management zu überwachen – beispielsweise durch Beauftragung externer Wirtschaftsprüfer.

2.2.2 Indirekte Agency-Kosten

Indirekte Agency-Kosten entstehen, wenn sich das Management beispielsweise gegen eine riskante Investition entscheidet, auch wenn diese den Aktienwert enorm erhöhen könnte, weil das Risiko hoch ist und das Projekt unliebsame Mehrarbeit verursacht. Ähnlicher Schaden – und damit Kosten – entstehen, wenn das Management aus Eitelkeit Akquisitionen oder Fusionen betreibt, um sich in der Größe seines Verantwortungsbereiches zu sonnen. Beispiele wie die mittlerweile wieder rückgängig gemachte Fusion zwischen Daimler-Benz und Chrysler zeigen, dass dies einen deutlich negativen Effekt auf die Aktienkurse hat. Die Aktionärsinteressen sind oftmals deutlich gegenläufig zu den Interessen der Manager. Die Kosten, die durch diese vergebenen Investitionsmöglichkeiten oder sinnlosen Fusionen entstanden sind, nennt man indirekte Agency-Kosten.

Im Zusammenhang mit dem Thema Prinzipal-Agent-Problem sollte man sich im Klaren sein, dass dies Ausdruck allgemeinen menschlichen Verhaltens ist: Kein Mitarbeiter in irgendeinem Unternehmen der Welt, der von einem Prinzipal entlohnt wird, wird das Beste geben. Daher ist es immer die Kunst des Führenden, Entlohnungs- und/oder Anerkennungs-Systeme zu entwickeln, die die Synchronisierung der Interessen von Auftraggeber und Auftragnehmer sicherstellen.

> **Auf den Punkt gebracht: In einem Unternehmen können direkte und indirekte Agency-Kosten entstehen. Direkte Agency-Kosten sind unnötige Mehrausgaben des Vorstands. Indirekte Agency-Kosten entstehen, wenn das Management aus Eigeninteressen Entscheidungen fällt, die zu einem niedrigeren Gewinn führen.**

Die Tatsache, dass diese allzu menschliche und generelle Verhaltensweise im Zusammenhang mit der Trennung von Kapitaleignern und Management bei Kapitalgesellschaften trotz ihrer Banalität so hohe Aufmerksamkeit erfährt, ist wohl der Tatsache geschuldet, dass die finanziellen Dimensionen der Auswirkungen so gewaltig sind.

2.3 Anreizgestaltung und Mechanismen der Unternehmenskontrolle

Natürlich möchten Eigenkapitalinhaber sichergehen, dass ihr oberstes Ziel, die Maximierung des Shareholder Value (Marktwert des Eigenkapitals der Aktionäre), vom Management des Unternehmens verfolgt wird. Es gilt also, das Prinzipal-Agent-Problem anzupacken und zu versuchen, die Interessen der Manager mit denen der Eigenkapitalgeber in Einklang zu bringen. Man muss also Anreize schaffen und/oder Kontrollmechanismen einführen, um dies sicherzustellen. Im Folgenden werden Möglichkeiten aufgezeigt, dies zu erreichen.

2.3.1 Anreizgestaltung

Um den Managern den Anreiz zu geben, den Shareholder Value zu erhöhen, sind ihre Gehälter oft an den finanziellen Erfolg des Unternehmens und oft auch direkt an den Shareholder Value geknüpft. Mit sogenannten „goldenen Handschellen" wird sichergestellt, dass die Interessen der Eigenkapitalinhaber verfolgt werden. Eine Möglichkeit ist zum Beispiel, dem Topmanagement des Unternehmens einen Teil des Gehalts in Form von Aktien oder Bezugsrechten mit bevorzugten Konditionen auszuzahlen. Natürlich sind solche Optionen besonders wertvoll, wenn der Aktienkurs des Unternehmens hoch ist. So werden also die Interessen beider Seiten bis zu einem gewissen Grad parallel geschaltet.

An dieser Stelle ist aber auch auf die Gefahr hinzuweisen, die entsteht, wenn diese Aktien ohne Bindungsfrist ausgehändigt werden. Vorstandsmitglieder erhalten üblicherweise Arbeitsverträge mit einer Laufzeit zwischen drei und fünf Jahren. Wenn Aktien ohne Bindungsfrist als Anreiz zugesprochen werden, besteht die Möglichkeit, Aktienkurse durch spektakuläre Unternehmenspolitik hochzutreiben und dann die Aktien mit Insider-Wissen rechtzeitig zu verkaufen. Ein bekanntes Beispiel ist die T-Aktie: Der Erstausgabepreis 1996 mit 14,57 € (28,50 DM) wurde durch eine gigantische Werbekampagne unter günstigen Marktumständen gepuscht. Der Aktienkurs schnellte im Jahr 2000 auf über 50 €, um radikal abzustürzen und heute bei unter 15 € zu dümpeln.

> **Merke!**
>
> Wenn Manager selbst Aktien des Unternehmens besitzen oder das Gehalt gewinnabhängig ist, haben sie einen stärkeren Anreiz, den Shareholder Value zu steigern.

Aber nicht nur auf der Basis von Gehältern können Anreize geschaffen werden, im Sinne der Eigenkaptalinhaber zu handeln. Attraktive Jobangebote mit erheblichen geldwerten Nebenleistungen können Manager motivieren, die Interessen der Eigenkapitalinhaber zu vertreten.

Beispiel

Greifen wir das Beispiel vom vorausgegangen Kapitel noch einmal auf, in dem Sie einen Kommilitonen beauftragt haben, Ihre Finanzierungsbücher für Sie zu verkaufen. Bisher haben Sie ihm eine Entlohnung von 10 € für den Job versprochen, konnten sich so aber nicht sicher sein, dass er dann auch den bestmöglichen Preis für Sie beim Verkauf erzielt. Um seine Interessen mit den Ihrigen zu vereinbaren, wäre es eine Möglichkeit, Ihrem Freund 10 % des Verkaufspreises der Bücher zuzusagen. Somit hat auch er einen Anreiz, die Bücher zu einem möglichst hohen Preis zu verkaufen, denn so kann er selber mehr verdienen.

2.3.2 Unternehmenskontrolle

Wie Sie bereits im ▶ Abschn. 2.1. gelernt haben, wählt der Aufsichtsrat im Auftrag und in Vertretung der Eigenkapitalgeber den Vorstand (oberste Geschäftsführung) einer Aktiengesellschaft. Somit üben die Eigenkapitalgeber die Kontrolle über die Führungsmannschaft des Unternehmens aus.

Dabei geht es großen Anteilseignern konsequenterweise darum, die Wahl des Vorstandes und die Unternehmenspolitik zu beeinflussen. Nachdem Aktionärsstimmen übertragbar sind und die meisten Kleinaktionäre entweder ihre Stimmrechte verfallen lassen oder ihrem Kreditinstitut übertragen, setzt ein Kampf um Aktionärsstimmen ein (im Englischen Proxy Fight). Mit Hilfe erlangter Vollmachten kann versucht werden, das aktuelle Management eines Unternehmens durch nahestehende Führungspersönlichkeiten zu ersetzen. Ein so etablierter Vorstand tut gut daran, sich für die Interessen der im Aufsichtsrat vertretenen Aktionäre einzusetzen, da er ansonsten von ihm abgewählt werden kann.

Ein anderer Macht-Mechanismus ist eine drohende feindliche Übernahme. Wenn Unternehmen schlecht geführt werden und somit keine positiven finanziellen Erfolge aufweisen, sind sie für eine Übernahme attraktiv, da bei solchen Unternehmen, im Gegensatz zu gut geführten, der Kaufpreis niedriger und das Gewinnpotential höher ist.

Auch diese Gefahr motiviert Manager dazu, Entscheidungen im Interesse der Eigenkapitalinhaber zu treffen, d.h. den Aktienpreis des Unternehmens möglichst hoch zu halten.

> **Merke!**
>
> Der **Aufsichtsrat** hat gegenüber dem Vorstand eine Kontrollfunktion und kann damit das Prinzipal-Agent-Problem verringern.

Unternehmen existieren nicht im luftleeren Raum. Räumliche (standortbestimmte), rechtliche und gesellschaftliche Rahmenbedingungen sind durch Menschen und Institutionen repräsentiert, die neben Aktionären (Shareholdern) und Management Interessen an den Unternehmen haben.

Man fasst all diese Parteien mit dem englischen Begriff Stakeholder (am Unternehmen Interessierte) zusammen. Diese Parteien werden auf unterschiedliche Weise versuchen, in die Führung des Unternehmens einzugreifen, um ihre Interessen durchzusetzen. Beispielsweise können Stakeholder, die keine Eigentümerinteressen vertreten, im Aufsichtsrat eines Unternehmens vertreten sein und so versuchen, die Unternehmensführung zu beeinflussen.

Folgende Gruppierungen können Stakeholder eines Unternehmens sein:
- Eigentümer,
- Angestellte,
- Kunden,
- Lieferanten,
- Banken,
- Regierung,
- Gesellschaft.

Diese Gruppen haben Interessen, die nicht unbedingt den Interessen der Eigentümer des Unternehmens entsprechen. So haben zum Beispiel Lieferanten ein Interesse an einer langfristigen Geschäftsbeziehung, der Staat ist an hohen Steuereinnahmen interessiert und die Gesellschaft wünscht, dass die Unternehmen die Umwelt nicht verschmutzen. Leider gibt es zahlreiche Verhaltensweisen von Unternehmen, die zwar den Unternehmenswert erhöhen und den Gewinn steigern, aber den Stakeholdern schaden. So wird zum Beispiel kritisch diskutiert, ob es sinnvoll ist, Arbeitnehmer zu entlassen, um die Eigenkapitalrendite eines kerngesunden Unternehmens von 25 % auf 30 % zu steigern. Oder ist es sinnvoll, im Umweltschutz Kosten einzusparen mit der Konsequenz, dass die Umwelt stärker verschmutzt wird? Ein Unternehmen mit ethischer Verantwortung sollte diese Beispiele genau so kritisch wie die Gesellschaft sehen. Und in der Tat sind einige namhafte DAX-Unternehmen mittlerweile dazu übergegangen, nicht nur die Interessen ihrer Aktionäre zu verfolgen, sondern auch explizit die Interessen der Stakeholder in der Geschäftsstrategie zu berücksichtigen. Die adidas AG ist dafür ein gutes Beispiel.

2.4 Lern-Kontrolle

Kurz und bündig

In Deutschland gibt es drei Arten von Unternehmen, Einzelunternehmen, Personengesellschaften und Kapitalgesellschaften. Zu den Personengesellschaften gehören die Gesellschaft bürgerlichen Rechts (GbR), die offene Handelsgesellschaft (OHG) und die Kommanditgesellschaft (KG). Zu den Kapitalgesellschaften zählen die Gesellschaft mit beschränkter Haftung (GmbH) und die Aktiengesellschaft (AG).

In Aktiengesellschaften verfolgen das Management und die Eigentümer oft unterschiedliche Interessen. Diesen Konflikt nennt man Prinzipal-Agent-Problem. Das Problem kann überwunden werden, indem entweder der Vorstand Anreize erhält, die Eigentümerinteressen stärker zu berücksichtigen oder die Eigentümer das Management mithilfe des Aufsichtsrats stärker kontrollieren.

Über das Management und die Eigentümer hinaus gibt es noch weitere Stakeholder wie Kunden oder Lieferanten, die am Unternehmen ein Interesse haben. Mehr und mehr

2.4 · Lern-Kontrolle

DAX-Unternehmen gehen dazu über, auch diese Interessen in Unternehmensentscheidungen zu berücksichtigen.

❓ Let's check

1. Friedrich K. Grün möchte eine Personengesellschaft gründen. Wie kann er verhindern, dass er als Komplementär seines Unternehmens mit seinem Privatvermögen uneingeschränkt haftet? Welche der folgenden Ausprägung einer Kommanditgesellschaft ist geeignet?
   - ☐ Herr Grün gründet die Friedrich K. Grün GmbH & Co KG.
   - ☐ Her Grün gründet die Friedrich K. Grün KG.
   - ☐ Herr Grün gründet eine Friedrich K. Grün KGaA.
   - ☐ Herr Grün gründet die Friedrich Grün OHG & Co KG.

2. Was geschieht, wenn in einer OHG einer von zwei Gesellschaftern ausscheidet, der verbliebene Gesellschafter das Geschäft aber weiterbetreiben möchte?
   - ☐ Das lässt das Gesetz nicht zu – das Unternehmen muss geschlossen werden.
   - ☐ Die OHG wird als sogenannte „Ein-Mann-OHG" weitergeführt.
   - ☐ Eine Umwandlung in eine andere Gesellschaftsform oder in eine Einzelfirma ist unerlässlich.
   - ☐ Eine OHG hat gar keine zwei Gesellschafter. Sie besitzt nur einen Gesellschafter.

3. Sie sind der glückliche Erbe einer Kommanditbeteiligung. Das Erbschaftsgericht teilt Ihnen mit, dass der verstorbene Onkel mit einem Kommanditkapital in Höhe von 200.000 € in der Bilanz steht. Sie verstehen nichts von dem Geschäft, könnten das Geld für andere Zwecke gut gebrauchen, und ein anderer Kommanditist bietet an, Ihren Anteil an ihn zum Preis von 200.000 € zu kaufen. Was tun Sie?
   - ☐ Sie willigen ein und sind überzeugt, einen fairen Preis erzielt zu haben.
   - ☐ Sie arbeiten die folgenden Kapitel durch, lernen das Vorgehen der Unternehmensbewertung und ermitteln so einen Preis, auf dem Sie beharren.
   - ☐ Sie fragen Ihre Freunde, ob das ein angemessener Preis sein könnte.
   - ☐ Sie verlangen 300.000 €, weil sie an der Reaktion des anderen Kommanditisten ablesen wollen, ob der Preis von 200.000 € zu günstig ist.
   - ☐ Sie gehen mit der Bilanz zu Ihrer Bank und bitten um fachmännischen Rat.
   - ☐ Sie fragen den Steuerberater der Gesellschaft, was er meint.
   - ☐ Sie bitten die IHK (Industrie- und Handelskammer) um Rat und ein Gutachten.

4. Welche der folgenden Kosten würden Sie den direkten Agency-Kosten zuordnen?
   - ☐ Limousinen-Service für das Topmanagement auf Kosten der Firma.
   - ☐ Luxuriöse Büroeinrichtung, die sich ein Manager von seinem privaten Einkommen gekauft hat.

Kapitel 2 · Unternehmensformen und Corporate Governance

- ☐ Übernahme einer Firma, für die eigentlich zu viel Geld bezahlt wurde, aber so das Unternehmen und damit die Macht der Gesellschaft gestärkt wurde.
- ☐ Investitionen, die im Sinne der Aktionäre getätigt werden.

5. Warum fallen Agency-Kosten in einer OHG auf der Führungsebene nicht an?
   - ☐ Weil Geschäftsführer einer OHG die besseren Manager sind.
   - ☐ Weil Geschäftsführer einer OHG moralisch höher stehend sind.
   - ☐ Weil bei einer OHG der Interessenkonflikt zwischen Eigentümer und Manager nicht besteht.
   - ☐ Weil bei der OHG Eigentum und Management eine Einheit sind.

6. Welche der folgenden Kosten würden Sie den indirekten Agency-Kosten zuordnen?
   - ☐ Unbezahlte Überstunden des Abteilungsleiters.
   - ☐ Vergebene Investitionsmöglichkeit, die zu Mehrarbeit geführt hätte.
   - ☐ Absage einer Geschäftsreise im Privatjet.
   - ☐ Kauf einer Firma aus reinen Prestigegründen, die den Shareholder Value reduziert.
   - ☐ Kaffeemaschinen im Büro auf Firmenkosten.

7. Welche Anreize scheinen Ihnen als Aktionär eines DAX-Unternehmens nicht geeignet, den Vorstandsvorsitzenden stärker als bisher zu motivieren, Ihr Interesse an einer hohen Dividende zu verfolgen:
   - ☐ Erhöhung der Gewinnbeteiligung des Vorstands.
   - ☐ Erhöhung der Beteiligung des Vorstands am ausgeschütteten Gewinn.
   - ☐ Firmenwagen für jedes seiner studierenden Kinder.
   - ☐ Verlängerung des Anstellungsvertrages von fünf auf zehn Jahre.

8. Bewerten Sie das unmittelbare Interesse der folgenden Stakeholder an der Höhe des ausgeschütteten Gewinnes eines Unternehmens, das sich mit Herstellung und Vertrieb von Gummibärchen beschäftigt, mit 1 = höchstes, 2 = indirektes, 3 = kein:
   - ☐ Mitarbeiter,
   - ☐ Finanzbehörde,
   - ☐ Konsumenten,
   - ☐ Eigentümer,
   - ☐ Greenpeace,
   - ☐ Lieferanten.

❓ Vernetzende Aufgaben

1. Die Anzahl potentieller Arten von Stakeholdern ist bei großen, börsennotierten Aktiengesellschaften unvergleichlich höher als bei kleinen Personengesellschaften.
   Ist diese Aussage richtig? Begründen Sie Ihre Auffassung.

2.4 • Lern-Kontrolle

2. Die Qualität eines Anreizsystems für Manager hängt ab von der Übereinstimmung der Unternehmensziele mit den Partikularinteressen der Manager. Was bedeutet diese Aussage für die Formulierung der Anreizvereinbarungen?
3. GmbHs und Aktiengesellschaften werden als „juristische Personen" bezeichnet. Das bedeutet, dass sie Verträge abschließen können, für ihre Handlungen haften müssen, angeklagt werden und sich rechtlich verantworten müssen. Bei einer GmbH & Co KG ist die Geschäftsführung eine GmbH.

   Erklären Sie, was passiert, wenn die GmbH, also die Geschäftsführerin der GmbH & Co KG, wegen krimineller Geschäfte zu drei Jahren Gefängnis angeklagt und verurteilt wird.
4. Sie studieren Betriebswirtschaft, sind jung und selbstbewusst. Ihre persönliche Benchmarking-Orientierung setzt Ihre persönlichen Berufsziele hoch – und das ist gut so.

   Folglich stöbern Sie bei Google nach Managergehältern und stoßen auf folgenden Link:

   ▶ Millionenschwere Managergehälter: Das verdienen die Dax ...
   ▶ www.stern.de/.../millionenschwere-managergehaelter – Translate this page
   Mar 20, 2014 – Sie können sich nicht vorstellen, eine Million im Monat zu verdienen? Andere schon. Hier die Verdienste der *Dax-Vorstandschefs*, von Martin ...
   Ihre Recherche führt Sie über diesen Link:
   ▶ http://www.handelsblatt.com/unternehmen/industrie/winterkorn-haengt-zetsche-bei-gehalt-ab/3935176.html
   zum Handelsblatt und Sie lesen dort:
   Wolfsburg. VW-Vorstandschef Martin Winterkorn hat 2010 ein Gehalt von 9,33 Millionen Euro kassiert und seine Bezüge damit um fast 50 Prozent gesteigert. Damit hängt Winterkorn seinen Berufskollegen Daimler-Vorstandschef Dieter Zetsche deutlich ab, der mit 8,7 Millionen Euro nach Hause ging. Die Bezüge des VW-Vorstandsvorsitzenden gehen aus dem am Donnerstag in Wolfsburg veröffentlichten Geschäftsbericht hervor.
   Es fällt Ihnen nicht schwer sich vorzustellen, in wenigen Jahren in dieser Liga mitzuspielen und Sie träumen bereits von dem herrlichen Leben, das Sie sich mit diesem Einkommen leisten werden. Als Sie aus Ihren Träumen aufschrecken, wird Ihnen bewusst, dass der Weg noch weit ist und über die Lösung dieser Aufgabe führt:
   Top-Manager verdienen unendlich viel mehr, als sie – als vernunftbegabte Menschen – jemals werden ausgeben können. Ordnen Sie folgende Motive nach der von Ihnen vermuteten Priorität. Begründen Sie in einer kurzen Zusammenfassung Ihre Wahl!
   - Berufliche Reiselust,
   - Geltungsbedürfnis und Eitelkeiten,
   - Geld,

- Luxusbedürfnisse befriedigen,
- Macht,
- Ansehen.
5. In der aktuellen öffentlichen Wahrnehmung wird die Unangemessenheit von Managerbezügen unter dem Gesichtspunkt der sozialen Gerechtigkeit diskutiert. Diskutieren Sie die Unangemessenheit und bemühen Sie sich um eine ausgewogene Pro- und Kontra-Sichtweise.

Lesen und Vertiefen

- Hillier, D., Ross, S. A., Westerfield, R. W., Jaffe, J., Jordan, B. D. (2013). *Corporate Finance*. London et al.: McGraw-Hill, Kap. 2.
  Das Kap. 2 bespricht (allerdings aus angelsächsischer Sicht) die wichtigsten Rechtsformen eines Unternehmens. Außerdem wird das Prinzipal-Agent-Problem gut dargestellt.
- Perridon, L., Steiner, M., Rathgeber, A. W. (2012). *Finanzwirtschaft der Unternehmung*. München: Vahlen, Kap. D.II.1
  Hier sind die verschiedenen Rechtsformen für Unternehmen ohne und mit direktem Zugang zur Börse gut beschrieben.
- Wöhe, G., Döring, U. (2013). *Einführung in die Allgemeine Betriebswirtschaftslehre*. München: Vahlen, Abschn. 2.C.1
  In diesem Kapitel werden die in Deutschland möglichen Rechtsformen ausführlich dargestellt.

Bilanz und GuV

Thomas Schuster, Leona Rüdt von Collenberg

3.1 Die Bilanz – 37
3.1.1 Aufbau der Bilanz – 38
3.1.2 Aktiva – 38
3.1.3 Passiva – 40

3.2 Die GuV – 45
3.2.1 Struktur der GuV – 45
3.2.2 Nichtauszahlungswirksame GuV-Positionen – 47
3.2.3 Fixe und variable Kosten – 49

3.3 Unternehmensteuern – 50
3.3.1 Unternehmensrelevante Gewinnsteuern – 51
3.3.2 Grenzsteuersatz vs. Durchschnittssteuersatz – 52

3.4 Cashflows – 55
3.4.1 Operativer Cashflow – 55
3.4.2 EBITD – Earnings before interest, tax and depreciation – 57
3.4.3 EBITDA – Earnings before interest, tax, depreciation and amortization – 59
3.4.4 Kapitalflussrechnung – 59

3.5 Lern-Kontrolle – 62

T. Schuster, L. Rüdt von Collenberg, *Finanzierung: Finanzberichte, -kennzahlen, -planung,*
Studienwissen kompakt, DOI 10.1007/978-3-662-46182-2_3,
© Springer-Verlag Berlin Heidelberg 2015

Kapitel 3 · Bilanz und GuV

Lern-Agenda

Wie Sie in dem vorigen Kapitel gelernt haben, kann ein Unternehmen viele Stakeholder mit unterschiedlichen Interessen haben. Um überprüfen zu können, ob das Unternehmen in Ihrem Sinne geführt wird, analysieren Sie die Informationen, die Sie aus dem Jahresabschluss (und dem gegebenenfalls begleitend verfügbaren Geschäftsbericht) entnehmen können. Der Jahresabschluss enthält verschiedene Finanzinformationen wie zum Beispiel die Bilanz, die Gewinn- und Verlustrechnung, Informationen über nicht ausgeschüttete Gewinne und die Bewegungsbilanz, auch Kapitalflussrechnung genannt. In diesem Kapitel sollen Sie mit diesen unterschiedlichen Berichten in Kontakt kommen und erfahren, wie man die finanzielle Situation eines Unternehmens analysieren und bewerten kann.

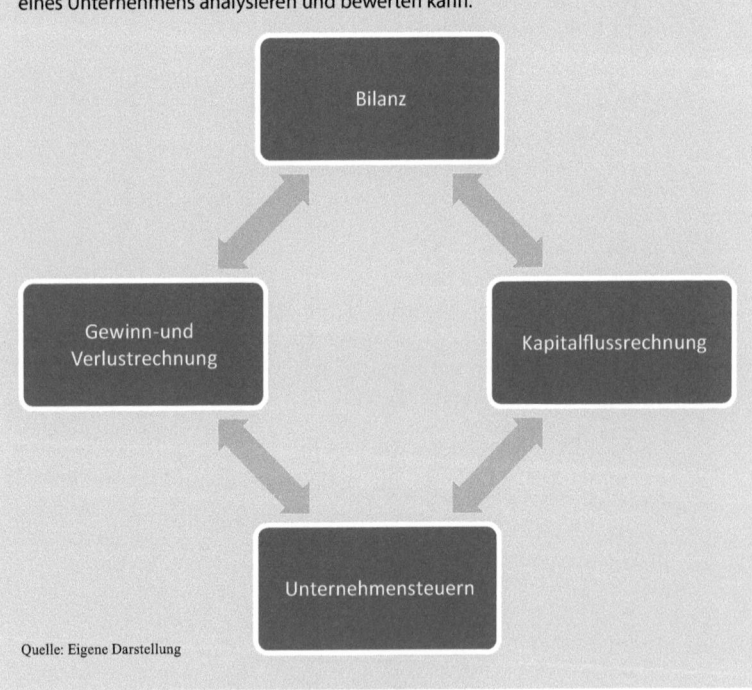

Quelle: Eigene Darstellung

Am 23. Mai 2011 um 11:50 meldete Spiegel Online:

Elektronikriese in Nöten: Erdbeben und Datenleck kosten Sony Milliarden

Miese Bilanz für Sony: Statt Gewinne hat der japanische Konzern Milliardenverluste angekündigt. Vor allem die Folgen des Jahrhundertbebens kommen den Elektronikhersteller teuer zu stehen.

Tokio – Das Erdbeben und der Datenklau machen Sony schwer zu schaffen: Für das abgelaufene Geschäftsjahr hat der Konzern einen Milliardenverlust angekündigt – bisher war er von einem Gewinn ausgegangen.

Für den Turnus 2010 / 2011 revidierte der Konzern am Montag seine Prognose auf einen Nettoverlust von umgerechnet 2,25 Milliarden Euro. Bislang hatte Sony mit Gewinn von gut 600 Millionen Euro gerechnet.

Als Gründe nennt der Konzern vor allem die Folgen des verheerenden Erdbebens und des darauffolgenden Tsunamis sowie das Datenleck im Netzwerk seiner Spielkonsole Playstation.

◘ **Abb. 3.1** Meldung Spiegel Online (Quelle: ▶ www.spiegel.de, 2011)

Das folgende Kapitel wird sich allgemein mit den Instrumenten beschäftigen, die Vermögen und Finanzierung, Gewinn und Verlust strukturieren und übersichtlich sowie vergleichbar darstellen. Die Aktionäre fürchten um Dividenden, die Verzinsung ihres Kapitals. Sie fürchten Kursverluste, die sie „ärmer" machen (◘ Abb. 3.1). Sie erinnern sich sicherlich an das erste Kapitel, in der die Kernaufgabe für das Management mit dem Wachstum des Unternehmenswertes definiert wurde. Sie werden in den folgenden Lernschritten erkennen lernen, wie in der GuV und in der Bilanz die Folgen von Ereignissen, wie dem hier aktuell Angeführten, sichtbar werden.

3.1 Die Bilanz

Die Bilanz ist wie ein Schnappschuss des Buchwertes eines Unternehmens an einem bestimmten Zeitpunkt, meist am Ende eines Jahres, also am 31. Dezember. Der Buchwert ist der Wert der einzelnen Vermögensteile, ausgedrückt in der entsprechenden Währung. Vermögensteile können Gegenstände (Anlagen, Maschinen, Gebäude etc.) sowie Rechte gegenüber Dritten (Lizenzrechte, Urheberrechte etc.), Beteiligungen an Unternehmen oder Guthaben bei Finanzinstituten und vieles mehr sein. Der Wert eines Vermögensteils wird zum Zeitpunkt der Anschaffung erfasst. Der Wert von Vermögensteilen ändert sich täglich, wie auch täglich Vermögensteile aus dem Unternehmensprozess ausscheiden und neue hinzukommen In der Regel steht der Vermögenswert jedoch mit dem historischen Anschaffungswert in der Bilanz.

Daraus ist ersichtlich, dass eine Bilanz nur Aussagen für einen bestimmten Zeitpunkt machen kann, zu dem alle Vermögensteile erfasst und bewertet werden. Bei allen Unternehmen besteht daher mit der Inventur die Aufgabe, zu einem bestimmten

Tag alle Gegenstände zu bezeichnen, zu zählen (bzw. messen, wiegen), in Listen (Inventarverzeichnis) festzuhalten und mit dem Stichtagswert zu bewerten. Würde man – was weder sinnvoll noch nötig ist und schon aus den eben geschilderten Gründen unvertretbar aufwändig – wenige Tage später erneut eine Bilanz machen, so würde die einen anderen Zahlenspiegel aufweisen, weil sich die Vermögensstruktur verändert hat.

3.1.1 Aufbau der Bilanz

Die Bilanz stellt zwei Sachverhalte dar: Die Zusammensetzung des Vermögens einerseits und die Zusammensetzung des Kapitals, das den Besitz dieser Vermögenswerte finanziert, andererseits (◘ Abb. 3.2).

In der Grundform einer Bilanz finden sich auf der linken Seite die Vermögenswerte, Aktiva genannt, auf der rechten Seite die Herkunft der Finanzierungsmittel, Passiva genannt. In der Bilanz muss die Summe der Aktiva immer der Summe der Passiva, die sich aus Fremdkapital und Eigenkapital zusammensetzt, entsprechen. Oder anders formuliert: In einer Bilanz erhält man Informationen darüber, wie ein Unternehmen seine Aktiva finanziert hat, nämlich über Fremdkapital und Eigenkapital. Die folgende Formel ist hilfreich, sich dieses Verhältnis zu merken:

$$\text{Aktiva} = \text{Passiva}$$

oder

$$\text{Vermögenswerte} = \text{Fremdkapital} + \text{Eigenkapital}.$$

> **Merke!**
>
> Die **Bilanz** stellt das Vermögen und das Kapital eines Unternehmens zu einem Stichtag dar. Sie ist in die Aktiv- und Passivseite gegliedert.

3.1.2 Aktiva

Die linke Seite der Bilanz gliedert sich in Anlagevermögen und Umlaufvermögen. Unter Anlagevermögen versteht man diejenigen Vermögenswerte, die ihrem Wesen nach längerfristig dem Unternehmen zur Verfügung stehen, um seine Leistungen zu erbringen, also z. B. Gebäude, Anlagen und Maschinen. Das Umlaufvermögen setzt sich aus Vermögenswerten zusammen, die der Leistungserstellung dadurch dienen, dass sie eine ständige Umwandlung erfahren: Rohware wird zur Halbfertig- und schließlich

3.1 · Die Bilanz

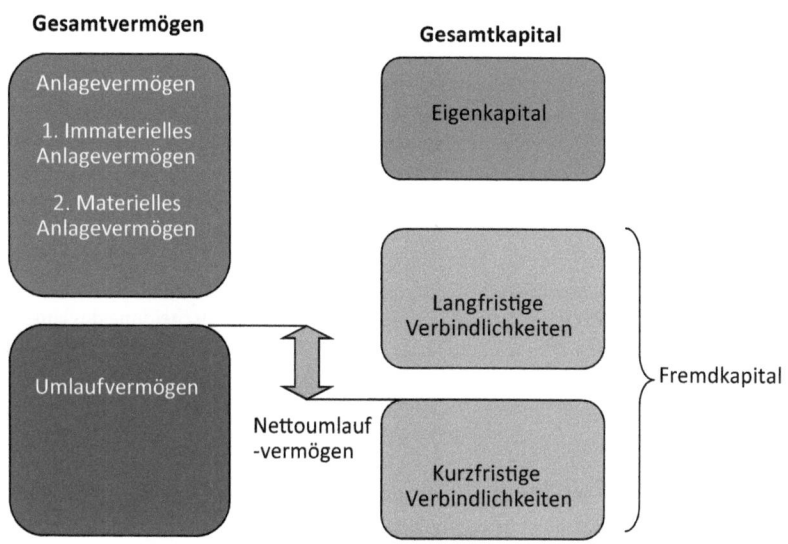

◘ Abb. 3.2 Struktur der Bilanz (Quelle: Eigene Darstellung)

zur Fertigware, Bankguthaben fließen ab, um Lieferanten zu bezahlen, Rechnungen an Kunden erhöhen die Forderungen, usw.

Das Vermögen ist hier nach Liquidität geordnet. Mit Liquidität ist gemeint, wie schnell es möglich ist, das Vermögen des Unternehmens in Bargeld umzuwandeln. Im US-amerikanischen Sprachraum sind die Vermögenspositionen nach der angenommenen Leichtigkeit geordnet, mit der sie in Barmittel umgewandelt werden können. Das bedeutet, dass vorhandene Barmittel zuerst und Immobilien zuletzt aufgezählt werden.

In Deutschland ist das – gesetzlich vorgeschrieben – umgekehrt: Das *Anlagevermögen* wird zuerst dargestellt, das *Umlaufvermögen* darunter.

Das *Anlagevermögen* umfasst Vermögensteile, die dem Unternehmen zur langfristigen Nutzung dienen. Dazu gehören naheliegender Weise Immobilien (Gebäude und Grundstücke), Maschinen und Anlagen, die der Fertigung dienen, aber auch strategische Beteiligungen an anderen Unternehmen. Diese Kategorie des Anlagevermögens wird als *materielles* Anlagevermögen in Abgrenzung zum *immateriellen* Anlagevermögen bezeichnet. Dazu gehören beispielsweise erworbene Patent- und Markenrechte[1],

---

1 Als vor wenigen Jahren das altehrwürdige Versandhaus Quelle in Insolvenz ging und zerschlagen wurde, erzielten nicht die materiellen Vermögenswerte vergleichsweise hohe Erlöse, sondern insbesondere der Firmenname Quelle, der heute als Online-Marktplatz ▶ www.quelle.de wieder Marktanschluss sucht.

Eigentum an Software und auch der sogenannte Firmenwert (= Goodwill) erworbener Firmen. Der Goodwill wird aus der Differenz zwischen erworbenen Sachwerten und dem Kaufpreis, der für eine Firma gezahlt wird, ermittelt.

Im *Umlaufvermögen* sind Bargeldbestände und Bankguthaben – auch Wertpapiere anderer Gesellschaften – Forderungen, die ein Unternehmen gegenüber Kunden hat, die auf Rechnung mit kurzfristiger Fälligkeit auf Kredit kaufen (Debitoren); aber auch verkaufte, noch nicht berechnete Fertigwaren, nicht verkaufte Fertigwaren (Lagerbestände) und Halbfertigwaren je nach erreichtem Fertigungsgrad, erfasst.

Die Unterpositionen des Umlaufvermögens sind in sich wiederum nach Liquidität so gegliedert, dass Bargeld und Bankguthaben die unterste Zeile bildet.

Auf der Aktiv-Seite der Bilanz spiegelt sich die Investitionsentscheidung des Unternehmens wieder. Sie beantwortet die Frage, wofür das Management Geld ausgegeben hat bzw. was es damit erworben hat. Je nach Wesen des Geschäfts, ob das Management beispielsweise entscheidet, Waren zu kaufen oder selbst herzustellen, Maschinen zu leasen oder zu kaufen, findet dies in der linken, der Aktiv-Seite der Bilanz, seinen Ausdruck.

Die Bilanz beinhaltet nicht immer alle Vermögenswerte eines Unternehmens. Markenwert, Image oder das in gut ausgebildeten und motivierten Mitarbeitern gebundene Know-how und Leistungspotential werden im allgemeinen Sprachgebrauch auch gerne als „Aktivposten" bezeichnet, weil sie zum Wert eines Unternehmens beitragen. Diese Werte können aber nicht „aktiviert", also Inhalt der Vermögensauflistung werden. Derartige immaterielle Vermögensgegenstände sind schwierig monetär zu schätzen, obwohl sie einen enormen Einfluss auf den Unternehmenswert haben können. Der Börsenwert von Google oder Apple steht in keinem vernünftigen Verhältnis zum Anlagevermögen, sondern ist im wesentlichen Ausdruck des nicht bilanzierungsfähigen, immateriellen Anlagevermögens[2].

3.1.3 Passiva

Die rechte Seite der Bilanz, auch Passivseite genannt, gliedert sich in *Eigenkapital* und *Fremdkapital* und gibt damit an, wie die Aktiva des Unternehmens, also seine Investitionen und Guthaben, finanziert sind.

Das Eigenkapital steht naturgemäß grundsätzlich *dauerhaft* zum Betrieb des Unternehmens zur Verfügung – Fremdkapital aber immer nur *zeitweise*. Es liegt also grundsätzlich nahe anzustreben, diejenigen Vermögensteile, die unabdingbar den Be-

---

2 Als der Apple-Mitgründer und als entscheidender Zukunftsvisionär eingeschätzte Steve Jobs im August 2011 seine Absicht ankündigte, sich gesundheitshalber zurückzuziehen, gaben die Aktien von Apple über Nacht deutlich nach – Ausdruck der Wirkung einer nicht bilanzierbaren immateriellen Vermögensposition.

3.1 · Die Bilanz

stand und den Betrieb des Unternehmens sichern, tunlichst aus Eigenkapital zu finanzieren. Zum Eigenkapital zählen das Aktienkapital, die Kapitalrücklagen (gesetzlich oder freiwillig in der Vergangenheit zurückgelegte Gewinne zur Stärkung der Eigenkapitalbasis), nicht ausgeschüttete, in der Geschäftsperiode aufgelaufene Gewinne und letztlich im Umlauf befindliche Genussscheine. Genussscheine spülen beim Verkauf flüssige Mittel ins Unternehmen. Sie haben auf Grund ihrer Unkündbarkeit während der Laufzeit Eigenkapitalcharakter.

Das Fremdkapital wird in *kurzfristige* und *langfristige* Verbindlichkeiten unterteilt. Die Reihenfolge der Auflistung der Verbindlichkeiten richtet sich analog der Ordnung der Aktivseite danach, wie schnell sie zurückgezahlt werden müssen – je kurzfristiger zurückzuzahlbar desto weiter unten in der Hierarchie.

Als kurzfristige Verbindlichkeiten bezeichnet man jene, die innerhalb eines Jahres zurückgezahlt werden müssen. Verbindlichkeiten mit längerer Laufzeit sind somit in der Kategorie „Langfristig" einzuordnen. Manchmal weist man einen Teil der längerfristigen Verbindlichkeiten noch als mittelfristige Verbindlichkeiten aus.

Die Differenz zwischen Umlaufvermögen und kurzfristigen Verbindlichkeiten nennt man Nettoumlaufvermögen. Es kennzeichnet die Elastizität der Finanzierung insofern als kurzfristiger Kapitalbedarf für das Umlaufvermögen in Höhe des Nettoumlaufvermögens durch langfristig zur Verfügung stehende Mittel gedeckt ist. Deutlich wird die Wichtigkeit dieser Kennziffer, wenn man sich vorstellt, das Nettoumlaufvermögen schlüge ins Negative um. Das würde bedeuten, dass Teile des langfristig arbeitenden Anlagevermögens durch kurzfristige Mittel finanziert sind. Die Situation kennzeichnet, wenn sie anhält, schlechtes Liquiditätsmanagement – oder aber eine sich andeutende finanzielle Schieflage des Unternehmens.

> **Merke!**
>
> Die **Aktivseite** der Bilanz ist in Anlage- und Umlaufvermögen unterteilt. Die **Passivseite** ist in Eigen- und in Fremdkapital gegliedert.

In den ◘ Tab. 3.1 und 3.2 können Sie einen Blick auf die Bilanz des Chemiekonzerns BASF werfen.

Wie man sehen kann, wurde die Bilanz der BASF am Ende des Jahres erstellt. In dieser Darstellung werden zwei Jahre zum Vergleich gegenübergestellt – 2013 und 2012. Sie können daran sehen, dass sich die oben gemachten Aussagen bestätigen: dass Bilanzen Stichtagsbetrachtungen sind und Bilanzen des gleichen Unternehmens, erstellt an verschiedenen Tagen, immer voneinander abweichen und unterschiedliche Werte aufweisen – sowohl auf der Aktiv- als auch auf der Passivseite der Bilanz.

Die linke Seite, die Aktiva, zeigen zuerst das Anlagevermögen, was hier langfristiges Vermögen genannt wird. Immaterielle Vermögenswerte und materielle Vermögens-

Tab. 3.1 Aktiva Bilanz BASF SE (Quelle: BASF 2014)

(Millionen €)	31.12.2013	31.12.2012 angepasst
Immaterielle Vermögenswerte	12.235	12.193
Sachanlagen	18.254	16.610
At Equity bewertete Beteiligungen	4.137	3.459
Sonstige Finanzanlagen	630	613
Latente Steueransprüche	992	1.473
Übrige Forderungen und sonstiges Vermögen	876	911
Langfristige Vermögenswerte	**37.124**	**35.259**
Vorräte	9.592	9.581
Forderungen aus Lieferungen und Leistungen	9.376	9.506
Übrige Forderungen und sonstiges Vermögen	3.630	3.455
Kurzfristige Wertpapiere	17	14
Zahlungsmittel und Zahlungsmitteläquivalente	1.815	1.647
Vermögen von Veräußerungsgruppen	2.828	3.264
Kurzfristige Vermögenswerte	**27.258**	**27.467**
Gesamtvermögen	**64.382**	**62.726**

werte, wie zum Beispiel „Sachanlagen", summieren sich am 31.12.2013 zu 37.124 Mio. €. Anschließend folgt das kurzfristige Vermögen oder auch Umlaufvermögen. Das Gesamtvermögen errechnet sich schließlich aus der Summe beider Posten. Am 31.12.2013 beträgt es: 37.124 Mio. € + 27.258 Mio. € = 64.382 Mio. €.

Um nun herauszufinden, wie BASF ihr Gesamtvermögen finanziert, betrachtet man die Passiva des Unternehmens (◘ Tab. 3.2). Zunächst ist das Eigenkapital der BASF SE angegeben. Anschließend zeigt die Bilanz das Fremdkapital auf, was sich, wie Sie bereits gelernt haben, in langfristige und kurzfristige Verbindlichkeiten untergliedert. Wenn die Buchführung ordentlich gearbeitet hat, muss die Summe des Eigen- und Fremdkapitals zum 31.12.2013 auch 64.382 Mio. € ergeben. Dies ist natürlich der Fall, wie folgende Addition zeigt: 27.789 Mio. € + 21.790 Mio. € + 14.803 Mio. € = 64.382 Mio. €.

Hier sieht man also, dass eine Bilanz auf der linken und rechten Seite immer die gleiche Summe bilden muss.

3.1 · Die Bilanz

Tab. 3.2 Passiva Bilanz BASF SE (Quelle: BASF 2014)

(Millionen €)	31.12.2013	31.12.2012 angepasst
Gezeichnetes Kapital	1.176	1.176
Kapitalrücklage	3.165	3.188
Gewinnrücklagen und Bilanzgewinn	26.170	23.708
Sonstige Eigenkapitalposten	−3.400	−3.461
Eigenkapital der Aktionäre der BASF SE	**27.111**	**24.611**
Anteile anderer Gesellschafter	678	1.010
Eigenkapital	**27.789**	**25.621**
Rückstellungen für Pensionen und ähnliche Verpflichtungen	3.709	5.421
Sonstige Rückstellungen	2.924	2.925
Latente Steuerschulden	2.849	2.234
Finanzschulden	11.151	8.704
Übrige Verbindlichkeiten	1.157	1.111
Langfristiges Fremdkapital	**21.790**	**20.395**
Verbindlichkeiten aus Lieferungen und Leistungen	4.505	4.502
Rückstellungen	2.616	2.628
Steuerschulden	954	870
Finanzschulden	3.256	4.094
Übrige Verbindlichkeiten	2.182	2.623
Schulden von Veräußerungsgruppen	1.290	1.993
Kurzfristiges Fremdkapital	**14.803**	**16.710**
Gesamtkapital	**64.382**	**62.726**

3.1.3.1 Liquidität

Ein Gegenstand ist liquide, wenn er schnell in Bargeld umgewandelt werden kann, ohne jedoch einen signifikanten Wertverlust erleiden zu müssen. Liquide zu sein ist für Unternehmen sehr wichtig, um nicht in finanzielle Schwierigkeiten zu kommen und

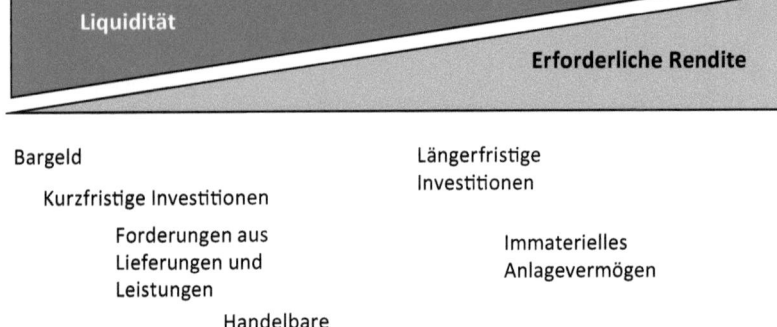

Abb. 3.3 Zusammenhang zwischen Liquidität und Rendite

gegebenenfalls seine Selbstbestimmung zu verlieren. Liquide Vermögenswerte haben tendenziell eine geringere Rendite. Offene Rechnungen an Kunden (kurzfristige Kredite an Debitoren) werden im Normalfall während der gesetzlichen Zahlungsfristen ohne Zinsen ausgestellt. Bargeldbestand hat keine Rendite, erfährt sogar durch inflationäre Tendenzen durch den Kaufkraftverlust eine Wertminderung. Ein Unternehmen muss also immer abwägen, ob es in kurzfristige Vermögenswerte investiert und dementsprechend liquide ist oder doch lieber, um höhere Renditen zu erzielen, in langfristige.

> **Merke!**
>
> Die **Liquidität** eines Vermögenswertes misst, wie schnell und einfach er in Bargeld umgewandelt werden kann.

Wenn das Finanzmanagement aus besagten Gründen die kurzfristigen Mittel zu knapp hält und ein Liquiditätsproblem auftritt, kann diese Fehldisposition zu unrentablen Maßnahmen zwingen. Das ist immer dann der Fall, wenn ein Liquiditätsengpass zur Auflösung langfristig rentabel arbeitender Vermögenspositionen zwingt.

Eine Liquiditätslücke kann man unter Umständen auch durch den Verkauf eines Firmengebäudes decken – dass ein solcher Notverkauf kein rentabler Vorgang sein wird, liegt auf der Hand.

Diese Trade-Off-Zusammenhänge zwischen Liquidität und Rendite werden in ◘ Abb. 3.3 deutlich.

3.2 Die GuV

Während die Bilanz wie ein Schnappschuss den Buchwert eines Unternehmens zu einem bestimmten Zeitpunkt festhält, kann man die Gewinn- und Verlustrechnung (GuV) mit einer Videoaufnahme des Betriebs über einen bestimmten Zeitraum vergleichen. Normalerweise wird die GuV monatlich, quartalsweise und jährlich erstellt. Die Gewinn- und Verlustrechnung gibt an, wie profitabel ein Unternehmen im jeweiligen Betrachtungszeitraum ist.

> **Merke!**
>
> Die **Gewinn- und Verlustrechnung** gibt den Gewinn wieder, den ein Unternehmen innerhalb eines Geschäftsjahrs erwirtschaftet hat.

3.2.1 Struktur der GuV

Die GuV hat generell immer die gleiche Struktur. Normalerweise wird zuerst der Umsatz (Erlöse) angegeben, und von diesem werden die Aufwendungen der entsprechenden Periode abgezogen. Folgende Formel gibt also die grobe Struktur der GuV wieder:

$$\text{Gewinn} = \text{Umsatz} - \text{Aufwand}.$$

In ◘ Abb. 3.4 ist die grobe Struktur einer Gewinn- und Verlustrechnung dargestellt.

Im ersten Schritt der GuV werden vom Umsatz zunächst die Herstellungskosten subtrahiert.

Die Herstellungskosten beinhalten alle direkten Produktionskosten, wie zum Beispiel Arbeitskosten und Materialkosten. Die meisten dieser Aufwendungen sind direkter Natur, können also den Leistungen bzw. Produkten meist kausal zugeordnet werden.

Neben den direkten Kosten entsteht beim Prozess der Leistungserstellung eine weitere Gruppe indirekter Aufwendungen, die den Endprodukten nicht direkt zugerechnet werden können. Dazu gehören beispielsweise alle Nebenkosten der Fertigung wie Energie, Kosten der Fertigungshalle (Raumkosten) und Abschreibungen auf die Produktionsmaschinen.

Im sogenannten operativen Teil der GuV sind alle Betriebskosten zusammengefasst, die nötig sind, um den Leistungsprozess begleitend zu steuern und zu verwalten, und diejenigen Aufwendungen, die anfallen, um das Leistungsergebnis zu vermarkten. Hier sind also Marketing- und Verwaltungsaufwand strukturiert dargestellt.

Umsatz

− Herstellungskosten

= **Bruttoergebnis/Rohertrag**

− Vertriebskosten

− Allgemeine Verwaltungskosten   } operativ

+ Sonstiger operativer Ertrag

− Sonstiger operativer Aufwand

= **Betriebsgewinn/Ergebnis vor Zinsen und Steuern (EBIT)**

+ Finanzieller Ertrag

− Finanzieller Aufwand   } nicht-operativ

= **Gewinn vor Steuern (EBT)**

− Einkommensteuer

= **Jahresüberschuss/Nettogewinn**

◘ Abb. 3.4 Struktur GuV (Quelle: Eigene Darstellung)

Außerdem werden anschließend sonstige operative Erträge und sonstiger operativer Aufwand abgezogen. Dabei handelt es sich um Erträge oder Aufwendungen, die nicht direkt mit der eigentlichen Produkt- oder Leistungserstellung eines Unternehmens zu tun haben, beispielsweise Gewinne aus dem Verkauf von Sachanlagen.

Nach Abzug der Betriebskosten und Berücksichtigung der operativen Erträge bzw. Aufwendungen ergibt sich das operative Ergebnis oder der Betriebsgewinn. Dieser Betriebsgewinn ist identisch mit dem Ergebnis vor Zinsen und Steuern (im Englischen Earnings before interest and tax = EBIT).

Nach Berechnung des Betriebsgewinns werden alle Zinserträge hinzuaddiert und Zinsaufwendungen abgezogen. Charakteristische Beispiele wären Zinserträge von Kapitalanlagen oder Zinsen, die man wegen aufgenommener Kredite zahlen muss.

Es ergibt sich dann der Gewinn vor Steuern (im Englischen EBT).

Um nun den Jahresüberschuss des Unternehmens auszurechnen, müssen nur noch die Einkommensteuern (also die Körperschaftsteuer und die Gewerbeertragsteuer) abgezogen werden.

Merke!

Die verschiedenen Gewinne, die in der GuV zu finden sind, heißen Bruttoertrag, Betriebsgewinn, Gewinn vor Steuern und Jahresüberschuss oder **Nettogewinn**.

◘ Tabelle 3.3 zeigt die Gewinn- und Verlustrechnung der BASF SE. Auch hier wird zunächst von den Umsatzerlösen der Umsatzaufwand, hier „Herstellungskosten der zur Erzielung der Umsatzerlöse erbrachten Leistungen" genannt, abgezogen und ergeben das Bruttoergebnis vom Umsatz. Hiervon werden alle betrieblichen oder operativen Kosten subtrahiert. Die BASF SE hatte im Jahr 2013 einen operativen Gewinn von 7.273 Mio. €. Das Ergebnis vor Ertragssteuern ergibt sich nach Addition von beispielsweise „Erträge aus sonstigen Beteiligungen" und Subtraktion von „Zinsaufwendungen", die in dieser GuV unter „Finanzergebnis" zusammengefasst werden. Dies sind, wie oben beschrieben, alle nicht-operativen Kosten und Erlöse. Nach Einkommen- und Ertragssteuern ergibt sich schließlich der Jahresüberschuss oder der Nettogewinn von 5.173 Mio. € für das Jahr 2013.

3.2.2 Nichtauszahlungswirksame GuV-Positionen

Es ist sehr wichtig zu erkennen, dass der Jahresüberschuss der Gewinn- und Verlustrechnung nicht der im Geschäftsjahr geschaffenen Barmitteln eines Unternehmens, entspricht. In der GuV werden auch Kosten abgezogen, die die Barmittel nicht betreffen, die also Aufwendungen in der Berichtsperiode darstellen, ohne in der gleichen Periode zu Auszahlungen geführt zu haben.

In jedem Unternehmen treten Wertminderungen von Vermögenspositionen auf, die nicht zu Auszahlungen führen, also das Unternehmensvermögen mindernde Vorgänge, die nicht zu Finanzbewegungen auf der Aktivseite führen, weil sie nicht mit Auszahlungen verbunden sind.

Eine in diesem Zusammenhang in jedem Unternehmen auftretende Kostenart sind die Abschreibungen. In der Abschreibung kommt die Wertminderung der Sachanlagen durch deren Nutzung zum Ausdruck. Die Anlage hatte zum Zeitpunkt der Anschaffung zu einer Auszahlung geführt, als die gekaufte Anlage bezahlt wurde. Bis sie ersetzt werden muss, weil sie verschlissen oder technisch überholt ist, verursacht sie zwar Kosten, die aber zu keiner Auszahlung führen.

Sie erfährt eine produktionsbedingte Abnutzung, die als AfA (Abschreibung für Abnutzung) als nichtauszahlungswirksame Position in die GuV eingeht und das Jahresergebnis beeinflusst.

In der GuV verringert sie also den Gewinn (oder erhöht den Verlust), obwohl keine Auszahlung stattfindet. Barmittel fließen also nicht ab.

Man kann also mit der GuV nicht die Änderung im Barmittelbestand messen.

◻ **Tab. 3.3** Gewinn und Verlustrechnung BASF SE (Quelle: BASF 2014)

(Millionen €)	2013	2012 angepasst
Umsatzerlöse	73.973	72.129
Herstellungskosten der zur Erzielung der Umsatzerlöse erbrachten Leistungen	−55.483	−54.266
Bruttoergebnis vom Umsatz	**18.490**	**17.863**
Vertriebskosten	−7.423	−7.447
Allgemeine Verwaltungskosten	−1.366	−1.359
Forschungskosten	−1.835	−1.732
Sonstige betriebliche Erträge	1.679	1.709
Sonstige betriebliche Aufwendungen	−2.570	−2.653
Ergebnis aus Unternehmen, die nach der Equity-Methode einbezogen werden	298	361
Ergebnis der Betriebstätigkeit	**7.273**	**6.742**
Erträge aus sonstigen Beteiligungen	74	75
Aufwendungen aus sonstigen Beteiligungen	−70	−43
Zinserträge	160	177
Zinsaufwendungen	−688	−724
Übrige finanzielle Erträge	238	73
Übrige finanzielle Aufwendungen	−274	−323
Finanzergebnis	**−560**	**−765**
Ergebnis vor Ertragsteuern	6.713	5.977
Steuern vom Einkommen und vom Ertrag	−1.540	−910
Jahresüberschuss	**5.173**	**5.067**

Abschreibung steht als Begriff für die Wertminderung von Sachanlagen. Der gleiche Begriff Abschreibung wird verwendet, um die Abschreibung von immateriellem Anlagevermögen wie Patenten oder Lizenzen zu benennen. Des Weiteren kann der Goodwill abgeschrieben werden, wenn man einen Wertverfall bei aktivierten Goodwill-Positionen der Bilanz verzeichnet.

Ein weiteres Beispiel für nichtauszahlungswirksame Positionen der GuV sind latente Steuern. Diese entstehen aus der Differenz zwischen Bilanzgewinn und steuerpflichtigem Gewinn. Der Bilanzgewinn wird in der Handelsbilanz ausgewiesen, während der steuerpflichtige Gewinn in der Steuerbilanz zu finden ist.

Die Ursache für zwei Bilanzen – Handelsbilanz und Steuerbilanz – resultiert aus der Tatsache, dass steuerrelevante Vorgänge in Unternehmungen nicht zwingend betriebswirtschaftlicher Betrachtung standhalten. Oder anders ausgedrückt: Es muss unter verantwortlicher betriebswirtschaftlicher Betrachtung eine Sonderabschreibung angesetzt werden, die den Gewinn mindert. Wenn diese Sonderabschreibungen von Finanzbehörden nicht akzeptiert werden, errechnet sich in der Steuerbilanz ein höherer Gewinn, und damit entsteht eine höhere Ertragssteuer (Einkommensteuer bei Personengesellschaften bzw. Körperschaftsteuer bei Kapitalgesellschaften.) Außerdem bestehen im Handelsrecht in einigen Fällen ein Wahlrecht, bestimmte Kosten zu berücksichtigen. Dieses Wahlrecht existiert im Steuerrecht normalerweise nicht. Durch die Ausübung des Wahlrechts können Bilanz- und Steuergewinn ebenfalls unterschiedlich sein. Es können aber auch steuerliche Sonderabschreibungen zulässig sein, die betriebswirtschaftlich aber nicht sinnvoll sind. In diesem Fall ist der Gewinn in der Handelsbilanz kleiner als der in der Steuerbilanz.

Die zu zahlende Steuer basiert immer auf der Steuerbilanz.

- Wenn die zu zahlenden Steuern laut Steuerbilanz höher sind als in der Handelsbilanz, hat das Unternehmen zu viel Steuern gezahlt. Das Unternehmen hat also einen Steueranspruch. In der Bilanz wird deswegen eine latente Steuerforderung ausgewiesen.
- Wenn jedoch die zu zahlenden Steuern laut Steuerbilanz niedriger sind als in der Handelsbilanz ausgewiesen, wird das Unternehmen in Zukunft höhere Steuerabgaben leisten müssen. Diese Schulden erscheinen in der Bilanz als latente Steuerverbindlichkeiten.

> **Auf den Punkt gebracht:** In der Gewinn- und Verlustrechnung wird der Jahresgewinn eines Unternehmens bestimmt. Vom Umsatz werden alle Aufwendungen abgezogen und alle Erträge hinzugezählt. Der Betriebsgewinn zeigt den Gewinn aus dem Geschäftsbetrieb an. Die Einkommensteuer wird ausgehend vom Gewinn vor Steuern berechnet. Der Jahresüberschuss steht den Eigenkapitalgebern als ausschüttungsfähiger Gewinn zur Verfügung.

3.2.3 Fixe und variable Kosten

Kosten verändern ihren Charakter in Abhängigkeit von der zeitlichen Betrachtung.

Betrachtet man Kosten aus kurzfristiger Sicht, wird jedes Unternehmen fixe Kosten haben. Fixe Kosten fallen produktionsunabhängig an. Alle Kosten, die auch dann anfallen, wenn der Leistungsprozess still steht (fehlende Aufträge, Streik, Urlaub), bezeichnet man als fixe Kosten. Dazu gehören Zinsen für Fremdkapital, Miete für Gebäude, Vermögensteuern, Leasingraten und vieles mehr.

Im Gegensatz dazu bezeichnet man alle Kosten, die ausschließlich dann anfallen, wenn produziert wird, als variable Kosten. So wird beispielsweise Rohmaterial nur dann verbraucht, wenn produziert wird.

Beispiel
Wenn Sie eine Bäckerei besitzen, sind alle Kosten, die von der Anzahl der Brötchen, die Sie backen, abhängen, variable Kosten. Beispiele hierfür sind Mehl oder sonstige Zutaten für Ihre Bäckereiwaren. Fixe Kosten sind alle Kosten, die Sie tragen, unabhängig davon, wie viele Brötchen Sie backen. Sie müssen beispielsweise die Leasingrate für Ihre Knetmaschine immer zahlen, ob Sie hundert Brötchen backen oder nur zehn oder auch, wenn Sie Ihre Bäckerei schließen, weil Sie auch mal 14 Tage nach Mallorca in den Urlaub gehen.

3.3 Unternehmensteuern

Steuern können eines der größten Ausgabenposten von Unternehmen sein.

Wenn man einen Blick auf die GuV der BASF wirft, wird klar, dass die Steuern, die von den rund 6.713 Mio. € (Ergebnis vor Ertragssteuern) abgezogen werden, mit ihren 1.540 Mio. € knapp rund 23 % dieses Ergebnisses ausmachen.

Erinnern Sie sich an das bereits Gelernte: Gewinn steht ja nicht in Form von flüssigen Mitteln zur Verfügung, sondern wird bei gutem Finanzmanagement reinvestiert und ist möglicherweise langfristig in Anlagen gebunden. Steuern führen jedoch immer zu einem Mittelabfluss – da kennt im Regelfall der Fiskus (die Steuerverwaltung) kein Erbarmen, wenn es um die Fälligkeitstermine geht.

Wie viele Steuern gezahlt werden müssen, bestimmt das Steuerrecht, was sehr komplexe und komplizierte Regelungen enthält. Steuerarten und Steuersätze sind nicht Ausdruck wirtschaftlicher Logik, sondern folgen fiskalischen Überlegungen des Gemeinwesens nach dem Grundsatz: Wo kann der Staat zur Erfüllung seiner Aufgaben den wirtschaftlichen Prozessen Steuern entziehen, ohne die wirtschaftliche Entwicklung zu stark zu beeinträchtigen. Das Prinzip folgt – lax gesagt – eher dem bekannten Grundsatz, dass man die Kuh nicht schlachten sollte, die die Milch gibt, aber melken sollte man sie schon.

Steuerbelastungen können in vielerlei Hinsicht eine entscheidende Größe für Investitionen eines Unternehmens sein. Bei Verlagerungen von Firmensitzen und Standortwahl für Produktionsstätten spielen neben dem Faktor Arbeitskosten und Subventionen die steuerlichen Überlegungen eine entscheidende Rolle.

Ein herausragendes Beispiel mit zweifelhaften Langzeitfolgen ist der EU-Staat Irland, der mit außergewöhnlich günstigen Unternehmensteuern Firmensitze namhafter, international operierender Unternehmen angelockt hat, was einen gewaltigen Bauboom durch die benötigten Büroflächen ausgelöst und hochdotierte Arbeitskräfte angezogen hat.

Die Unternehmen haben profitiert, der irische Staat hat sich bezüglich der benötigten Infrastruktur übernommen, die Banken haben Kredite ausgereicht, ohne die angesagte Sorgfalt walten zu lassen. Die Folge der Überschuldung war der Zusammenbruch im Gefolge der weltweiten Finanzkrise.

Steuergesetze können sich – beispielsweise bei der Verschiebung der politischen Kräfteverhältnisse – schnell ändern. Für Unternehmungen ist es daher sehr wichtig, ständig auf dem aktuellsten Stand zu sein. Da die steuerlichen Effekte einerseits wirtschaftlich sehr gravierend sein können, das Geflecht der Steuergesetze im Laufe der Zeit zumal in Deutschland immer undurchschaubarer geworden ist, sind große – inzwischen aber auch kleinere Unternehmen – gezwungen, mit Spezialisten im Bereich der Steuern zusammenzuarbeiten.

3.3.1 Unternehmensrelevante Gewinnsteuern

Unternehmen in Deutschland zahlen Körperschaftsteuer, den sich aus ihr errechnenden Solidaritätszuschlag und die Gewerbesteuer.

Folgende Steuersätze sind momentan aktuell:
- Körperschaftsteuer: 15 % des zu versteuernden Einkommens („Gewinn vor Steuern") aus der GuV,
- Der Solidaritätszuschlag beträgt 5,5 % der Körperschaftsteuer,
- Die Gewerbeertragsteuer wird zwar bundesweit erhoben, ihre Höhe unterliegt aber gemeindlicher Hoheit. Die Höhe der Gewerbesteuer errechnet sich aus der einheitlichen Gewerbesteuermesszahl und dem Hebesatz, der von der jeweiligen Gemeinde bestimmt wird. Die Gewerbesteuermesszahl beträgt derzeit bundeseinheitlich 3,5 %. Der Hebesatz lag im deutschen Durchschnitt 2008 bei 388 %.

Die Gewerbesteuer für ein Unternehmen errechnet sich wie folgt:

$$\text{Gewerbesteuer} = (\text{Hebesatz}/100) \cdot (\text{Messzahl}/100) \cdot \text{Ergebnis vor Ertragsteuern}.$$

Die Körperschaftsteuer ist die Gewinnsteuer, die von einer juristischen Person gezahlt werden muss, also von erwerbswirtschaftlich orientierten Kapitalgesellschaften. Das ist das Steuer-Pendant der Einkommensteuer, die natürliche Personen zu entrichten haben.

Aus der Gewerbesteuer finanzieren sich hauptsächlich Gemeinden. Diese Steuerform ist eine Ausnahme, die es in dieser Form nur in Deutschland gibt.

Der Solidaritätszuschlag ist eine sogenannte Ergänzungsabgabe, die sich für juristische Personen, wie oben beschrieben, aus der Körperschaftsteuer errechnet. Für natürliche Personen ist die Berechnungsbasis die Einkommensteuer.

Diese Sondersteuer auf das Einkommen wurde 1991 mit der Begründung eingeführt, dass es sich um eine Art Solidaritätsbeitrag zur Deckung der hohen Kosten handelt, die durch die deutsche Wiedervereinigung entstanden sind. Sie dienten dem Aufbau der substanziell und wirtschaftlich maroden ehemaligen DDR. Der Zweck ist inzwischen weitgehend erfüllt – die Steuer bleibt bestehen. Ein gutes Beispiel einerseits für die unersättlichen Bedürfnisse des Staates, andererseits für die Tatsache, dass Steuern nicht wirtschaftlicher Logik folgen, sondern fiskalischer.

> **Merke!**
>
> In Deutschland muss eine Kapitalgesellschaft als Einkommensteuer die Körperschaftsteuer, die Gewerbeertragsteuer und den Solidaritätszuschlag bezahlen.

Beispiel
Lassen Sie uns die gerade kennengelernten Steuersätze anhand der Daimler AG berechnen. Sie hat ihren Sitz in Stuttgart, wo der Hebesatz 420 % beträgt. 2013 betrug der Gewinn vor Steuern der Daimler AG 10.139 Mio. €.

$$\text{Körperschaftsteuer} = 0{,}15 \cdot 10.139 \text{ Mio. €} = 1.520{,}85 \text{ Mio. €}$$

$$\text{Gewerbeertragsteuer} = 4{,}2 \cdot 0{,}035 \cdot 10.139 \text{ Mio. €} = 1.490{,}43 \text{ Mio. €}$$

$$\text{Solidaritätszuschlag} = 0{,}055 \cdot 1.520{,}85 \text{ Mio. €} = 83{,}65 \text{ Mio. €}$$

Die Steuerzahlung beträgt also insgesamt 1.520,85 Mio. € + 1.490,43 Mio. € + 83,65 Mio. € = 3.094,93 Mio. €.

3.3.2 Grenzsteuersatz vs. Durchschnittssteuersatz

Einkommen, also auch Gewinne von Kapitalgesellschaften, werden oft nicht mit einem gleichbleibenden Steuersatz belastet.

Einkommensteuern haben in Deutschland, aber auch in anderen Ländern, keinen linearen, sondern progressive, mit der Gewinnhöhe steigende Verläufe. In vielen Ländern steigt auch der Steuersatz auf Gewinne von Kapitalgesellschaften progressiv an.

Das bedeutet, dass der nächste verdiente Euro eventuell mit einer höheren Steuer belegt wird als der vorherige. Diese Verläufe sind entweder kontinuierlich angelegt oder sie können in Stufen ansteigen. Dabei muss sichergestellt sein, dass der verbleibende Gewinn mit der nächsten Stufe nicht geringer wird, als er bei der vorherigen gewesen wäre.

3.3 · Unternehmensteuern

Tab. 3.4 Steuersätze USA (Quelle: Ross et al. 2010, S. 29)

Zu versteuerndes Einkommen (in $)		Steuersatz (in %)
0	50.000	15
50.001	75.000	25
75.001	100.000	34
100.001	335.000	39
335.001	10.000.000	34
10.000.001	15.000.000	35
15.000.001	18.333.333	38
> 18.333.333		35

Die hinter diesen Besteuerungsmodellen steckende Logik ist verständlicherweise Anlass, kreativen und mathematischen Aufwand zu betreiben, um nicht unversehens mehr Steuern zu zahlen als bei vorausschauender Überlegung nötig.

Da stellt sich schon mal in einem sehr gewinnträchtigen Jahr die Frage, ob es nicht sinnvoll sein könnte, ein sich anbahnendes Geschäft mit guten Gewinnaussichten auf die nächste Steuerperiode zu verschieben oder eine Investition mit hohem Abschreibungsvolumen vorzuziehen und vieles mehr …

Um Investitionsentscheidungen treffen zu können, ist es nicht zuletzt wegen steuerlicher Relevanz wichtig, für ein Unternehmen den Unterschied zwischen dem Grenzsteuersatz und dem Durchschnittssteuersatz zu kennen und zu beachten.

- Der Grenzsteuersatz ist der Steuersatz, den man auf den nächsten zusätzlichen Euro zahlen müsste.
- Die Durchschnittssteuer errechnet sich aus den zu zahlenden Steuern, dividiert durch das zu versteuernde Einkommen.

In **Tab. 3.4** finden Sie ein Beispiel für den progressiven Verlauf der Steuersätze aus den USA.

Beispiel

Nehmen Sie an, dass Ihr Unternehmen ein zu versteuerndes Einkommen von 4 Mio. $ hat.
- Wie hoch ist der Betrag an Steuern, den Sie zahlen müssen?
- Wie hoch ist der Grenzsteuersatz?
- Wie hoch ist der Durchschnittssteuersatz?

Steuerbetrag:

Die ersten 50.000 $ muss Ihr Unternehmen mit 15 % versteuern:

$$50.000 \cdot 0{,}15 = 7.500\,\$.$$

Die nächsten 25.000 $ müssen mit 25 % versteuert werden:

$$25.000 \cdot 0{,}25 = 6.250\,\$.$$

Jetzt haben Sie von Ihren 4 Mio. $ bereits 50.000 + 25.000 = 75.000 $ versteuert. Die Rechnung muss nun wie folgt fortgeführt werden:

$$25.000 \cdot 0{,}34 = 8.500\,\$$$
$$235.000 \cdot 0{,}39 = 91.650\,\$.$$

Nun hat Ihr Unternehmen bereits auf 75.000 + 25.000 + 235.000 = 335.000 $ Steuern gezahlt. Bleiben also von den 4.000.000 $ noch 3.665.000 $, die in den Steuersatz 34 % fallen:

$$3.365.000 \cdot 34 = 1.246.100\,\$.$$

Laut Steuerbescheid beträgt also die Summe: 7.500 $ + 6.250 $ + 8.500 $ + 91.650 $ + 1.246.100 $ = 1.360.000 $

Grenzsteuersatz:
Ein zusätzlich verdienter Dollar müsste nun mit dem Steuersatz von 34 % versteuert werden.
Durchschnittssteuersatz:
Der Durchschnittssteuersatz Ihres Unternehmens errechnet sich, wie oben beschrieben, aus Ihrer Steuerzahlung, dividiert durch Ihr zu versteuerndes Einkommen.

$$1.360.000\,\$ / 4.000.000\,\$ = 0{,}34$$

Das entspricht einem durchschnittlichen Steuersatz von 34 %.

Wenn Unternehmer Investitionen tätigen, dann tun sie dies normalerweise, um den Gewinn ihres Unternehmens zu vergrößern. Dieser zusätzliche Gewinn muss natürlich auch versteuert werden. Wenn berechnet wird, ob sich eine Investition lohnt, müssen also auch die zusätzlich zu zahlenden Steuern berücksichtigt werden. Hier sollte also der Grenzsteuersatz in die Berechnungen einbezogen werden. Der Durchschnittsteuersatz ist nicht entscheidungsrelevant.

> **Auf den Punkt gebracht: Eine deutsche Kapitalgesellschaft muss Körperschaftsteuer, Gewerbeertragsteuer und den Solidarbeitrag zahlen. Für Investitionsent-**

scheidungen ist nicht der Durchschnittsteuersatz, sondern der Grenzsteuersatz relevant.

3.4 Cashflows

Der Barmittelstrom, Kapitalfluss oder auch Cashflow genannt, ist eine der wichtigsten Informationen, die man aus dem Jahresabschluss entnehmen kann. Die Barmittel eines Unternehmens erhöhen sich mit Einzahlungen und reduzieren sich bei Auszahlungen. In diesem Kapitel werden wir analysieren, wie Barmittel durch Aktiva generiert werden können und wie diese Barmittel anschließend zu Kapitalgebern fließen, die den Kauf der Aktiva des Unternehmens finanziert haben.

> **Merke!**
>
> Die Barmittel, die das Unternehmen in einem Geschäftsjahr erwirtschaftet, werden als **Cashflow** bezeichnet.

Wie auch die Aktiva immer der Summe der Passiva, also von Fremdkapital und Eigenkapital, entsprechen müssen, so ist dieses Verhältnis auch beim Kapitalfluss zu erkennen. Das Kapital, das dem Unternehmen über die Bewirtschaftung seiner Aktiva zufließt und den Investoren des Unternehmens zu Verfügung gestellt wird, auch Free Cash Flow genannt (FCF), muss der Summe des Kapitals entsprechen, das zu den Gläubigern und Eigenkapitalgebern fließt. Folgende Formel gilt folglich:

$$FCF = \text{Cashflow an Gläubiger} + \text{Cashflow an Kapitalgeber}.$$

Folgende drei Kennzahlen werden häufig verwendet, um den Kapitalfluss eines Unternehmens anzugeben.

3.4.1 Operativer Cashflow

Diese Barmittel werden durch die Geschäftstätigkeit generiert und auf diesem Hintergrund berechnet. Im Englischen wird er auch Operating Cash Flow (OCF) genannt. Klassischerweise wird der Cashflow mit dieser Kennzahl angegeben. Man berechnet ihn folgendermaßen:

$$OCF = EBIT - \text{Steuern} + \text{Abschreibung}.$$

Von dem Ergebnis vor Steuern und Zinsen (EBIT) zieht man noch die Steuern ab, da diese einem Kapitalabfluss entsprechen. Obwohl Steuern nicht direkt mit dem Geschäftsbetrieb, dem Operativen, verknüpft sind, werden sie für diese Cashflow-Kennzahl trotzdem berücksichtigt. Denn jedes operativ tätige Unternehmen mit positivem Gewinn vor Steuern muss ja schließlich Steuern zahlen. Außerdem addiert man die Abschreibung hinzu, da diese ja nur einer Wertminderung des Anlagevermögens entspricht, jedoch keinen Barmittelabfluss bedeuten.

Beispiel

Aus der GuV der BASF SE können Sie das EBIT und die Steuern entnehmen. Die Abschreibung entnehmen Sie der Kapitalflussrechnung, die Sie in folgender Tabelle finden:

Kapitalflussrechnung BASF SE (Quelle: BASF, 2014)

(Millionen €)	2013	2012 angepasst
Jahresüberschuss nach Anteilen anderer Gesellschafter	4.842	4.819
Abschreibungen auf immaterielle Vermögenswerte, Sachanlagen und Finanzanlagen	3.196	3.288
Veränderung der Vorräte	−215	−672
Veränderung der Forderungen	512	−1.104
Veränderung der geschäftsbedingten Verbindlichkeiten und sonstigen Rückstellungen	508	932
Veränderung von Pensionsrückstellungen, von Vermögenswerten aus überdeckten Pensionsplänen, Nettovermögen von Veräußerungsgruppen und sonstige Posten	−970	−223
Gewinne (−)/Verluste (+) aus Abgängen von langfristigen Vermögenswerten und Wertpapieren	−3	−438
Cashflow aus betrieblicher Tätigkeit	**7.870**	**6.602**
Auszahlungen für Sachanlagen und immaterielle Vermögenswerte	−4.660	−4.015
Auszahlungen für Finanzanlagen und Wertpapiere	−784	−144
Auszahlungen für Akquisitionen	−1.156	−1.043
Einzahlungen aus Devestitionen	63	724
Einzahlungen aus dem Abgang von langfristigen Vermögenswerten und Wertpapieren	768	501
Cashflow aus Investitionstätigkeit	**−5.769**	**−3.977**
Kapitalerhöhungen/-rückzahlungen und sonstige Eigenkapitaltransaktionen	−	−1
Aufnahme von Finanz- und ähnlichen Verbindlichkeiten	5.636	4.904
Tilgung von Finanz- und ähnlichen Verbindlichkeiten	−4.808	−5.247

3.4 · Cashflows

(Millionen €)	2013	2012 angepasst
Gezahlte Dividende		
an Aktionäre der BASF SE	−2.388	−2.296
andere Gesellschafter	−314	−264
Cashflow aus Finanzierungstätigkeit	−1.874	−2.904
Liquiditätswirksame Veränderung der Zahlungsmittel	227	−279
Veränderung der Zahlungsmittel		
aufgrund von Umrechnungseinflüssen	−60	21
Änderungen des Konsolidierungskreises	1	2
Zahlungsmittel und Zahlungsmitteläquivalente am Jahresanfang	1.647	1.903
Zahlungsmittel und Zahlungsmitteläquivalente am Jahresende	1.815	1.647

OCF = 7.273 Mio. € − 1.540 Mio. € + 3.196 Mio. € = 8.929 Mio. €

3.4.2 EBITD – Earnings before interest, tax and depreciation

Diese Kennzahl, Ergebnis vor Zinsen, Steuern und Abschreibungen, wird ebenfalls zur Darstellung des Kapitalflusses eines Unternehmens verwendet. Sie ist im angelsächsischen Sprachraum weit verbreitet. Es gibt zwei Unterschiede zum OCF. Zum einen werden hier nicht die Steuern abgezogen. Zum anderen wird im Englischen die Unterscheidung zwischen Depreciation = Abschreibung auf Sachanlagen und Amortisation = Abschreibung auf immaterielle Vermögenswerte gemacht. Beim EBITD werden also nur die Abschreibungen auf Sachanlagen hinzuaddiert. Die Formel lautet folgendermaßen:

EBITD = EBIT + Abschreibung auf Sachanlagen.

Beispiel
Das EBIT der BASF SE im Jahr 2013 betrug laut GuV 7.273 Mio. €. Die Abschreibungen auf Sachanlagen findet man im Anhang des Geschäftsberichts. Für die BASF SE sieht die entsprechende Tabelle folgendermaßen aus:

Entwicklung der Sachanlagen 2013 BASF SE (in Mio. €) Quelle: BASF 2014

(Millionen €)	Grundstücke, grundstücksgleiche Rechte und Bauten	Technische Anlagen und Maschinen	Andere Anlagen, Betriebs- und Geschäftsausstattung	Anlagen im Bau	Summe
Anschaffungs- und Herstellungskosten					
Stand am 01.01.2013	8.683	38.745	3.246	3.245	53.919
Veränderungen des Konsolidierungskreises	–	1	1	–	2
Zugänge	219	884	194	3.412	4.709
Zugänge aus Akquisitionen	75	1.426	4	6	1.511
Abgänge	–187	–705	–157	–151	–1.200
Umbuchungen	118	–2.193	54	–1.394	–3.415
Umrechnungsbedingte Wertänderungen	–226	–650	–55	–129	–1.060
Stand am 31.12.2013	8.682	37.508	3.287	4.989	54.466
Abschreibungen					
Stand am 01.01.2013	5.058	29.526	2.561	164	37.309
Veränderungen des Konsolidierungskreises	–	–	1	–	1
Zugänge	276	1.971	208	64	2.519
Abgänge	–144	–681	–138	–23	–986
Umbuchungen	–26	–1.947	–38	–5	–2.016
Umrechnungsbedingte Wertänderungen	–98	–475	–42	–	–615
Stand am 31.12.2013	5.066	28.394	2.552	200	36.212
Nettobuchwert am 31.12.2013	**3.616**	**9.114**	**735**	**4.789**	**18.254**

Die Abschreibungen auf Sachanlagen für das Jahr 2013 findet man in der Zeile „Zugänge" des Jahres 2013.

$$EBIT = 7.273 \text{ Mio. €} + 2.519 \text{ Mio. €} = 9.792 \text{ Mio. €}$$

3.4.3 EBITDA – Earnings before interest, tax, depreciation and amortization

Im Vergleich zur vorigen Kennzahl wird hier auch die Abschreibung von immateriellem Anlagevermögen berücksichtigt. Häufig wird auch die Wertminderung (beispielsweise auf den Goodwill) als Abschreibung zusätzlich addiert. Im Vergleich zum operativen Cashflow werden die Steuern hingegen nicht abgezogen. Diese Kennzahl ist das umfassendste Maß für den Kapitalfluss eines Unternehmens.

$$\text{EBITDA} = \text{EBIT} + \text{Abschreibung}$$

Beispiel
Für die BASF berechnet sich das EBITDA wie folgt:

$$\text{EBITDA} = 7.273 \text{ Mio. €} + 3.196 \text{ Mio. €} = 10.469 \text{ Mio. €}.$$

Das EBIT stammt wieder aus der Gewinn- und Verlustrechnung, die gesamten Abschreibungen (auf immaterielle Vermögensanlagen, Sachanlagen und Finanzanlagen) aus der Kapitalflussrechnung.

> **Auf den Punkt gebracht:** Die drei wichtigsten Cashflow-Größen sind der operative Cashflow, das EBITD und das EBITDA. Alle messen in verschiedenen Definitionen, wie viel Barmittel ein Unternehmen in einem Geschäftsjahr erwirtschaftet hat.

3.4.4 Kapitalflussrechnung

Die Kapitalflussrechnung eines Unternehmens fasst alle Ein- und Auszahlungen während einer Periode zusammen. Die Informationen, die sie enthält, sind andere als die Kennzahlen, die wir zuvor bezüglich des Cashflows betrachtet haben, da in der Kapitalflussrechnung der Cashflow leicht anders definiert wird. Sie wird erstellt, indem man die Informationen der Gewinn- und Verlustrechnung als auch die der Bilanz am Anfang und Ende des Jahres zusammenführt. Die daraus ermittelten Daten werden nach Ein- und Auszahlungen untersucht und in drei Arten von Kapitalflüssen zusammengefügt:

Diese drei Arten von Kapitalflüssen werden unterschieden:
- Cashflow aus laufender Geschäftstätigkeit,
- Cashflow aus Investitionstätigkeit,
- Cashflow aus Finanzierungstätigkeit.

Der erste Schritt, um den Kapitalfluss eines Unternehmens zu bestimmen, ist die Berechnung des **Kapitalflusses aus der laufenden Geschäftstätigkeit**. Das ist der Cashflow, den ein Unternehmen durch seine Betriebstätigkeit generiert hat. Ein Beispiel hierfür sind die Barmittel, die durch den Verkauf oder die Produktion von Produkten bzw. Dienstleistungen, welche ein Unternehmen anbietet, zu- oder abfließen. Sollte dieser Kapitalfluss negativ sein, ist das ein schlechtes Zeichen für das Unternehmen. Es bedeutet, dass es nicht in der Lage ist, genug Barmittel zu generieren, um seinen operativen Geschäftsbetrieb zu finanzieren.

Der **Kapitalfluss aus Investitionstätigkeit** ergibt sich aus dem Erwerb oder dem Verkauf von Anlagevermögen. Es handelt sich dabei um Barmittel, die für Investitionen ausgegeben oder eingenommen wurden. Investitionen lösen einen Barmittelabfluss aus. Desinvestitionen, also Verkauf von Anlagen, führen zu Einzahlungen. Es entsteht ein Barmittelzufluss.

Schließlich gilt es noch, den **Kapitalfluss aus Finanzierungstätigkeit** zu bestimmen. Dieser ergibt sich durch Fremd- bzw. Eigenkapitaltransaktionen. Nimmt ein Unternehmen beispielsweise einen neuen Kredit auf, ergibt sich hierdurch ein Kapitalzufluss, zahlt das Unternehmen einen Kredit zurück, hat das Unternehmen eine Auszahlung. Analoge Beispiele sind auf der Eigenkapitalseite zu finden. Verkauft eine Aktiengesellschaft Aktien, erhöhen sich ihre Barmittel, während ein Rückkauf von Aktien die Barmittel der Gesellschaft vermindert.

Aktivitäten während eines Geschäftsjahres in allen diesen drei Bereichen beeinflussen folglich die Barmittel, das Kapital eines Unternehmens. Es gilt also, diese Veränderungen im Auge zu behalten, um den Wert eines Betriebs anhand der Auswirkungen seiner Aktivitäten bewerten zu können.

> **Merke!**
>
> Die **Kapitalflussrechnung** berücksichtigt alle Ein- und Auszahlungen innerhalb eines Geschäftsjahrs. Es wird der Cashflow aus laufender Geschäftstätigkeit, aus Investitionstätigkeit und aus Finanzierungstätigkeit ermittelt.

3.4.4.1 Kapitalzufluss

Barmittel erhöhen sich in einem Unternehmen immer, wenn es etwas „verkauft" und der Kunde sofort bezahlt. So entspricht beispielsweise eine Verringerung der Aktiva einer Erhöhung der Barmittel. Immer wenn sich Forderungen verringern oder Vorräte reduziert werden, erfährt das Unternehmen eine Einzahlung. Wenn ein Unternehmen zum Beispiel Vorräte verkauft, wird Geld frei, was es nun anderweitig verwenden kann. Aber auch bei der Erhöhung von Verbindlichkeiten steigen die Barmittel eines Unternehmens. Ein weiteres Beispiel ist das Auflegen von Aktien. Wenn Sie an der

Börse neue Aktien der BASF im Rahmen einer Kapitalerhöhung kaufen, bedeutet das für den Chemiekonzern einen Mittelzufluss.

3.4.4.2 Kapitalabfluss

Barmittel verringern sich immer dann, wenn ein Unternehmen etwas „erwirbt" und sofort bezahlt. Bei den Kapitalabflüssen verhält es sich also entgegengesetzt zu den Kapitalzuflüssen. Erhöht man die Aktiva, also erwirbt ein Unternehmen beispielsweise Immobilien, bedeutet das eine Auszahlung. Gleichzeitig resultiert natürlich eine Rückzahlung von Verbindlichkeiten in einer Reduzierung der Barmittel, zum Beispiel, wenn Kredite abgezahlt werden. Aber auch, wenn ein Unternehmen Aktien zurückkauft, bedeutet das, dass Barmittel ausgegeben werden, also abfließen.

Beispiel
Werfen Sie erneut einen Blick auf die Kapitalflussrechnung der BASF SE in der Tabelle des Beispiels aus ▶ Abschn. 3.4.1.
Wie Sie erkennen können, ist zunächst der Cashflow aus der laufenden Geschäftstätigkeit dargestellt. Beispielsweise sind Abschreibungen, wie Sie gelernt haben, als positive Zahl angegeben, da sie addiert werden. Abschreibung wird in der GuV subtrahiert und vermindert somit den Gewinn, ist aber keine Auszahlung. Deswegen werden sie in der Kapitalflussrechnung wieder hinzuaddiert. Veränderungen der Forderungen werden subtrahiert, woraus sich schließen lässt, dass sich der Bestand an Forderungen vergrößert hat. Denn eine Forderung erhöht den Gewinn, führt aber zunächst nicht zu einer Einzahlung. Also muss der Jahresüberschuss, der ja Ausgangspunkt der Kapitalflussrechnung ist, wieder entsprechend verringert werden.
Anschließend ist der Cashflow aus Investitionstätigkeit aufgelistet. Man kann an der negativen Zahl neben „Ausgaben für immaterielles Vermögen und Sachlagen" erkennen, dass hier 4.660 Mio. € investiert wurden. Daraus folgt ein Barmittelabfluss. Desinvestitionen der BASF führen zur Addition von 63 Mio. €.
Schließlich ist der Cashflow aus Finanzierungstätigkeit angegeben. Aufnahmen von Verbindlichkeiten, beispielsweise Aufnahme eines Kredites, erhöhen die Barmittel, während gezahlte Dividende eine Auszahlung darstellt.
Unter „Liquiditätswirksame Änderung der Zahlungsmittel" sind die drei Kapitalflussarten zusammengefasst.

$$7.870 \text{ Mio. €} + (-5.769 \text{ Mio. €}) + (-1.874 \text{ Mio. €}) = 227 \text{ Mio. €}$$

Die BASF SE hat also im Jahr 2013 227 Mio. € an zusätzlichen Zahlungsmitteln geschaffen (ohne Berücksichtigung von Sondereinflüssen wie Währungsumrechnung).

Schließlich errechnet sich damit der Bestand an Zahlungsmittel und Zahlungsmitteläquivalenten am Jahresende:

1.647 Mio. € + 227 Mio. € + (−60 Mio. €) + 1 Mio. € = 1.815 Mio. €.

3.5 Lern-Kontrolle

Kurz und bündig
Die Bilanz stellt die Vermögenslage und die Finanzierungsquellen eines Unternehmens zu einem Stichtag dar. Sie ist gegliedert in die Aktivseite, in der die langfristigen und kurzfristigen Vermögenswerte aufgelistet sind. Auf der Passivseite stehen das Eigenkapital sowie die langfristigen und kurzfristigen Verbindlichkeiten.

In der Gewinn- und Verlustrechnung werden alle Erträge und Aufwendungen eines Unternehmens innerhalb eines Geschäftsjahres verzeichnet. Ausgehend vom Umsatz werden alle Aufwendungen abgezogen und alle Erträge hinzuaddiert. Schlussendlich wird der Jahresüberschuss ermittelt, der den Eigentümern als Gewinn zur Verfügung steht.

Ein Unternehmen erstellt schließlich eine Kapitalflussrechnung. Ausgangspunkt ist der Jahresüberschuss aus der Gewinn- und Verlustrechnung. Es werden einerseits alle Aufwendungen, die aber keinen Barmittelabfluss bedeuten, hinzuaddiert. Sodann werden alle Erträge, die nicht mit einem Barmittelzufluss verbunden sind, abgezogen. Sodann werden alle Barmittelab- und -zuflüsse im Rahmen der Investitions- und Finanzierungstätigkeit ermittelt. Am Schluss wird ermittelt, wie sich der Bestand an Zahlungsmitteln innerhalb des Geschäftsjahrs verändert hat.

❓ Let's check
1. Summieren sich bei der Bilanz die Aktivseite und die Passivseite immer zum gleichen Ergebnis?
   - ☐ Nein, nicht zwingend, da das Vermögen durch unterschiedlich hohe Anteile an Eigen- und Fremdkapital finanziert werden kann.
   - ☐ Nein, es gibt Sonderfälle, in denen die Summe aus Fremdkapital und Grundkapital höher ist als die Summe aller Vermögenswerte auf der Aktivseite. Man spricht dann von „negativem Netto-Umlaufvermögen".
   - ☐ Ja, zwingend, weil die Aktivseite als Wert des erfassten Vermögens immer eine Entsprechung auf der Passivseite findet, die die Finanzierung eben dieses Vermögens darstellt.
   - ☐ Das kann man nicht sagen, da es immer auf den Industriesektor, in dem ein Unternehmen angesiedelt ist, ankommt. In manchen Sektoren entspricht die Summe der Aktiva denen der Passiva, in manchen jedoch nicht.

3.5 · Lern-Kontrolle

2. Warum ist ein Finanzierungszustand erstrebenswerter, bei dem das langfristig zur Verfügung stehende Kapital größer ist als das Anlagevermögen?
   ☐ Weil das langfristige Kapital niedriger verzinst wird.
   ☐ Weil dadurch Liquiditätsengpässe vermieden werden.
   ☐ Weil dadurch das Eigenkapital geschont wird.
   ☐ Die Aussage ist falsch, weil viele kurzfristige Kredite eine größere Chance bieten, zinsgünstige Darlehen an die Stelle lang laufender Darlehen einzusetzen, wodurch Zinsen eingespart werden können.
3. Wenn man von einem Liquiditätsengpass spricht, dann …
   ☐ … geht es diesem Unternehmen besonders gut.
   ☐ … täte die Geschäftsführung gut daran, sich um eine Kapitalerhöhung zu kümmern.
   ☐ … sollte das Finanzmanagement Umschuldungsmaßnahmen einleiten.
   ☐ … bleibt der Gang zum Insolvenzgericht nicht erspart.
4. Was trifft auf den Goodwill zu?
   ☐ Ein Stil der Unternehmensführung, der guten Willen an die Stelle von Vorgaben und Organisation stellt.
   ☐ Goodwill ist der Wert, der bleibt, wenn eine Firma Insolvenz anmeldet und zerschlagen wird.
   ☐ Goodwill ist die Differenz zwischen Markt- und Buchwert eines Unternehmens, der bei der Übernahme eines Unternehmens gemessen werden kann und der Gegenstand von Abschreibungen in der GuV ist.
   ☐ Goodwill-Positionen werden in der Bilanz als Vermögenswert im Anlagevermögen ausgewiesen und lassen sich, anders als alle anderen langfristig im Unternehmen arbeitenden Vermögensteile bei der Inventur nicht physisch zählen, messen oder wiegen.
5. Warum werden alle Kosten in einer Langfristbetrachtung immer zu variablen Kosten?
   ☐ Weil alle im Unternehmen anfallenden Kosten in den Prozess der Leistungserbringung direkt oder indirekt eingehen, auch wenn sie in der Kurzzeitbetrachtung prozessunabhängig anfallen.
   ☐ Weil Fixkosten nur bei Kurzzeitbetrachtung als prozessunabhängig erscheinen.
   ☐ Weil Kosten, die anfallen, ohne langfristig in die Leistungserstellung einzugehen, keine Kosten im Sinne der Leistungserstellung darstellen.
   ☐ Die Fragestellung ist in sich falsch, weil Fixkosten ja gerade deshalb Fixkosten genannt werden, weil sie keinen variablen Charakter haben.
6. Welche Aussage ist falsch?
   ☐ Die sonstigen Erträge werden beim EBT nicht berücksichtigt.
   ☐ Das EBT spiegelt den Umsatz ohne Gewinn wider.
   ☐ Das EBIT ist die Summe aus finanziellem Aufwand und sonstigen Erlösen.

- ☐ Das EBT ist der Gewinn vor Steuern.
- ☐ EBIT und EBT unterscheiden sich nicht, es wurde nur ein I vergessen.

7. Die Gewerbeertragsteuer kann auch innerhalb Deutschlands standortbestimmend sein.
   - ☐ Nein, denn Gewerbesteuern müssen überall in Deutschland entrichtet werden.
   - ☐ Ja, denn Gemeinden können die Höhe der Gewerbesteuer absolut frei bestimmen und folglich auch mit dem Angebot locken „Bei uns keine Gewerbesteuer".
   - ☐ Ja, denn der Hebesatz kann sich von Gemeinde zu Gemeinde erheblich unterscheiden, und es kann durchaus attraktiv sein, sich in einer Randgemeinde einer Großstadt anzusiedeln und nicht in der Stadt selbst.
   - ☐ Nein, denn es ist der Willkür der Gemeinde überlassen, den Hebesatz sehr kurzfristig anzuheben, und so kann sich der vermeintliche Vorteil für eine Langfristentscheidung sehr schnell als Nachteil entpuppen.

8. Ist es auch unter Berücksichtigung steuerlicher Gesichtspunkte immer richtig, den Periodengewinn zu maximieren?
   - ☐ Ja, denn Gewinnmaximierung ist im marktwirtschaftlichen System immer oberstes Ziel.
   - ☐ Nein, denn eine Gesellschaft, deren oberstes Wirtschaftsziel Gewinnmaximierung ist, ist inhuman.
   - ☐ Nein, weil kluge Unternehmensplanung längerfristig und über den Periodenhorizont hinaus denkt und unternehmenssichernde, langfristige Effekte in die Überlegungen einbezieht.
   - ☐ Ja, denn die aktuelle Unternehmensbesteuerung errechnet sich aus Körperschafts-, Gewerbeertragsteuer und Solidaritätszuschlag. Alle drei Steuern verhalten sich linear zum Gewinn, sodass unternehmensteuerliche Überlegungen das Gewinnstreben nicht berührt.

9. Weshalb kann ein Übersehen der Zahlung von Gewinnsteuern ein Unternehmen in Schieflage bringen?
   - ☐ Weil allgemein bekannt ist, dass die Steuern die Gewinne auffressen.
   - ☐ Weil die Steuern so hoch sind, dass viele Unternehmen sie zum Fälligkeitstermin nicht aufbringen können.
   - ☐ Weil die Finanzplanung des Unternehmens Höhe und/oder Fälligkeitszeitpunkte der Körperschaftsteuern nicht berücksichtigt hat.
   - ☐ Das kann nicht passieren, weil die Steuern nur einen Teil des Gewinnes ausmachen und folglich immer aus dem Gewinn bezahlt werden können.
   - ☐ Das Finanzamt fordert in der laufenden Periode Steuervorauszahlungen pro Quartal, die sich an der aus dem vergangenen Jahr ermittelten Gewinnerwartung ableiten. Daher ist die Gewinnsteuerzahlung der Höhe nach keine Überraschung.

3.5 · Lern-Kontrolle

10. Cashflow-Betrachtungen haben nichts mit dem Begriff der Liquidität zu tun.
    - ☐ Diese Aussage ist richtig, denn die Liquidität ist lediglich ein Ausdruck für das Maß, nach dem Vermögenswerte in Bargeld umgewandelt werden können, und hat nichts mit Cashflow zu tun.
    - ☐ Diese Aussage ist falsch, denn ob ein Unternehmen über ausreichende Liquidität verfügt, hängt ausschließlich davon ab, ob es seinen finanziellen Zahlungsverpflichtungen nachkommen kann oder nicht.
    - ☐ Nachdem Liquidität für den Zustand eines Unternehmens steht, dem gemäß es in der Lage ist, seinen Zahlungsverpflichtungen nachzukommen, ist sie sehr wohl ein aussagekräftiger, wenn auch nicht in Zahlen zu präzisierender Ausdruck, der im Zusammenhang mit Cashflow-Betrachtungen Verwendung finden kann.
    - ☐ Cashflow und Liquidität bezeichnen denselben betriebswirtschaftlichen Sachverhalt.
11. Die BASF legt für die Jahre 2012 und 2013 abweichende, den jeweiligen Geschäftsverlauf spiegelnde Kapitalflussrechnungen vor. Welche der beiden Rechnungen zeigen das positivere Bild aus Kapitalfluss-Sicht?
    - ☐ 2012
    - ☐ 2013
    - ☐ Beide gleich.
    - ☐ Kann man nicht sagen.
12. Welche der folgenden Aussagen über den Kapitalabfluss ist falsch?
    - ☐ Der Cashflow ist immer gleich dem Kapitalabfluss.
    - ☐ Kapitalabfluss ist immer Cashflow.
    - ☐ Die Summe aus Kapitalabfluss und Kapitalzufluss ist deckungsgleich mit dem Cashflow.
    - ☐ Kapitalabfluss und Kapitalzufluss müssen sich in einer Periode ausgleichen.
    - ☐ Wenn der Cashflow größer ist als der Kapitalabfluss, dann verschlechtert sich die Liquidität.

❓ Vernetzende Aufgaben

1. Erklären Sie am Beispiel einer steuerlichen Sonderabschreibung, weshalb der Jahresüberschuss und damit auch die zu zahlende Körperschaftsteuer in der Steuerbilanz höher ausfällt als in der Handelsbilanz.
2. Im ▶ Abschn. 3.4 wird behauptet, dass der Free Cash Flow (FCF) der Summe der Zahlungen entsprechen muss, die zu den Gläubigern und Eigenkapitalinhabern fließt. Begründen Sie diese Behauptung.
3. Sie sind Geschäftsführer einer im harten Wettbewerb stehenden GmbH & Co KG. Um Ihren Standort im Wettbewerbsumfeld bestimmen zu können, haben Sie den Betriebsgewinn als geeignete Vergleichsgröße entdeckt. Begründen Sie, warum Sie gerade diese Größe für besonders geeignet halten.

4. Gehe auf die Seite des Konzernabschlusses 2013 der Daimler AG:
   ▶ http://www.daimler.com/Projects/c2c/channel/documents/2432178_Daimler_2013_Geschaeftsbericht.pdf
   Suchen Sie sich die nötigen Informationen zusammen (gegebenenfalls aus der Bilanz, GuV und der Kapitalflussrechnung), die Sie für die Berechnung des OCF benötigen. Berechnen Sie den OCF für 2013.
5. Diskutieren Sie die Sinnhaftigkeit der grundsätzlichen Forderung, das Anlagevermögen solle durch Eigenkapital und langfristige Verbindlichkeiten gedeckt sein. Wenden Sie die Regel auf ein Unternehmen an, das gerade gegründet worden ist und sich im Aufbau befindet.

Lesen und Vertiefen

- Hillier, D., Ross, S. A., Westerfield, R. W., Jaffe, J., Jordan, B. D. (2013). *Corporate Finance*. London: McGraw-Hill, Kap. 3.
  Im Kap. 3 wird ausführlich dargestellt, wie eine Bilanz, eine Gewinn- und Verlustrechnung sowie eine Kapitalflussrechnung aufgebaut ist.
- Thommen, J.-P. (2012). *Betriebswirtschaftslehre*. Zürich: Versus, Teil 5, Abschn. 2.3–2.4 und 2.7.
  Abschnitt 2.3 widmet sich dem Aufbau der Bilanz. Im Abschn. 2.4 werden die Einzelheiten der Gewinn- und Verlustrechnung dargestellt. Die Kapitalflussrechnung ist in Abschn. 2.7 zu finden.
- Wöhe, G., Döring, U. (2013). *Einführung in die Allgemeine Betriebswirtschaftslehre*. München: Vahlen, Abschn. 6.A.2, 6.B.3–6.B.4
  Das ganze Kap. 6 widmet sich dem betriebswirtschaftlichen Rechnungswesen. Abschnitt 6.A.2 geht auf die Cash-Flow-Rechnung ein, Abschn. 6.B.3 stellt die Einzelheiten der Bilanz dar und Abschn. 6.B.4 geht auf die Gewinn- und Verlustrechnung ein.

Finanzkennzahlen und Kennzahlenanalyse

Thomas Schuster, Leona Rüdt von Collenberg

4.1 Finanzkennzahlen – 69
4.1.1 Einleitung – 69
4.1.2 Investitionskennzahlen – 77
4.1.3 Finanzierungskennzahlen – 84
4.1.4 Liquiditätsanalyse – 88
4.1.5 Renditekennzahlen – 93
4.1.6 Marktwert-Kennzahlen – 96

4.2 Kennzahlenanalyse – 98
4.2.1 Interner Gebrauch – 99
4.2.2 Externer Gebrauch – 100
4.2.3 Zeit-Trend-Analyse – 103
4.2.4 Wettbewerberanalyse – 103
4.2.5 Potentielle Probleme – 106

4.3 Lern-Kontrolle – 106

T. Schuster, L. Rüdt von Collenberg, *Finanzierung: Finanzberichte, -kennzahlen, -planung*,
Studienwissen kompakt, DOI 10.1007/978-3-662-46182-2_4,
© Springer-Verlag Berlin Heidelberg 2015

Kapitel 4 · Finanzkennzahlen und Kennzahlenanalyse

Lern-Agenda

In dem vorausgegangenen Kapitel haben Sie den Jahresabschluss und die unterschiedlichen Informationen, die er zur Verfügung stellt, kennengelernt. In diesem Kapitel wollen wir uns mit den Möglichkeiten beschäftigen, einzelne Positionen, beispielsweise aus der Bilanz, der GuV oder der Kapitalflussrechnung, zu verwenden, um unterschiedliche Kennzahlen zu bestimmen. Wie man die wichtigsten und geläufigsten Kennzahlen berechnet und interpretiert, werden Sie hier lernen. Abschließend wenden wir uns dann noch der Frage zu, wie diese Kennzahlen genutzt werden können, um beispielsweise die Entwicklung eines Unternehmens über mehrere Jahre zu betrachten oder, um Vergleiche mit anderen Unternehmen zu ziehen.

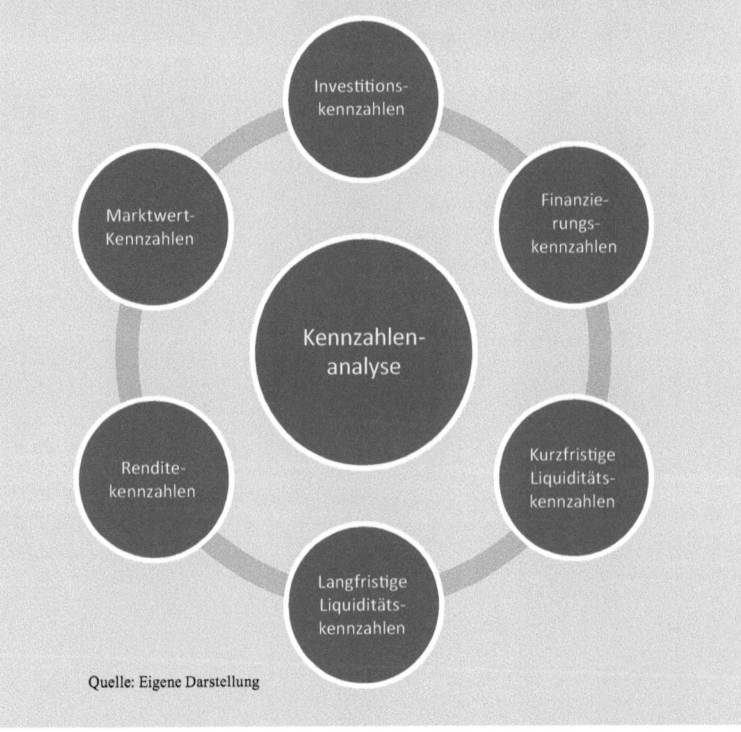

Quelle: Eigene Darstellung

Sie wollen ein Gasthaus mit angeschlossenem Hotel betreiben. Auf der Suche nach einer Lokalität wird Ihnen eine ehemalige Mühle angeboten in ländlicher, aber traumhafter Lage an einem dazu gehörenden großen Fischweiher und mit zauberhafter Seeterrasse. Eine Reihe von Investitionen ist zu tätigen und Personalfragen sind zu klären.

Um Magnetkraft zu entwickeln, muss Ihr Angebot etwas Besonderes sein – sowohl in Bezug auf den Angebotsinhalt (Speisen und Getränke) als auch die Angebotsform; das Ambiente und die Betreuung der Gäste muss Ihren Vorstellungen gerecht werden. An Lieferanten mangelt es nicht.

Sie stürzen sich ins Abenteuer und der Laden brummt. Zumindest hat es den Anschein, denn Sie bekommen viel Lob und Anerkennung, Gäste kommen wieder und die Qualität des Lokals spricht sich herum.

Nach einem Jahr stellen Sie fest, dass Ihr Engagement Ihnen einen hervorragenden Ruf, reichlich Gäste und viel Arbeit beschert haben – nur die Bank beginnt nervös zu werden, denn der anerkennenswerte Umsatz bringt keinen Gewinn – im Gegenteil, Verluste.

Die Frage nach der Ursache des betriebswirtschaftlichen Fiaskos wollen Sie versuchen, mit der Bilanz und insbesondere der GuV zu klären.

Sie stellen sich Fragen wie diese: Kaufe ich zu teuer ein? Benötige ich zu viel Personal, weil ich schlecht organisiert bin? Ist das Lager an Frischwaren zu groß? Habe ich meinen Hotelgästen ein zu langes Zahlungsziel eingeräumt?

Ihnen ist klar, dass Sie Informationen und Kennzahlen benötigen, um im Vergleich mit den Erfolgreichen hinter die Schwächen Ihres Unternehmens zu kommen.

4.1 Finanzkennzahlen

4.1.1 Einleitung

Um die wirtschaftliche Lage eines Unternehmens beurteilen zu können, ist es nicht nur hilfreich, die Bilanz, die Gewinn- und Verlustrechnung oder die Kapitalflussrechnung zu betrachten. Eine übliche Methode zur Analyse von Unternehmen ist die Berechnung von Finanzkennzahlen. Wie man die gängigsten Kennzahlen errechnet und was Sie über ein Unternehmen aussagen, werden wir uns in diesem Kapitel anschauen. Aber nicht nur um die finanzielle Situation eines Unternehmens zu analysieren, auch um verschiedene Unternehmen zu vergleichen, sind solche Kennzahlen nützlich und notwendig. Vergleicht man einfach nur den Jahresabschluss unterschiedlicher Unternehmen, kommt man spätestens dann in Schwierigkeiten, einen sauberen Vergleich zu ziehen, wenn diese Unternehmen nicht in derselben Branche tätig, unterschiedlich groß und organisatorisch unterschiedlich strukturiert sind.

Die Kennzahlen, die wir hier betrachten, sind nur eine Auswahl. Kennzahlen drücken den Bezug von mindestens zwei Größen in Form eines Faktors oder eines Prozentsatzes aus – zunächst nicht mehr.

An dieser Stelle eine kleine Warnung nicht-betriebswirtschaftlicher Natur: Hüten Sie sich vor dem Machbarkeitswahn! Seit Erfindung von Taschenrechner und Computer macht Rechnen keine Mühe mehr. Das ist verführerisch, und wenn Sie offenen

Auges die heutige Form der Kommunikation in den Medien beobachten, wird Ihnen auffallen, dass ständig neue Erkenntnisse publiziert und meist mit Prozentsätzen unterlegt werden, die ihre Bedeutung unterstreichen. Die denkbare Anzahl solche Bezüge herzustellen ist fast unendlich und die Antworten in ihrer Vielzahl und Interpretation gleichermaßen oft unendlich blödsinnig.

Ein – zugegebenermaßen konstruiertes – Beispiel, dem man heute aber durchaus beim Frühstück in der Tageszeitung begegnen könnte: *13,53 % aller 1.945 in Darmstadt geborenen älteren Frauen, die ihre Haare nicht färben, essen 2,64 % aller in Darmstadt gegessenen Karotten. Das sind 16,64 Prozentpunkte mehr als in Bielefeld.* Aha, werden Sie feststellen, wenn Sie mitgedacht haben, und sich fragen, ob das daran liegt, dass die Bielefelder Karottenzüchter weniger erfolgreich geworben haben, oder vielleicht daran, dass die Erkenntnis, dass Vitamin D – gut für das Augenlicht und in Karotten stark vorhanden – in Darmstadt einfach weiter verbreitet ist. Vielleicht (oder besser: hoffentlich) kommen Sie zu der Feststellung, dass diese Aussage in Ihrer Tageszeitung sowohl blödsinnig als auch überflüssig ist, denn Sie erfahren nicht einmal, um wie viele Personen es sich überhaupt handelt. Vielleicht sind es ja nur 0,021 % der Gesamtbevölkerung von Darmstadt und damit zu vernachlässigen? Also wenden Sie sich Wichtigerem zu, z. B. diesem Buch, das Sie vor derlei Zeitgeistgehabe schützen soll.

Ihre Erkenntnis am Anfang der folgenden Ausführungen über Kennziffern und Benchmarking sollte sein: Nur intelligente Fragen, deren Beantwortung aussagekräftig sind, sind sinnvoll. Das gilt auch uneingeschränkt für Kennzahlen.

> **Merke!**
>
> **Finanzkennzahlen** setzen mindestens zwei betriebswirtschaftliche Größen ins Verhältnis. Sie dienen dazu, ein Unternehmen wirtschaftlich zu analysieren und mehrere Unternehmen miteinander zu vergleichen.

Finanzkennzahlen sind dennoch äußerst nützlich und unverzichtbar, um Vergleiche zu ziehen und zu helfen, verschiedene Finanzinformationen und deren Verhältnis zueinander zu bewerten. Dennoch ist ein genaues Hinsehen unabdingbar, weil eine Kennzahl ohne Vergleich mit einer anderen keine Aussage liefert. Die Kennzahl an sich ist in sich „wertneutral". Obwohl nämlich Finanzkennzahlen bei der vergleichenden Gegenüberstellung verschiedener Unternehmen nützlich sind, sei darauf hingewiesen, dass es unterschiedliche Ansätze oder „Denkschulen" gibt, um ein und dieselbe Kennzahl zu berechnen. Sie sollten sich daher immer der Gefahr bewusst sein, dass eine Kennzahl, obwohl sie den gleichen Namen trägt, nicht zwingend die gleichen Werte ins Verhältnis setzt. Ein gründlicher Blick in die Zusammensetzung der verglichenen Basiswerte ist angesagt.

4.1 · Finanzkennzahlen

Tab. 4.1 Aktiva Bilanz BASF SE (Quelle: BASF 2014)

(Millionen €)	31.12.2013	31.12.2012 angepasst
Immaterielle Vermögenswerte	12.235	12.193
Sachanlagen	18.254	16.610
At Equity bewertete Beteiligungen	4.137	3.459
Sonstige Finanzanlagen	630	613
Latente Steueransprüche	992	1.473
Übrige Forderungen und sonstiges Vermögen	876	911
Langfristige Vermögenswerte	**37.124**	**35.259**
Vorräte	9.592	9.581
Forderungen aus Lieferungen und Leistungen	9.376	9.506
Übrige Forderungen und sonstiges Vermögen	3.630	3.455
Kurzfristige Wertpapiere	17	14
Zahlungsmittel und Zahlungsmitteläquivalente	1.815	1.647
Vermögen von Veräußerungsgruppen	2.828	3.264
Kurzfristige Vermögenswerte	**27.258**	**27.467**
Gesamtvermögen	**64.382**	**62.726**

In diesem Kapitel werden wir die Kennzahlen in folgende fünf Gruppen einteilen:
- Investitionskennzahlen,
- Finanzierungskennzahlen,
- Liquiditätskennzahlen,
- Rentabilitätskennzahlen,
- Marktwert-Kennzahlen.

Sie werden zu jeder dieser Gruppen unterschiedliche Kennzahlen kennenlernen und lernen, wie man sie berechnet. Wir werden immer am Beispiel des Jahresabschlusses 2013 der BASF SE, mit dem Sie ja mittlerweile vertraut sind, die Kennzahlen bestimmen. Die ◘ Tab. 4.1, 4.2, 4.3 und 4.4 zeigen erneut die Bilanz, GuV und die Kapitalflussrechnung der BASF SE. Für die Bestimmung mancher Kennzahlen ist ein genauerer Blick auf den Posten „Sachanlagen" der Bilanz nötig, zum Beispiel, um die Höhe der Abschreibung bestimmen zu können. ◘ Tabelle 4.5 schlüsselt die Sachanlagen der BASF SE im Jahr 2013 weiter auf.

Tab. 4.2 Passiva Bilanz BASF SE (Quelle: BASF 2014)

(Millionen €)	31.12.2013	31.12.2012 angepasst
Gezeichnetes Kapital	1.176	1.176
Kapitalrücklage	3.165	3.188
Gewinnrücklagen und Bilanzgewinn	26.170	23.708
Sonstige Eigenkapitalposten	−3.400	−3.461
Eigenkapital der Aktionäre der BASF SE	**27.111**	**24.611**
Anteile anderer Gesellschafter	678	1.010
Eigenkapital	**27.789**	**25.621**
Rückstellungen für Pensionen und ähnliche Verpflichtungen	3.709	5.421
Sonstige Rückstellungen	2.924	2.925
Latente Steuerschulden	2.849	2.234
Finanzschulden	11.151	8.704
Übrige Verbindlichkeiten	1.157	1.111
Langfristiges Fremdkapital	**21.790**	**20.395**
Verbindlichkeiten aus Lieferungen und Leistungen	4.505	4.502
Rückstellungen	2.616	2.628
Steuerschulden	954	870
Finanzschulden	3.256	4.094
Übrige Verbindlichkeiten	2.182	2.623
Schulden von Veräußerungsgruppen	1.290	1.993
Kurzfristiges Fremdkapital	**14.803**	**16.710**
Gesamtkapital	**64.382**	**62.726**

4.1 · Finanzkennzahlen

Tab. 4.3 Gewinn und Verlustrechnung BASF SE (Quelle: BASF 2014)

(Millionen €)	2013	2012 angepasst
Umsatzerlöse	73.973	72.129
Herstellungskosten der zur Erzielung der Umsatzerlöse erbrachten Leistungen	−55.483	−54.266
Bruttoergebnis vom Umsatz	**18.490**	**17.863**
Vertriebskosten	−7.423	−7.447
Allgemeine Verwaltungskosten	−1.366	−1.359
Forschungskosten	−1.835	−1.732
Sonstige betriebliche Erträge	1.679	1.709
Sonstige betriebliche Aufwendungen	−2.570	−2.653
Ergebnis aus Unternehmen, die nach der Equity-Methode einbezogen werden	298	361
Ergebnis der Betriebstätigkeit	**7.273**	**6.742**
Erträge aus sonstigen Beteiligungen	74	75
Aufwendungen aus sonstigen Beteiligungen	−70	−43
Zinserträge	160	177
Zinsaufwendungen	−688	−724
Übrige finanzielle Erträge	238	73
Übrige finanzielle Aufwendungen	−274	−323
Finanzergebnis	**−560**	**−765**
Ergebnis vor Ertragsteuern	**6.713**	**5.977**
Steuern vom Einkommen und vom Ertrag	−1.540	−910
Jahresüberschuss	**5.173**	**5.067**

Tab. 4.4 Kapitalflussrechnung BASF SE (Quelle: BASF 2014)

(Millionen €)	2013	2012 angepasst
Jahresüberschuss nach Anteilen anderer Gesellschafter	4.842	4.819
Abschreibungen auf immaterielle Vermögenswerte, Sachanlagen und Finanzanlagen	3.196	3.288
Veränderung der Vorräte	−215	−672
Veränderung der Forderungen	512	−1.104
Veränderung der geschäftsbedingten Verbindlichkeiten und sonstigen Rückstellungen	508	932
Veränderung von Pensionsrückstellungen, von Vermögenswerten aus überdeckten Pensionsplänen, Nettovermögen von Veräußerungsgruppen und sonstige Posten	−970	−223
Gewinne (−)/Verluste (+) aus Abgängen von langfristigen Vermögenswerten und Wertpapieren	−3	−438
Cashflow aus betrieblicher Tätigkeit	**7.870**	**6.602**
Auszahlungen für Sachanlagen und immaterielle Vermögenswerte	−4.660	−4.015
Auszahlungen für Finanzanlagen und Wertpapiere	−784	−144
Auszahlungen für Akquisitionen	−1.156	−1.043
Einzahlungen aus Devestitionen	63	724
Einzahlungen aus dem Abgang von langfristigen Vermögenswerten und Wertpapieren	768	501
Cashflow aus Investitionstätigkeit	**−5.769**	**−3.977**
Kapitalerhöhungen/-rückzahlungen und sonstige Eigenkapitaltransaktionen	–	−1
Aufnahme von Finanz- und ähnlichen Verbindlichkeiten	5.636	4.904
Tilgung von Finanz- und ähnlichen Verbindlichkeiten	−4.808	−5.247

4.1 • Finanzkennzahlen

Tab. 4.4 *(Fortsetzung)* Kapitalflussrechnung BASF SE (Quelle: BASF 2014)

(Millionen €)	2013	2012 angepasst
Gezahlte Dividende		
an Aktionäre der BASF SE	−2.388	−2.296
andere Gesellschafter	−314	−264
Cashflow aus Finanzierungstätigkeit	−1.874	−2.904
Liquiditätswirksame Veränderung der Zahlungsmittel	227	−279
Veränderung der Zahlungsmittel auf Grund von Umrechnungseinflüssen	−60	21
Änderungen des Konsolidierungskreises	1	2
Zahlungsmittel und Zahlungsmitteläquivalente am Jahresanfang	1.647	1.903
Zahlungsmittel und Zahlungsmitteläquivalente am Jahresende	1.815	1.647

Tab. 4.5 Entwicklung der Sachanlagen 2013 BASF SE (Quelle: BASF 2014)

(Millionen €)	Grundstücke, grundstücksgleiche Rechte und Bauten	Technische Anlagen und Maschinen	Andere Anlagen, Betriebs- und Geschäftsausstattung	Anlagen im Bau	Summe
Anschaffungs- und Herstellungskosten					
Stand am 01.01.2013	8.683	38.745	3.246	3.245	53.919

◘ **Tab. 4.5** *(Fortsetzung)* Entwicklung der Sachanlagen 2013 BASF SE (Quelle: BASF 2014)

(Millionen €)	Grundstücke, grundstücksgleiche Rechte und Bauten	Technische Anlagen und Maschinen	Andere Anlagen, Betriebs- und Geschäftsausstattung	Anlagen im Bau	Summe
Veränderungen des Konsolidierungskreises	–	1	1	–	2
Zugänge	219	884	194	3.412	4.709
Zugänge aus Akquisitionen	75	1.426	4	6	1.511
Abgänge	–187	–705	–157	–151	–1.200
Umbuchungen	118	–2.193	54	–1.394	–3.415
Umrechnungsbedingte Wertänderungen	–226	–650	–55	–129	–1.060
Stand am 31.12.2013	8.682	37.508	3.287	4.989	54.466
Abschreibungen					
Stand am 01.01.2013	5.058	29.526	2.561	164	37.309
Veränderungen des Konsolidierungskreises	–	–	1	–	1
Zugänge	276	1.971	208	64	2.519
Abgänge	–144	–681	–138	–23	–986

4.1 · Finanzkennzahlen

Tab. 4.5 *(Fortsetzung)* Entwicklung der Sachanlagen 2013 BASF SE (Quelle: BASF 2014)

(Millionen €)	Grundstücke, grundstücksgleiche Rechte und Bauten	Technische Anlagen und Maschinen	Andere Anlagen, Betriebs- und Geschäftsausstattung	Anlagen im Bau	Summe
Umbuchungen	−26	−1.947	−38	−5	−2.016
Umrechnungsbedingte Wertänderungen	−98	−475	−42	–	−615
Stand am 31.12.2013	5.066	28.394	2.552	200	36.212
Nettobuchwert am 31.12.2013	3.616	9.114	735	4.789	18.254

4.1.2 Investitionskennzahlen

Mit den Investitionskennzahlen wird die Vermögensseite einer Bilanz analysiert, also die Aktiva des Unternehmens. Mit Hilfe der Höhe der Kennzahlen und deren zeitlicher Entwicklung lassen sich Schlüsse auf die Investitionsstruktur und -politik eines Unternehmens ziehen.

4.1.2.1 Anlageintensität

$$\text{Anlageintensität} = \frac{\text{Anlagevermögen}}{\text{Gesamtvermögen}} \cdot 100\,\%$$

Wie Sie bereits gelernt haben, teilt sich das Vermögen eines Unternehmens in das Umlaufvermögen und das Anlagevermögen. Das Anlagevermögen umfasst Vermögensteile, die länger als ein Jahr im Unternehmen verbleiben und langfristig genutzt werden.

Eine hohe Anlageintensität spiegelt Mangel an Flexibilität wider, wenn es um Anpassung an sich ändernde Marktverhältnisse geht.

Welche Bedrohung könnte eine hohe Anlagenintensität in diesem Zusammenhang darstellen? Anhaltend rückläufige Geschäftsentwicklungen führen zu Auslastungsproblemen von Teilen des Anlagevermögens. Die Fixkosten belasten das Ergebnis weiter solange, bis die Überkapazitäten abgebaut sind. Schnelle Veräußerung von nicht ausgelasteten Teilen des Anlagevermögens ist im Regelfall nicht möglich.

So gesehen ist ein Unternehmen mit geringerer Anlagenintensität deutlich bevorteilt gegenüber einem vergleichbaren mit hoher Anlagenintensität. Der Großteil der Barmittel des Unternehmens ist nicht in langfristigen Investitionen gebunden. Es kann sich dann beispielsweise leichter an Marktveränderungen anpassen.

Aber Achtung und hinter die Kulissen geschaut: Hinter einer niedrigen Anlagenintensität könnte allerdings auch die Tatsache stecken, dass dieses Unternehmen beispielsweise hauptsächlich mit fast vollständig abgeschriebenen Maschinen produziert. Das wiederum bedeutet, dass diese Maschinen wahrscheinlich schon recht alt sind, also nicht mehr auf dem neusten technologischen Stand. Die Produktion könnte in Zukunft weniger effektiv sein, und möglicherweise stehen größere Anschaffungen für modernere Ausstattung oder Maschinen an. Ein gutes Beispiel dafür, dass eine Kennziffer alleine zu übereilten Schlussfolgerungen verleiten kann.

Anlagenintensität alleine ist also keine Kennziffer, die alles über die richtige Anlagenpolitik aussagt.

Beispiel

Berechnen wir nun die oben kennengelernte Kennzahl Anlagenintensität der BASF SE. Folgende Informationen brauchen wir dazu:

- Anlagevermögen: Das finden wir, wie Sie bereits gelernt haben, in der Bilanz. Es ist in der Bilanz der BASF SE auf der Aktivseite als erstes gelistet. Um noch einmal kurz zu wiederholen, was Sie im ▶ Abschn. 3.1. gelernt haben, seien Sie daran erinnert, dass sich das Anlagevermögen in materielles und immaterielles Vermögen untergliedert.
- Gesamtvermögen: Auch diese Zahl finden Sie auf der Aktivseite der Bilanz. Das Gesamtvermögen ist die Summe des Umlauf- und des Anlagevermögens. Wie Sie wissen, muss diese Summe der auf der Passivseite entsprechen.

$$\text{Anlagenintensität} = \frac{37.124 \text{ Mio. €}}{64.382 \text{ Mio. €}} \cdot 100\% = 57,66\%$$

Die BASF SE hat also knapp über die Hälfte Ihres Gesamtvermögens in Anlagevermögen gebunden, nämlich 57,66 %.

Wie wir gelernt haben, sagt uns das etwas aus über die Flexibilität des Unternehmens – offen bleibt allerdings der Wert dieser Aussage schon alleine wegen des verstellten Blicks auf das Alter der Anlagen.

4.1.2.2 Umlaufintensität

$$\text{Umlaufintensität} = \frac{\text{Umlaufvermögen}}{\text{Gesamtvermögen}} \cdot 100\,\%$$

Die Umlaufintensität ist das Pendant zu Anlageintensität. Hier wird also das Umlaufvermögen ins Verhältnis zum Gesamtvermögen gesetzt. Wenn man die Anlageintensität bereits ausgerechnet hat, könnte man die Umlaufintensität auch alternativ berechnen, indem man den Prozentsatz von 100 % subtrahiert. Weist ein Unternehmen eine hohe Umlaufintensität auf, so kann das bedeuten, dass es hohe Lagerbestände oder einen hohen Forderungsbestand hat. Eine hohe Umlaufintensität weist im Gegensatz zu einer hohen Anlageintensität auf die Flexibilität bei der Gestaltung der Geschäftsprozesse bei sich ändernden Rahmenbedingungen eines Unternehmens hin. Es kann sich also bei hoher Umlaufintensität schnell an beispielsweise konjunkturelle Änderungen oder sich ändernde Marktverhältnisse anpassen. Eine andere Deutung hoher Umlaufflexibilität eröffnet die im Umlaufvermögen beinhalteten Vorräte oder auch offene Forderungen an Kunden. Sind diese hoch und damit folglich auch die Umlaufintensität, ist das Forderungsmanagement des Unternehmens schlecht. Die Kunden sollten schneller bezahlen. Hat ein Unternehmen viele Vorräte, könnte der Lagerbestand an Rohmaterialien oder der an Fertigerzeugnissen zu hoch sein. Beides sind ebenfalls schlechte Zeichen.

Beispiel
Schauen wir uns nun wieder die Kennzahl bei der BASF SE an. Wo Sie die notwendigen Informationen bekommen, wissen Sie ja bereits: in der Bilanz.

$$\text{Umlaufintensität} = \frac{27.258 \text{ Mio. €}}{64.382 \text{ Mio. €}} \cdot 100\,\% = 42{,}34\,\%$$

Alternativ hätten Sie auch folgende Rechnung durchführen können:

100 % − Anlageintensität = Umlaufintensität
100 % − 57,66 % = 42,34 %.

4.1.2.3 Investitionsquote

$$\text{Investitionsquote} = \frac{\text{Nettoinvestition in Sachanlagen}}{\text{Anfangsbestand der Sachlagen}} \cdot 100\,\%$$

Eine hohe Investitionsquote steht für eine dynamische Unternehmensentwicklung.

Investitionen in Sachanlagen, also langfristig arbeitende Gebäude, Maschinen und Anlagen sind immer Ausdruck positiver Zukunftserwartungen und der Überzeugung, trotz der Unwägbarkeiten, die Zukunftsprognosen beinhalten, auf dem richtigen Weg zu sein.

Sind die Nettoinvestitionen (Investitionen abzüglich Abschreibungen auf Sachanlagen) im Verhältnis zum Anfangsbestand vor Eingang der Neuinvestitionen in die Vermögensaufstellung hoch, so ist das unbestreitbar Ausdruck des Grades der positiven Zukunftserwartungen. Das gilt auch dann, wenn das Unternehmen stark von einem abgeschriebenen Sachanlagen-Park ausgeht. In diesem Fall sagt die Investitionsquote allein nicht viel aus.

Beispiel

Um die Investitionsquote für BASF zu bestimmen, müssen Sie einen Blick in ◘ Tab. 4.5 werfen, die die Sachanlagen des Chemiekonzerns weiter aufschlüsselt. Den Posten Sachanlagen finden Sie natürlich in der Bilanz. Er gehört zum Anlagevermögen.

Zunächst benötigen Sie die Nettoinvestition in Sachanlagen. Das bedeutet, Sie nehmen die Zugänge der Sachanlagen des Jahres 2013 (sie betragen 4.709 Mio. €) und ziehen die Abschreibungen auf Sachanlagen ab. Die Zahl gibt an, inwiefern sich die Sachanlagen geändert haben, was der Nettoinvestition der Sachanlagen entspricht. In der ◘ Tab. 4.5 sind diese Änderungen auch nochmal detailliert aufgeschlüsselt.

$$\text{Nettoinvestition bei Sachanlagen} = 4.709 \text{ Mio. €} - 2.519 \text{ Mio. €} = 2.190 \text{ Mio. €}$$

Der Anfangsbestand der Sachlagen ist einfach der Wert am 1. Januar 2013, der dem Wert am 31. Dezember 2012 entspricht: 16.610 Mio. €

$$\text{Investitionsquote} = \frac{2.190 \text{ Mio. €}}{16.610 \text{ Mio. €}} \cdot 100\,\% = 13{,}18\,\%.$$

Das bedeutet, dass die BASF SE für 13,18 % ihrer Sachanlagen am Anfang des Jahres 2013 neu investiert hat. Offen bleibt die Frage: Ist das viel oder wenig? Das kommt auf den Industriesektor und die Art der Sachanlagen an. Wenn eine Anlage eine Nutzungsdauer von zwanzig Jahren hat, sollten jedes Jahr 5 % = 1/20 der Sachanlagen erneuert werden, um nach zwanzig Jahren alle Anlagen ausgetauscht zu haben. Vor diesem Hintergrund wäre eine Investitionsquote von rund 13 % hoch. Allerdings sollten Sie immer bedenken, dass eine Kennzahl isoliert betrachtet keine Schlussfolgerungen zulässt.

4.1.2.4 Investitionsdeckung

$$\text{Investitionsdeckung} = \frac{\text{Abschreibung auf Sachanlagen}}{\text{Zugänge an Sachanlagen}} \cdot 100\,\%$$

Eine Investitionsdeckung von mehr als 100 % bedeutet, dass die Abschreibungen eines Unternehmens nicht vollständig durch Neuanschaffungen gedeckt wurden. Somit schrumpft der Bestand an Maschinen. Die Kennzahl sollte also kleiner als 100 % sein. Die Betrachtung dieser Kennzahl für nur ein Jahr ist jedoch nicht aufschlussreich. Hier sollte man immer die Entwicklung über mehrere Perioden betrachten, weil Investitionen von Anlagen und Maschinen oder gar die Errichtung von Gebäuden kein kontinuierlicher, auf der Zeitachse gleichmäßig verteilter Vorgang sind. Oder denken Sie an ein kleineres Unternehmen mit drei Fertigungsanlagen mit zehnjähriger Nutzungsdauer. Wenn die zum gleichen Zeitpunkt beschafft wurden, dann wird in den kommenden neun Jahren nur abgeschrieben, ohne dass eine Neu- oder Ersatzanschaffung stattfindet. In diesem Fall kann man aus der Investitionsdeckung keine vernünftigen Schlüsse ziehen.

Beispiel
Um die Abschreibung auf Sachanlagen herauszufinden, müssen wir wieder einen Blick auf ◘ Tab. 4.5 werfen, in der die Sachanlagen aufgeschlüsselt sind. In der zweiten Hälfte finden sich Informationen zur Abschreibung. In der Zeile Zugänge finden wir die Abschreibung, nach der wir suchen: 2.519 Mio. €. In der gleichen ◘ Tab. 4.5 finden sich die Zugänge der Sachanlagen und zwar in der oberen Hälfte: 4.709 Mio. €. Nun müssen wir die Zahlen nur noch in die Formel einsetzen, um die Investitionsdeckung der BASF SE für das Jahr 2013 errechnen zu können.

$$\text{Investitionsdeckung} = \frac{2.519 \text{ Mio. €}}{4.709 \text{ Mio. €}} \cdot 100\% = 53,49\%$$

Das bedeutet also, dass BASF mehr Sachanlagen hinzugekauft hat als abgeschrieben wurden, da die Investitionsdeckung weniger als 100 % beträgt. Es liegt also eine Überdeckung vor. Wie Sie jedoch gelernt haben, reicht die Betrachtung einer Periode nicht aus. die richtigen Schlüsse zu ziehen. Man müsste diese Kennzahl mit anderen Jahren vergleichen und/oder ergänzend die Investitionsquote in die Betrachtung einbeziehen.

4.1.2.5 Anlagennutzung

$$\text{Anlagennutzung} = \frac{\text{Umsatz}}{\text{Sachanlagen}} \cdot 100\%$$

Anlagen werden aufgebaut, Maschinen aufgestellt, weil die Unternehmensführung von der Überzeugung ausgeht, dass sie ausgelastet und damit letztlich Waren produziert werden, deren Verkauf den Umsatz fördert.

Aus steigender Anlagennutzung kann prima vista geschlussfolgert werden, dass die angestrebte Erwartung der Geschäftsführung erfüllt wird, ihre Rechnung aufgeht.

Steigt also diese Kennzahl über mehrere Perioden betrachtet an, so ist dies ein positives Zeichen.

Beispiel
Den Posten Umsatz finden Sie natürlich in der Gewinn- und Verlustrechnung der BASF SE. Sachanlagen benötigen wir für diese Kennzahl erneut. Diesmal reicht die Information aus der Bilanz ohne Aufschlüsselung aus. Eigentlich sollten die Sachanlagen als Durchschnitt aus Jahresanfang und Jahresende eingehen. Der Einfachheit halber nehmen wir den Wert vom Jahresende, also vom 31.12.2013.

$$\text{Anlagennutzung} = \frac{73.973 \text{ Mio. €}}{18.254 \text{ Mio. €}} \cdot 100\,\% = 405{,}24\,\%$$

Die Sachanlagen der BASF SE generieren also rund das Vierfache an Umsatz.

4.1.2.6 Vorratshaltung

$$\text{Vorratshaltung} = \frac{\text{Vorräte}}{\text{Umsatz}} \cdot 100\,\%$$

Je kleiner die Kennzahl ist, desto besser. Zudem ist es ein positives Signal für das Unternehmen, wenn diese Kennzahl sinkt. Denn das bedeutet, dass bei gleichem Umsatz weniger Vorräte gelagert werden. Man kann ein Sinken dieser Kennzahl über mehrere Perioden auch so interpretieren, dass ein steigender Umsatz mit der gleichen Vorratshaltung bewältigt werden kann. Geringere Vorratshaltung bei steigenden Umsätzen kann auch etwas aussagen über verbesserte logistische Organisation – könnte aber auch ein Zeichen dafür sein, dass das Finanzmanagement sich durchgesetzt hat und auf geringere Kapitalbindung in Vorräten drängt. Das könnte die Gefahr von Versorgungsengpässen mit negativen Folgen beinhalten: Bei gedrosselten Rohmaterialvorräten könnten Produktionsstillstände, bei Fertigwarenvorräten Marktversorgungsengpässe (Lieferengpässe) auftreten.

Die „Just-in-time"-Produktion (Anlieferzeitpunkt von Roh- bzw. Halbfertigware ist identisch mit dem Verwendungszeitpunkt in der Weiterverarbeitung) der Autoindustrie gegenüber ihren Zulieferbetrieben hat in der zurückliegenden Wirtschaftskrise, in der es unter anderem um den Fortbestand von Opel ging, Autohersteller wegen fehlender Vorratshaltung in erhebliche Schwierigkeiten gebracht.

Beispiel
Hier müssen wir also den Posten Vorräte durch den Umsatz teilen. Den Umsatz der BASF SE für das Jahr 2013 haben wir ja bereits für die vorige Kennzahl herausgesucht. Nun fehlen noch die Vorräte. Auch diese finden Sie auf der Bilanz der BASF SE: 9.522 Mio. €.

$$\text{Vorratshaltung} = \frac{9.592 \text{ Mio. €}}{73.973 \text{ Mio. €}} \cdot 100\,\% = 12{,}97\,\%$$

Die Vorräte der BASF SE machen also 12,97 % des Umsatzes aus.

4.1.2.7 Laufzeit der Forderungen

$$\text{Laufzeit der Forderungen} = \frac{\text{Durchschnittlicher Bestand Warenforderungen}}{\text{Umsatz}} \cdot 360$$

Wenn Sie sich eine neue Couch auf Rechnung kaufen, steht im Regelfall hinsichtlich der Zahlungskonditionen drauf: 8 Tage 2 % Skonto, 30 Tage netto. Das bedeutet, dass Ihr Händler Ihre Zahlung nach 30 Tagen erwartet (ihnen also ein Zahlungsziel von 30 Tagen einräumt), aber gleichzeitig sehr daran interessiert ist, dass Sie schon nach 8 Tagen zahlen. Das entlohnt er mit einem Nachlass in Höhe von 2 % auf den Kaufpreis.

Ihm ist es also sehr wichtig, seinen Bestand an Warenforderungen zu minimieren. Je schneller der Kunde zahlt, desto höher ist die Liquidität im Unternehmen, die dann wieder anderweitig verwendet werden kann. Deswegen ist eine niedrigere Kennzahl immer besser.

Eine lange Laufzeitforderung lässt vordergründig auf eine schlechte Zahlungsmoral der Kunden eines Unternehmens schließen. Hier macht es aber Sinn, begleitend in Erfahrung zu bringen, um welche Branche es sich handelt, weil die Gepflogenheiten, was Zahlungen anbelangt, sehr unterschiedlich sind.

Ein Beispiel: Wie große Unternehmen ihre Einkaufsmacht nutzen und ihre Lieferanten zur Haltung von Vorräten zwingen, um sich selbst die Finanzierung dieser Vorräte zu ersparen, so nutzen sie ihre Überlegenheit auch dadurch, dass sie ihre Lieferanten zur Akzeptanz langer Zahlungsziele zwingen. Es gibt im Handelsbereich (Lidl, Aldi und andere) Situationen, in denen die Hersteller der Ware sich mit Zahlungszielen von neunzig Tagen abfinden müssen. Das bedeutet in der Praxis, dass diese Handelsunternehmen die Ausgaben für die Ware bar über die Ladenkasse längst eingenommen haben, wenn sie ihre Lieferanten bezahlen.

Aldi und Lidl haben deswegen vergleichsweise sehr geringe Finanzierungsaufwendungen für ihr Umlaufvermögen in Form von Warenbeständen.

Oft sind also lange Forderungslaufzeiten auch Ausdruck der Machtverhältnisse der Marktteilnehmer.

Aber richtig bleibt natürlich: Lange Laufzeiten sind nicht immer Ausdruck schlechten Finanzmanagements, aber eine Kürzung der Laufzeit bringt einem Unternehmen zusätzliche finanzielle Mittel.

Sinkt diese Kennzahl also in einer Mehrperioden-Betrachtung, ist das ein gutes Zeichen. Die Zahl 360 in der Formel steht für 360 Tage im Jahr.

Beispiel
Den Bestand der Warenforderung finden wir in der Bilanz der BASF. Hier wird dieser Posten „Forderungen aus Lieferungen und Leistungen" genannt. Da wir den durchschnittlichen Forderungsbestand nicht kennen, nehmen wir als Näherung den Jahresendbestand: 9.376 Mio. €.

$$\text{Laufzeit Forderungen} = \frac{9.376 \text{ Mio. €}}{73.973 \text{ Mio. €}} \cdot 360 = 45{,}63$$

Man muss die Struktur der Geschäfte der BASF SE kennen und analysieren, um beurteilen zu können, ob 45,63 Tage Laufzeit für Außenstände positiv sind oder nicht. Die Faustregel sagt, dass die Kennzahl kleiner als 30 Tage sein soll. Insofern ist die Forderungslaufzeit bei BASF zu hoch. Um die Entwicklung genauer zu beurteilen, sind Mehrjahresvergleiche angesagt.

> **Auf den Punkt gebracht:** Die wichtigsten Investitionskennzahlen sind die Anlagenintensität, die Umlaufintensität, die Investitionsquote, die Investitionsdeckung, die Anlagennutzung, die Vorratshaltung und die Laufzeit der Forderungen.

4.1.3 Finanzierungskennzahlen

Nachdem wir nun mit Hilfe der Investitionskennzahlen die Aktivseite der Bilanz analysiert haben, helfen uns die Finanzierungskennzahlen, dies mit der Passivseite der Bilanz zu tun. Die Höhe dieser Kennzahlen bzw. auch deren Entwicklung über mehrere Perioden geben Aufschluss über die Zusammensetzung des Kapitals nach Art, Sicherheit und Fristigkeit.

4.1.3.1 Eigenkapitalquote

$$\text{Eigenkapitalquote} = \frac{\text{Eigenkapital}}{\text{Gesamtkapital}} \cdot 100\,\%$$

Diese Quote gibt an, wie viel des Gesamtkapitals durch Eigenkapital finanziert wurde. Eine hohe Eigenkapitalquote senkt das Insolvenzrisiko, da es bedeutet, dass weniger durch Fremdkapital, also zum Beispiel Kredite, finanziert wurde. Fremdkapital muss ja, wie Sie wissen, zurückgezahlt werden, wohingegen Eigenkapital im Unternehmen bleibt. Diese Kennzahl sollte mindestens 30 % betragen.

> **Merke!**
>
> Die **Eigenkapitalquote** ist die wichtigste Finanzierungskennzahl. Sie sagt aus, wie viel Prozent des Gesamtkapitals durch Eigenkapital finanziert ist. Die Kennzahl sollte größer 30 % sein.

Eine hohe Eigenkapitalquote reduziert die Gefahr, dass Gläubiger mit der Drohung, die Finanzierungszusagen zurückzuziehen oder auslaufende Kredite nicht zu verlängern, Druck auf die Geschäftspolitik machen können.

Beispiel
Nun betrachten wir also die Passiva der BASF Bilanz. Wir benötigen das Eigenkapital und setzen dies ins Verhältnis zum Gesamtkapital:

$$\text{Eigenkapitalquote} = \frac{27.789 \text{ Mio. €}}{64.382 \text{ Mio. €}} \cdot 100\% = 43,16\%.$$

43,16 % des Gesamtkapitals der BASF SE wurden also 2013 durch Eigenkapital finanziert. Wie Sie gerade gelernt haben, ist das eine gute Quote, da sie mehr als 30 % beträgt und grundsätzlich solide ist. Dennoch auch hier: Ohne Vergleichsgrößen im Verhältnis zu ähnlich gelagerten Unternehmen oder auf der Zeitachse ist die Aussage nur oberflächlich.

4.1.3.2 Fremdkapitalquote

$$\text{Fremdkapitalquote} = \frac{\text{Fremdkapital}}{\text{Gesamtkapital}} \cdot 100\%$$

Dies ist das Pendant zur Eigenkapitalquote. Sie ist auch unter dem Begriff Anspannungskoeffizient bekannt. Was Sie gerade über die Eigenkapitalquote gelernt haben, können Sie nun bei der Interpretation dieser Kennzahl anwenden: Eine hohe Fremdkapitalquote erhöht also das Insolvenzrisiko eines Unternehmens. Sie sollte unter 70 % liegen. Das oben über die Fremdbestimmung Gesagte gilt konsequenterweise auch hier.

Die Fremdkapitalquote können Sie auch alternativ errechnen, indem Sie von 100 % die Eigenkapitalquote subtrahieren, da Fremdkapital + Eigenkapital = Gesamtkapital.

Beispiel
Berechnen wir nun also diese Quote für die BASF SE. Die Informationen finden Sie auch hier auf der Passivseite der Bilanz von 2013. Das Fremdkapital ist in langfristige und kurzfristige Verbindlichkeiten unterteilt. Es gilt also, diese erst einmal zu addieren:

21.790 Mio. € + 14.803 Mio. € = 36.593 Mio. €

$$\text{Fremdkapitalquote} = \frac{36.593 \text{ Mio. €}}{64.383 \text{ Mio. €}} \cdot 100\,\% = 56{,}84\,\%.$$

Alternativ ist auch diese Rechnung möglich:

100 % − Eigenkapitalquote = Fremdkapitalquote

100 % − 43,16 % = 56,84 %.

56,84 % des Gesamtkapitals der BASF SE wird also durch Fremdkapital finanziert. Wie es sein sollte, liegt die Quote damit unter 70 %.

Man kann die Eigenkapital- und Fremdkapitalquote auch wie folgt betrachten: 1 € des Kapitalvermögens ist durch 0,57 € Fremdkapital und 0,43 € Eigenkapital finanziert.

4.1.3.3 Verschuldungsgrad

$$\text{Verschuldungsgrad} = \frac{\text{Fremdkapital}}{\text{Eigenkapital}} \cdot 100\,\%$$

Der Verschuldungsgrad ist eine weitere Größe, die das Verhältnis der Finanzierungssituation zwischen Fremd- und Eigenkapital kennzeichnet – mit den grundsätzlich gleichen Aussagen und daraus abzuleitenden Schlussfolgerungen, wie bei den beiden oben gelernten.

Ein hoher Verschuldungsgrad bedeutet, dass sich ein Unternehmen in einer hohen Abhängigkeit von externen Gläubigern befindet. Diese Kennzahl sollte kleiner 200 % betragen. Ein Verschuldungsgrad von 200 % entspricht einer Eigenkapitalquote von 33 %.

Beispiel
Wie sieht nun der Verschuldungsgrad bei der BASF SE aus? Die benötigten Zahlen haben wir ja bereits bei den vorigen Kennzahlen rausgesucht:

$$\text{Verschuldungskoeffizient} = \frac{36.593 \text{ Mio. €}}{27.789 \text{ Mio. €}} \cdot 100\,\% = 131{,}68\,\%.$$

Das Ergebnis zeigt, dass für jeden Euro Eigenkapital 1,32 € Fremdkapital im Chemiekonzern BASF vorhanden ist. Dieser Koeffizient ist kleiner als 200 % und damit im Soll-Bereich.

4.1.3.4 Lieferantenkreditdauer

$$\text{Lieferantenkreditdauer} = \frac{\text{Durchschnittlicher Kreditorenbestand}}{\text{Wareneingang}} \cdot 360$$

Eine hohe Lieferantenkreditdauer eines Unternehmens lässt darauf schließen, dass Skonti nicht ausgenutzt wurden. Das wäre ein schlechtes Zeichen. Skonti – wenn nicht durch vertragliche Vereinbarungen verändert – belaufen sich üblicherweise auf 2 % oder 3 % des Rechnungswertes bei Zahlung binnen zehn Tagen. Aus Zinsperspektive bedeutet das 2 % bzw. 3 % Zins für zwanzig Tage, der Zeitraum, nach dem ich anderenfalls hätte den vollen Betrag zahlen müssen. Auf das ganze Jahr bezogen wäre das ein Kreditzins von 24 bzw. 36 %. Das wäre ein sehr teurer Kredit, wenn ein Unternehmen das Zahlungsziel dreißig Tage abwarten würde.

Eine niedrige Lieferantenkreditdauer weist also auf hohe Zahlungsbereitschaft hin, die sich in hohen Skontoerträgen niederschlagen wird.

Die Zahl 360 steht, Sie haben sich es sicher schon gedacht, wieder für die Anzahl der Tage im Jahr.

Beispiel
Den durchschnittlichen Kreditorenbestand finden Sie in der Bilanz, auf der Passivseite. Bei BASF wird er als „Verbindlichkeiten aus Lieferungen und Leistungen" ausgewiesen. Sie erinnern sich vielleicht an die Kennzahl „Laufzeit Forderungen" weiter oben. Dort haben wir das Pendant auf der Aktivseite verwendet: „Forderungen aus Lieferungen und Leistungen". Der Posten, den wir hier benötigen, beträgt 4.505 Mio. €. Der Wareneingang befindet sich in der GuV. Normalerweise wird er als „Herstellungskosten" bezeichnet. In der BASF-Bilanz heißt der Posten „Herstellungskosten zur Erzielung der Umsatzerlöse erbrachten Leistungen". Diese Kosten betragen 55.483 Mio. €. Da sich die Herstellungskosten auf ein Jahr beziehen, also einen Jahreszeitraum, bezieht sich die Kennziffer auf den Durchschnitt im Betrachtungszeitraum und ist keine Zeitpunktbetrachtung.

$$\text{Lieferantenkreditdauer} = \frac{4.505 \text{ Mio. €}}{55.483 \text{ Mio. €}} \cdot 360 = 29{,}23$$

Das bedeutet, dass Lieferantenrechnungen der BASF SE im Schnitt nach 29,23 Tagen bezahlt werden. Das geht allerdings bei der BASF auf das sehr umfassende, heterogene und internationale Geschäftsmodell zurück, dem im Regelfall Verträge unterlegt sind, die Zahlungskonditionen von Vorauszahlungen über Abschlagzahlungen bis zu Gewährleistungsrückhaltungen beinhalten.
Ist die Anwendung der genannten Formel und sind die angestellten Überlegungen und Rückschlüsse bei kleineren Unternehmen noch gerechtfertigt, so versagt sie natürlich angesichts der heterogenen Zusammensetzung der bilanzierten Gesamtzahlen eines Großunter-

nehmens. Falls die Rechnungen, die BASF zu zahlen hat, den normalen Skontobedingungen unterliegen, so wäre die Lieferantenkreditdauer mit rund 29 Tagen deutlich zu hoch.

> **Auf den Punkt gebracht: Die wichtigsten Finanzierungskennzahlen sind die Eigenkapitalquote, die Fremdkapitalquote, der Verschuldungsgrad und die Lieferantenkreditdauer.**

4.1.4 Liquiditätsanalyse

Liquidität, das haben wir gelernt, ist die Fähigkeit eines Unternehmens, seinen Zahlungsverpflichtungen nach Zeitpunkt und Höhe nachkommen zu können. Die Frage stellt sich immer dann demjenigen, der einem Unternehmen eine Finanzierung ausreicht – sei es durch Kreditvergabe, sei es durch Lieferung oder Leistung gegen Rechnung. Es geht aber auch darum, die Frage zu beantworten, mit welchem finanziellen Spielraum und wie nachhaltig die Zahlungsfähigkeit gegeben ist.

Diese hier aufgeführten Kennzahlen sollen dem Interessierten ermöglichen, sich über die Zahlungsfähigkeit ein Bild zu machen. Geringe oder abnehmende Liquidität ist oft kein gutes Zeichen.

Interesse an diesen Kennzahlen haben grundsätzlich alle Gläubiger. Das sind zum einen im kurzfristigen Bereich die Lieferanten von Roh-, Hilfs- und Betriebsstoffen, die Dienstleister und andere Zulieferer, die Waren liefern und Leistungen im guten Glauben erbringen, also ohne Sicherheiten, wie sie z. B. Banken für ihre langfristigen Kredite vor Auszahlung fordern. Sie sind die „Ungeschütztesten" und im Falle von ernsthaften und anhaltenden Zahlungsschwierigkeiten die Erst- und Meistbetroffenen.

Kennzahlen zur Überprüfung der kurzfristigen Liquidität dienen einer anderen Interessenlage als die zur Verfolgung der Entwicklung der langfristigen. Letztere sind wegen der Langfristbetrachtung aussagestärker bezüglich des Kernzustands des Unternehmens. Kurzfristige Liquiditätsengpässe sind weniger tragisch, wenn die langfristige Liquiditätslage in Ordnung ist.

Liquiditätskennzahlen werden aus der Bilanz abgeleitet. Bilanzen sind – das haben wir verstanden – Zeitpunkt-Aufnahmen des Unternehmenszustandes. Liquiditätsanalysen, zumal solche, die zur Beurteilung der kurzfristigen Zahlungsfähigkeit herangezogen werden sollen, verlieren verständlicherweise an Aussagekraft mit jedem Tag, der seit dem Bilanzstichtag verstreicht. Allerdings werden unternehmensintern die Kennzahlen laufend aktualisiert, sodass meist monatlich, bei manchen Kennzahlen und Branchen auch täglich, die aktuellen Kennzahlen vorliegen.

Wenden wir uns zunächst der kurzfristigen Liquiditätsanalyse zu. Führt sie zu unbefriedigenden Ergebnissen, dann steht es meistens um die langfristige Liquiditäts-Situation auch nicht gut.

4.1.4.1 Kurzfristige Liquiditätsanalyse
Liquidität 1. Grades

$$\text{Liquidität 1. Grades} = \frac{\text{Zahlungsmittel}}{\text{Kurzfristige Verbindlichkeiten}} \cdot 100\,\%$$

Diese Zahl verrät Ihnen, zu wie viel Prozent ein Unternehmen kurzfristige Verbindlichkeiten durch zur Verfügung stehende Zahlungsmittel begleichen kann. Dazu zählen Bargeld und Bankguthaben. Diese Zahl sollte für etablierte Unternehmen rund 20 % betragen. Ist der Wert zu niedrig, droht die Zahlungsunfähigkeit. Eine hohe Liquidität 1. Grades bedeutet hingegen, dass diese Mittel nicht in langfristige Anlagen investiert sind, die sehr rentabel sein können, und somit einem Unternehmen hohe Zinseinnahmen verwehrt bleiben. Bei einem jungen Start-up-Unternehmen sollte auf Grund der höheren Unsicherheit die Liquidität 1. Grades höher sein und zwischen 30 und 50 % liegen. Insgesamt sollte dieser Deckungsgrad im Vergleich zu den zwei anderen Liquiditätsgraden niedriger sein.

Beispiel
Die Zahlungsmittel sind die zur Verfügung stehenden Barmittel der BASF SE. Sie finden dieses natürlich auf der Aktivseite der Bilanz und heißen dort Zahlungsmittel und Zahlungsmitteläquivalente. Die kurzfristigen Verbindlichkeiten entsprechen näherungsweise dem kurzfristigen Fremdkapital in der Bilanz der BASF SE – natürlich zu finden bei den Passiva.

$$\text{Liquidität 1. Grades} = \frac{1.815\,\text{Mio. €}}{14.803\,\text{Mio. €}} \cdot 100\,\% = 12{,}26\,\%$$

Hier erkennt man, dass BASF nur 12,26 % seiner kurzfristen Verbindlichkeiten spontan mit seinen Barmitteln auszahlen könnte.

Die Liquidität 1. Grades allein ist nicht besonders aussagestark und sollte zusammen mit der Liquidität zweiten und dritten Grades betrachtet werden.

Liquidität 2. Grades

$$\text{Liquidität 2. Grades} = \frac{\text{Zahlungsmittel} + \text{kurzfristige Forderungen}}{\text{Kurzfristige Verbindlichkeiten}} \cdot 100\,\%$$

Die Liquidität 2. Grades erweitert die zur Befriedigung kurzfristiger Verbindlichkeiten als verfügbar angesehenen Mittel neben Barbeständen und Bankguthaben um kurzfristige Forderungen. Diese Sicht ist vergleichsweise aussagestark, denn die Laufzeit von Kundenforderungen und Lieferantenverbindlichkeiten decken sich im Normalfall in etwa. Mit dieser Kennzahl kann errechnet werden, zu wie viel Prozent kurzfristige Verbindlichkeiten durch Barmittel und Kundenforderungen gedeckt werden. Diese Zahl sollte größer als 100 % sein.

Beispiel
Zahlungsmittel und kurzfristige Forderungen werden oft der Einfachheit halber als kurzfristiges Vermögen abzüglich der Vorräte berechnet. Für die BASF SE bedeutet dies:

Zahlungsmittel + Kurzfristige Forderungen = Kurzfristige Vermögenswerte
− Vorräte = 27.258 Mio. € − 9.592 Mio. € = 17.666 Mio. €

$$\text{Liquidität 2. Grades} = \frac{17.666 \text{ Mio. €}}{14.803 \text{ Mio. €}} \cdot 100\,\% = 119{,}34\,\%.$$

Diese Kennzahl gibt deutlich wieder, dass kurzfristige Verbindlichkeiten des BASF SE ausreichend durch Zahlungsmittel und kurzfristige Forderungen gedeckt werden. Das ist ein Zeichen ausreichender Liquidität.

Liquidität 3. Grades

Liquidität 3. Grades
$$= \frac{\text{Zahlungsmittel} + \text{kurfristige Forderungen} + \text{Vorräte}}{\text{Kurzfristige Verbindlichkeiten}} \cdot 100\,\%$$

Die Liquidität 3. Grades erweitert die kurzfristig zur Befriedigung kurzfristiger Verbindlichkeiten als verfügbar angesehenen Mittel neben Barbeständen und Bankguthaben und kurzfristigen Forderungen um die Vorräte. Der Zähler ist dann in der Regel die kurzfristigen Verbindlichkeiten. Das ist durchaus vernünftig, denn die Vorräte befinden sich im Unternehmensprozess zeitlich nahe dem Zustand, in dem sie verwendet, geliefert, berechnet und in Forderungen oder Barmittel transformiert werden. Diese Kennzahl prüft zusätzlich noch die Deckung der kurzfristigen Verbindlichkeiten durch Vorräte des Unternehmens ab. Das Ergebnis sollte größer als 100 % sein, wobei diese Größe nur eine grobe Orientierung gibt.

Beispiel
Wirft man nochmal einen Blick auf die Liquidität 2. Grades der BASF SE, kann man bereits jetzt sagen, dass die Liquidität 3. Grades das empfohlene Ergebnis von 100 % auf jeden Fall erreichen wird.

4.1 · Finanzkennzahlen

Bei der BASF SE wird die Liquidität 3. Grades als Relation zwischen kurzfristigen Vermögenswerten und kurzfristiges Fremdkapital berechnet:

$$\text{Liquidität 3. Grades} = \frac{27.258 \text{ Mio. €}}{14.803 \text{ Mio. €}} \cdot 100\% = 184{,}14\%.$$

Mit 184,14 % deckt die BASF ihre kurzfristigen Verbindlichkeiten bei weitem mit kurzfristigen Vermögenswerten.

> Auf den Punkt gebracht: Die kurzfristige Liquidität in einem Unternehmen wird durch die Liquidität 1. Grades, Liquidität 2. Grades und Liquidität 3. Grades gemessen.

4.1.4.2 Langfristige Liquiditätsanalyse

Langfristige Liquiditätsbetrachtungen spielen für kurzfristige Finanzierungen eher eine beruhigende Rolle: Nämlich dann, wenn es bei der Einhaltung kurzfristiger Zahlungen zu Engpässen kommt und die Forderung nach Verlängerungen des Zahlungsziels mit dem Argument gesunder langfristiger Liquiditätssituation untermauert werden kann.

Für langfristige Finanzierungen sind langfristige Liquiditätsbetrachtungen unabdingbar, liefern sie doch einen weiteren Aspekt bei der Betrachtung der wirtschaftlichen Lage des Unternehmens, ähnlich der oben behandelten Finanzierungskennzahlen.

Geber von langfristig im Unternehmen verbleibendem Kapital – ob Eigenkapital oder langfristiges Fremdkapital – müssen im Auge behalten, ob das Anlagevermögen langfristig finanziert ist und bleibt. Bei kurzfristigem Fremdkapital ist problematisch, dass kurzfristiger Finanzierungsbedarf bei Fälligkeit immer wieder neu „ausgehandelt" werden muss, was zur Planungs- und Kostenunsicherheit führt.

Die Faustregel lautet: Wenigstens das Anlagevermögen sollte langfristig finanziert sein.

Dabei ist es für Gläubiger von besonderem Interesse zu wissen, in welchem Ausmaß die Finanzierung der Anlagen durch Eigenkapital erfolgt.

Ob dem so ist, zeigt die folgende Kennzahl.

Deckungsgrad A

$$\text{Deckungsgrad A} = \frac{\text{Eigenkapital}}{\text{Anlagevermögen}} \cdot 100\%$$

Diese Kennzahl hilft die Frage zu beantworten, in welchem Umfang langfristig investierte Vermögensteile durch langfristiges Eigenkapital gedeckt sind. Diese Kennzahl sollte, wenn möglich, größer als 100 % sein.

Im Falle einer Insolvenz kann ein Gläubiger umso schneller mit seinem Geld rechnen, je höher diese Kennzahl ist. Im Insolvenzfall ist naheliegend, dass das Umlaufvermögen relativ einfach in Barmittel gewandelt werden kann und so Gläubiger, die Ansprüche hieraus haben, auch relativ zügig ausgezahlt werden können. Da aber Anlagevermögen gewöhnlich schwieriger und meist nur mit erheblichen Wertverlusten zu Barem gemacht werden kann, wird mit dieser Kennzahl berechnet, in welcher Höhe das Eigenkapitalpolster zur Verfügung steht, die Lücken zu decken, die durch die Wertverluste bei der Zwangsveräußerung entstehen.

Beispiel
Wie ist der Deckungsgrad A bei der BASF SE?

$$\text{Deckungsgrad A} = \frac{27.789 \text{ Mio. €}}{18.254 \text{ Mio. €}} \cdot 100\,\% = 152{,}24\,\%$$

Hier sieht man, dass bei der BASF SE 152,24 % des Anlagevermögens durch Eigenkapital gedeckt sind. Das ist ein sehr guter Wert.

Deckungsgrad B

$$\text{Deckungsgrad B} = \frac{\text{Eigenkapital} + \text{langfristiges Fremdkapital}}{\text{Anlagevermögen}} \cdot 100\,\%$$

Bei dieser Kennzahl wird noch das Eigenkapital durch langfristiges Fremdkapital ergänzt. Dieses Kennzahl fragt also: Wie viel Prozent des Anlagevermögens sind durch Eigenkapital und langfristiges Fremdkapital gedeckt? Auch diese Kennzahl sollte größer als 100 % sein.

Beispiel
Mal sehen, ob BASF hier das empfohlene Ergebnis von mehr als 100 % erreicht:

$$\text{Deckungsgrad B} = \frac{27.789 \text{ Mio. €} + 21.790 \text{ Mio. €}}{18.254 \text{ Mio. €}} \cdot 100\,\% = 271{,}61\,\%.$$

Ja, BASF erreicht die empfohlene Grenze: Eigenkapital und langfristiges Fremdkapital decken das Anlagevermögen zu 271,61 %.

Deckungsgrad C

$$\text{Deckungsgrad C} = \frac{\text{Eigenkapital} + \text{langfristiges Fremdkapital}}{\text{Anlagevermögen} + \text{langfristig gebundenes Umlaufvermögen}} \cdot 100\,\%$$

Der Deckungsgrad C berücksichtigt mit „langfristig gebundenem Umlaufvermögen" Vermögenspositionen, die nach der „reinen Lehre" dem Umlaufvermögen zuzurechnen sind. Das hat unter bestimmten Umständen seine Berechtigung: So zieht man also auch die Deckung von werthaltigen Vorräten, die eventuell nicht so schnell in Barmittel umgewandelt werden können, in die Langfristliquiditätsanalyse ein, obwohl sie im Umlaufvermögen gelistet sind. Bilanzen können langfristige Teile des Umlaufvermögens, wie Bau langfristiger Produktionsanlagen oder Errichtung von Gebäuden, ausweisen. Sie hier zu berücksichtigen, ist dann gerechtfertigt, wenn – was üblich ist – deren Finanzierung gesondert vertraglich langfristig abgesichert ist, also zumindest so langfristig, bis diese Teile des Umlaufvermögens vom Unternehmen bezahlt werden. Hat ein externer Betrachter nur die Informationen des Geschäftsberichts zur Verfügung, werden als langfristig gebundenes Umlaufvermögen in der Regel die Vorräte genommen. Denn ohne Vorratshaltung kann ein Unternehmen nicht produzieren. Der Deckungsgrad C sollte auch mehr als 100 % betragen.

Beispiel

$$\text{Deckungsgrad C} = \frac{27.789 \text{ Mio. €} + 21.790 \text{ Mio. €}}{18.254 \text{ Mio. €} + 9.592 \text{ Mio. €}} \cdot 100\,\% = 178{,}05\,\%$$

Bei der BASF SE ist der Deckungsgrad C also höchstens 178,05 %. Er könnte niedriger sein, wenn das langfristig gebundene Umlaufvermögen noch weitere Bestandteile als die Vorräte enthält.

> **Auf den Punkt gebracht:** Für die langfristige Liquiditätsanalyse stehen die Kennzahlen Deckungsgrad A, B und C zur Verfügung. Sie messen, inwieweit die langfristigen Vermögenswerte mit langfristigem Kapital finanziert werden. Alle Deckungsgrade sollten für ein finanziell gesundes Unternehmen mehr als 100 % betragen.

4.1.5 Renditekennzahlen

Die drei Renditekennzahlen, die wir nun besprechen werden, sind die am häufigsten verwendeten Kennzahlen. Mit Hilfe dieser Kennzahlen lässt sich messen, wie effizient das Gesamtvermögen, die Aktiva eines Unternehmens, genutzt werden. Für alle der folgenden drei Kennzahlen ist ein möglichst hoher Wert wünschenswert.

4.1.5.1 Umsatzrendite

$$\text{Umsatzrendite} = \frac{\text{Jahresüberschuss}}{\text{Umsatz}} \cdot 100\,\%$$

Die Umsatzrendite misst den Gewinn im Vergleich zum Umsatz. Manchmal wird sie auch als Gewinnmarge oder Gewinnspanne bezeichnet.

Diese Kennzahl gibt an, wie viel Gewinn pro Euro Umsatz generiert werden konnte. Eine relativ hohe Gewinnspanne ist natürlich wünschenswert. Die Größe der Gewinnspanne ist für verschiedene Industrien unterschiedlich. Die Pharmaindustrie erzielt beispielsweise Gewinnspannen von ca. 18 %, während Supermarktketten eher geringe Gewinnspannen von ca. 2 % aufweisen. Im Durchschnitt erreichten die deutschen DAX-Unternehmen im Jahr 2008 eine Umsatzrendite von 5,8 %.

Beispiel
Werfen wir einen Blick auf die Umsatzrendite der BASF SE im Jahr 2013. Die Informationen entnehmen Sie der GuV:

$$\text{Umsatzrendite} = \frac{5.173 \text{ Mio. €}}{73.973 \text{ Mio. €}} \cdot 100\,\% = 6{,}99\,\%.$$

Für jeden Euro Umsatz generiert BASF also gut 7 Cent Gewinn bzw. genauer gesagt Jahresüberschuss.

4.1.5.2 Gesamtkapitalrendite

$$\text{Gesamtkapitalrendite} = \frac{\text{Jahresüberschuss}}{\text{Gesamtkapital}} \cdot 100\,\%$$

Diese Kennzahl drückt aus, wie hoch der Gewinn gemessen an dem Vermögen ist, das als Unternehmensvermögen an der Gewinnerzielung arbeitet. Im Englischen wird die Gesamtkapitalrendite auch als ROA = Return on Assets bezeichnet. Aus dem Ergebnis dieser Bezugsgröße lässt sich auch aussagen, in welcher Zeit, bei gleichbleibenden Gegebenheiten, der Wert des eingesetzten Vermögens in Form von Gewinn wieder zurückgeflossen ist.

Angenommen, die Gesamtkapitalrendite betrüge über die Jahre durchschnittlich 10 %, so bedeutet das gleichzeitig, dass das eingesetzte arbeitende Vermögen nach zehn Jahren als Gewinn wieder zurückgeflossen wäre.

4.1 · Finanzkennzahlen

Beispiel

Werfen wir wieder einen Blick auf die BASF SE:

$$\text{Gesamtkapitalrendite} = \frac{5.173 \text{ Mio. €}}{64.382 \text{ Mio. €}} \cdot 100\,\% = 8{,}03\,\%.$$

Jeder Euro des Gesamtvermögens generiert also einen Gewinn von 0,0803 Euro und es würde bei gleichbleibendem Ergebnis rund 12,4 Jahre dauern, bis das Gesamtvermögen aus Gewinnen wieder zurück geflossen wäre.

4.1.5.3 Eigenkapitalrendite

$$\text{Eigenkapitalrendite} = \frac{\text{Jahresüberschuss}}{\text{Eigenkapital}} \cdot 100\,\%$$

Diese Kennzahl setzt nun den Gewinn eines Unternehmens mit dem Eigenkapital ins Verhältnis. Der englische Begriff lautet ROE = Return on Equity. Die Eigenkapitalrendite ist die wichtigste Kennzahl für die Eigenkapitalinhaber. Das eingesetzte Kapital unterliegt dem unternehmerischen Risiko, d. h. es droht grundsätzlich Totalverlust. Die Investitionsabsicht besteht aber darin, Chancen der Kapitalmehrung über Gewinn zu erzielen, die über dem sicheren Bankzins liegen – das Verlustrisiko ist die unliebsame Begleiterscheinung und es gilt der Erfahrungsgrundsatz: Je höher die Gewinnchance gemessen am Einsatz, umso größer das Verlustrisiko. Der gierige Griff von jedermann nach den höchsten Bankzinsen isländischer Banken – die dann in der Finanzkrise 2009 Insolvenz anmelden mussten – hat das wieder mal bestätigt.

> **Merke!**
>
> Die Eigenkapitalrendite ist definiert als Jahresüberschuss geteilt durch Eigenkapital und ist die wichtigste **Renditekennzahl** eines Unternehmens.

Zusammengefasst: Dem Kapitalanleger geht es um sicheren und, wenn möglich, gleichzeitig hohen Gewinn.

Beispiel

$$\text{Eigenkapitalrendite} = \frac{5.173 \text{ Mio. €}}{27.789 \text{ Mio. €}} \cdot 100\,\% = 18{,}61\,\%$$

1 € Eigenkapital generiert gute 18 Cent Gewinn bei BASF – kein schlechte Verzinsung, und die Aufregung über die Ziele der Deutschen Bank, 25 % Eigenkapitalrendite erzielen zu wollen, erscheint im Licht dieser Erkenntnis unverständlich.

> Auf den Punkt gebracht: Die Umsatzrendite, die Gesamtkapitalrendite und die Eigenkapitalrendite sind die wichtigsten Renditekennzahlen. Für den Eigentümer des Unternehmens ist die Eigenkapitalrendite die wichtigste Kennzahl, da sie aussagt, wie viel Zinsen sein eingesetztes Kapital erwirtschaftet hat.

4.1.6 Marktwert-Kennzahlen

Diese Kennzahlen beziehen sich auf den Marktwert eines Unternehmens. Grundlage dafür ist der Aktienkurs. Denn Aktienkurs multipliziert mit der Anzahl der umlaufenden Aktien ergibt den Marktwert, der manchmal auch Börsenkapitalisierung genannt wird. Meist ist der Aktienkurs am Ende des Geschäftsjahres im Geschäftsbericht angegeben. Wie Sie sich wahrscheinlich gerade denken, kann man diese Kennzahlen nur für Aktiengesellschaften, die an der Börse notiert sind, berechnen.

4.1.6.1 Ergebnis je Aktie

$$\text{Ergebnis je Aktie} = \frac{\text{Jahresüberschuss}}{\text{Anzahl der Aktien}}$$

Beispiel
Um diese Kennzahl ausrechnen zu können, braucht man neben dem Aktienkurs also noch die Information der sich im Umlauf befindlichen Aktien. Die BASF weist laut Geschäftsbericht ihren Aktienbestand im Schnitt mit 918.479.000 Stück Aktien aus. Der Gewinn nach Abzug des Gewinnanteils anderer Gesellschafter betrug 2013 4.842 Mio. €. Diese Informationen können Sie der ◘ Tab. 4.6 entnehmen.

$$\text{Ergebnis je Aktie} = \frac{4.842 \text{ Mio. €}}{918.479.000 \text{ Aktien}} = 5{,}27 \text{ €/Aktie}$$

Pro Aktie wurde von BASF ein Gewinn von 5,27 € generiert.
Das ist eine nette Erkenntnis – aber sie sagt uns nicht viel, wenn wir nicht wissen, wie hoch der aktuelle Kurswert der Aktie ist.

4.1 · Finanzkennzahlen

Tab. 4.6 Ergebnis je Aktie BASF SE (Quelle: BASF 2014)

		2013	2012
Jahresüberschuss nach Anteilen anderer Gesellschafter	Millionen €	4.842	4.819
Gewichteter Durchschnitt ausstehender Aktien	1.000	918.479	918.479
Ergebnis je Aktie	€	5,27	5,25

4.1.6.2 Kurs-Gewinn-Verhältnis

$$\text{Kurs-Gewinn-Verhältnis} = \frac{\text{Aktienkurs}}{\text{Ergebnis je Aktie}}$$

Ein typisches großes Unternehmen hat ein Kurs-Gewinn-Verhältnis zwischen 15 und 20. Je niedriger diese Kennzahl ist, desto attraktiver ist die Aktie am Markt. Sie gibt an, wie viel Investoren je Einheit „Ergebnis je Aktie" bezahlen müssen.

Beispiel
Hier brauchen Sie eine zusätzliche Information, und zwar den Aktienkurs. Der letzte Aktienkurs im Jahr 2013 betrug laut Geschäftsbericht der BASF SE 77,49 €. Das Ergebnis je Aktie haben Sie in der Kennzahl zuvor errechnet: 5,27 €

$$\text{Kurs-Gewinn-Verhältnis} = \frac{77{,}49\,\text{€/Aktie}}{5{,}27\,\text{€/Aktie}} = 14{,}70.$$

Diese Kennzahl bedeutet, dass ein Aktionär 14,70mal den Gewinn je Aktie zahlen müsste, um einen neue Aktie zu kaufen.

4.1.6.3 Markt-Buchwert-Verhältnis

$$\text{Markt-Buchwert-Verhältnis} = \frac{\text{Marktwert je Aktie}}{\text{Buchwert je Aktie}}$$

Diese Kennzahl ist üblicherweise größer als 1. Für die dreißig größten US-Unternehmen liegt diese Kennzahl beispielsweise bei 1,7. Diese Kennzahl setzte den Marktwert der Aktie, sprich den Aktienkurs, mit dem sie an der Börse gehandelt wird, mit dem Buchwert der Aktie gleich.

Den Buchwert einer Aktie ist der Buchwert des Eigenkapitals bezogen auf eine Aktie und berechnet sich folgendermaßen:

$$\text{Buchwert je Aktie} = \frac{\text{Eigenkaptial}}{\text{Anzahl der Aktien}}.$$

Beispiel

Wie steht es mit dem Markt-Buchwert-Verhältnis der BASF SE? Zunächst bestimmen wir den Buchwert je Aktie. Die Informationen hierfür haben wir uns bereits für die anderen Kennzahlen rausgesucht.

$$\text{Buchwert je Aktie} = \frac{27.789 \text{ Mio. €}}{918.479.000} = 30{,}25 \text{ €}$$

$$\text{Markt-Buchwert-Verhältnis} = \frac{77{,}49 \text{ €}}{30{,}25 \text{ €}} = 2{,}56$$

Da der Buchwert der Aktien quasi die historischen Anschaffungskosten darstellt, kann man sagen, dass die Aktie der BASF SE 2,56mal diese Kosten heute am Markt wert ist.

> **Auf den Punkt gebracht:** Weit verbreitete Marktwert-Kennzahlen sind das Ergebnis je Aktie, das Kurs-Gewinn-Verhältnis und das Markt-Buchwert-Verhältnis. Am aussagekräftigsten ist das Kurs-Gewinn-Verhältnis. Ist der Wert kleiner als 20, dann ist die Aktie günstig bewertet.

4.2 Kennzahlenanalyse

Im vorigen Kapitel haben Sie erfahren, wie man den Jahresabschluss nutzen kann, um unterschiedliche Kennzahlen zu berechnen. Wir haben ausgeführt, dass die Fähigkeit, Kennziffern berechnen zu können, nur bedingt weiter hilft. Nun sollen Sie im Folgenden lernen, wie man sich diese Information zu Nutze machen kann: In diesem Kapitel schauen wir uns an, wie man Kennzahlen von mindestens zwei Unternehmen miteinander vergleicht, also Bezugswerte wählt, um die Kennzahlen eines Unternehmens aussagefähig zu machen. Im Englischen wird dies auch als Benchmarking bezeichnet.

Zunächst wollen wir nochmal kurz in Erinnerung rufen: *Bilanzen* spiegln das Unternehmensvermögen und dessen Finanzierung an einem Stichtag, die *GuV* den wirtschaftlichen Prozess zwischen zwei Bilanzen, also im Zeitablauf, wider. *Kennzahlen* setzen relevante Werte zueinander in Bezug, um aus Vergleichen Schlussfolgerungen ziehen und Maßnahmen ableiten zu können. Wir haben gelernt, dass angesichts der unendlichen Möglichkeiten, Bezüge herzustellen und Kennzahlen zu produzieren, solche überflüssig sind, die außer einem „Aha-Effekt" nichts bewirken.

Die Aussagen von Bilanz, GuV und Kennzahlen können von verschiedensten Interessierten genutzt werden, um sich nach Bedarf zu informieren.

Neuerdings finden Sie unter ▶ www.unternehmensregister.de einen kostenlosen Zugang, um sich die Bilanzen und gegebenenfalls auch die GuV jeder deutschen Kapitalgesellschaft ab einer gewissen Mindestgröße anzuschauen und zum persönlichen Vergnügen zu analysieren[1].

4.2.1 Interner Gebrauch

Den größten Nutzen aus Bilanz- und GuV-Analysen hat das Unternehmen, das sich selbst analysiert. Dafür gibt es wesentliche Gründe. Das Unternehmen kennt die organisatorischen Hintergründe und besondere Einflussfaktoren, die Außenstehende den veröffentlichten Unterlagen normalerweise nicht entnehmen können. Zusammenlegungen von Abteilungen, Veränderung von Zuständigkeiten, Umsetzung von Personal – also Veränderungen in der Kosten- (besser Leistungs-)Struktur – sind von außen nicht ersichtlich. (Das Wissen um die vollzogenen organisatorischen Veränderungen und die damit einhergehenden Leistungs- und Kostenzuordnungen können aber intern genutzt werden. Dadurch können intern Effekte der Veränderungen im zeitlichen Vergleich ermittelt werden.) Noch wichtiger jedoch – ebenfalls im Regelfall nur durch weitergehenden Einblick hinter die Kulissen der Veröffentlichungen – ist die Möglichkeit, die betriebswirtschaftlichen Auswirkungen von Änderungen der Organisationsstruktur zu beurteilen.

In der Regel betrachtet man in der internen Kennzahlenanalyse den zeitlichen Verlauf von bestimmten Kennzahlen.

Die Felder internen Gebrauchs sind vielfältig: Abschätzung von Kapitalflüssen, Einschätzung zukünftiger Geschäftsentwicklung und Aussagen über notwendige betriebswirtschaftliche Maßnahmen. Wenn beispielsweise der zeitliche Vergleich der Kapazitätsauslastung einer Anlage , die heute bereits 85 % beträgt, eine Zunahme von jährlich 5 Prozentpunkten erkennen lässt, der Vertrieb die positive Entwicklung auch für die Folgejahre prognostiziert und die Errichtung einer zweiten Anlage zwei Jahre Vorlauf benötigt, dann ist es Zeit, sich Gedanken über Raumverhältnisse und Finanzierung zu machen und über die Investition zu entscheiden.

---

1 Tipp: Wählen Sie zur Übung ein kleineres Unternehmen. Konzerne – zumal international und in verschiedenen Branchen tätig – sind aus haftungs- oder historischen Gründen (Firmenzukäufe) meist rechtlich verschachtelt, was die Suche in diesem Register zu Übungszwecken unnötig erschwert.

Für Kennzahlen und deren sinnvollen Einsatz gibt es innerbetrieblich kaum Grenzen, wobei immer gilt: Der Wert einer Kennziffer hängt von der Präzision und Intelligenz der Frage ab, die sie beantworten soll, und der Fähigkeit, die Erkenntnisse aus verschiedenen Kennziffern zu einem aussagestarken Gesamtbild zu verbinden.

4.2.2 Externer Gebrauch

Wer immer als außenstehender Stakeholder – Sie wissen noch, wer dazu gehört? – Interesse an der Situation und Entwicklung eines Unternehmens hat und zur Beurteilung Kennzahlen heranziehen will, ist auf die veröffentlichten Daten angewiesen, deren Mindestmaß für Kapitalgesellschaften in Deutschland vorgeschrieben ist. Die Aussagestärke internen Gebrauchs von Kennzahlen, um die wirtschaftliche Entwicklung des Unternehmens auch in Teilaspekten effektiv zu analysieren, ist Außenstehenden nicht ohne weitere Zusatzinformationen möglich.

Wenn Sie ein interessiertes Ohr und Auge dafür haben, wird Ihnen aufgefallen sein, dass in den einschlägigen Wirtschaftsmedien oft Unternehmensmeldungen auftauchen, die außerhalb des hier besprochenen Zahlenwerkes stehen. Das sind nicht zuletzt seitens der Unternehmen selbst platzierte oder durch Indiskretion bekannt gewordene Informationen, die letztlich Einfluss nehmen sollen auf die Interpretation und Deutung von Kennziffern. Denn – wir wiederholen uns – die Kennziffer alleine ist meist nichtssagend. Ein zusätzliches „Licht" von außen kann die Deutung sehr wohl beeinflussen.

Das Interesse verschiedener Stakeholder ist naturgemäß unterschiedlich. Die Gruppe der durch Finanzierung der Geschäftsabläufe verbundenen Partner ist im Normalfall die größte Gruppe mit dem intensivsten Interesse. Dazu gehören die Eigner (Aktionäre bzw. Gesellschafter) und die „berufsmäßigen Kreditgeber", also Banken und Lieferanten. Gläubiger, also die Kreditgeber eines Unternehmens, interessieren sich beispielsweise vermutlich zunächst dafür, ob ein Unternehmen viele Schulden hat. Sie werden Kennziffern wie Verschuldungsgrad und Eigenkapitalquote für ihr Urteil heranziehen, und zwar als absolute Größe und in der Entwicklung gegenüber den Vorjahren. Dabei geht es um die Beurteilung des Ausfallrisikos, aber auch darum, bei Kreditverlängerung, Umschuldung oder Neuvergabe die Höhe der Zinsen entsprechend der Risikoeinschätzung festzulegen.

Lieferanten als „Kurzzeit-Kreditgeber" haben ein gleichlaufendes Interesse. Sie interessieren sich beispielsweise für die ausstehenden Verbindlichkeiten eines Unternehmens und seine Zahlungsgepflogenheiten. Die Kennzahl, die hier Antwort gibt, haben wir oben bereits kennengelernt: Lieferantenkreditdauer.

Auch die Kunden eines Unternehmens könnten sich für die Kennzahlen und wirtschaftliche Leistung eines Unternehmens interessieren. Ist das Unternehmen gesund oder steht es kurz vor dem Bankrott? Das ist insbesondere dann interessant, wenn der

4.2 · Kennzahlenanalyse

Kunde wartungsintensive Anlagen kaufen will oder Software zu beziehen beabsichtigt bzw. bereits im Einsatz hat.

Stellen Sie sich vor, ein Unternehmen lässt sich von einem kleinen, aber „genialen" Software-Anbieter seine Software zur Fertigungssteuerung und Auftragsabwicklung programmieren. Derartige Verträge sind immer von einem Wartungsvertrag begleitet, denn Unternehmensveränderungen – Einbindung neuer Fertigungsprozesse, geänderte Entlohnungssysteme für Mitarbeiter im Außendienst, Berücksichtigung gesetzlicher Änderungen – werden kontinuierlich stattfinden. Das Unternehmen ist zwingend auf zeitnahen Service und Funktionieren der Software angewiesen. Wenn dieses kleinere Softwareunternehmen Insolvenz anmeldet, oft schon, wenn der eingearbeitete Servicemitarbeiter ausfällt, können irreparable Schäden bis hin zu Auswirkungen für den Unternehmensbestand die Folge sein. Ein anderes Beispiel: Der Kunde bezieht Anlagen, deren Entwicklungs-, Konstruktions- und Fertigungszeit über einen langen Zeitraum abgewickelt werden müssen – z. B. Errichtung einer maßgeschneiderten Produktionsanlage. Anzahlungen und Zwischenzahlungen sind zu leisten, bevor die Anlage produktionsfertig installiert ist. Was ist, wenn der Lieferant in Konkurs geht?

Eine besondere Gruppe der Interessierten bilden die Eigentümer – sei es in Form von Gesellschaftern, sei es in Form von Aktionären. Ihr Interesse ist naheliegend und lässt sich wie folgt artikulieren: Ist mein Investment langfristig sicher, wie hoch ist die aktuelle Rendite und welche Geschäftsentwicklung ist in der Zukunft zu erwarten? Wie wird die Kursentwicklung der Aktie sein?

Aktionäre und institutionelle Investoren (Versicherungsgesellschaften, Fondsgesellschaften, Banken etc.) sind entscheidend darauf angewiesen sind, ihre Gelder sowohl sicher als auch hoch rentierlich auf dem Geld- und Kapitalmarkt anzulegen. Um sie in ihrer Anlageentscheidung zu unterstützen, hat sich eine Berufsgruppe herausgebildet, die im Ihnen sicherlich bekannten öffentlichen Sprachgebrauch „Analysten" genannt werden. Analysten bilden quasi einen eigenen Berufsstand. Es handelt sich um Spezialisten, wenn es darum geht, Unternehmen – meist große börsennotierte Aktiengesellschaften – hinsichtlich Zustand und Erwartung zu „sezieren". Sie ziehen Schlussfolgerungen aus den Unternehmensdaten im politischen und weltwirtschaftlichen Gesamtumfeld, sprechen Bewertungen aus und geben Empfehlungen. Professionelle Analysten arbeiten insbesondere in den entsprechenden Abteilungen von Großbanken, insbesondere Investmentbanken, und in Ratingagenturen. Deren Kernaufgabe besteht darin, Verhalten und Entwicklungschancen von Unternehmungen bis hin zum Finanzgebaren von Staaten zu analysieren und in ihrer Kreditwürdigkeit zu bewerten. Bei Aktien lauten die Empfehlungen meist „Kaufen", „Halten" oder „Verkaufen". Ratingagenturen beurteilen das Risiko von Fremdkapital und verwenden dazu unterschiedliche Kombinationen von A, B und C. Die höchste Bewertung ist das „Triple A" also AAA. Es wurde 2014 von Standard & Poor's z. B. an die Schweiz und Deutschland vergeben. Die USA werden von Standard & Poor's derzeit nicht mehr mit

AAA, sondern mit AA+ eingestuft. Irland hat das Rating A-.[2] Abnehmende „As" zugunsten der Buchstaben B oder gar C entsprechen minderen Kreditwürdigkeitsstufen. BASF, unser Beispiel, wurde 2013 von der Ratingagentur Standard & Poor's mit A+ eingestuft. Es ist naheliegend zu vermuten, dass die Analysten der Ratingagenturen wesentlich weitergehende Analyse- und Bewertungs-Kennziffernsysteme entwickelt haben als die oben erwähnten.

Ein weiteres Anwendungsfeld für Kennzahlen entsteht auch immer im Fall einer Fusion oder Übernahme. Vor der im Jahr 2011 verkündeten Übernahme von Skype durch Microsoft hat Microsoft sicherlich einen Blick in den Jahresabschluss von Skype geworfen – nicht zuletzt, um einen angemessenen Preis für den Kauf des Unternehmens abschätzen zu können.

Wir haben hier nur die Nutzung von Kennzahlen von solchen Stakeholdern behandelt, die mit dem Unternehmen wirtschaftlich verbunden sind oder ein berufliches Interesse haben.

Tatsache ist, dass – oft sehr größen-, situations- und branchenabhängig, aber auch politisch determiniert – Interesse an Unternehmensdaten bestehen, die scheinbar außerhalb der geschäftlich verbundenen Interessentengruppen liegen. Das sind beispielsweise Mitbewerber, die gerne tiefe Einblicke in die Gepflogenheiten und Vorgehensweisen nähmen, um Nutzen daraus zu ziehen. Aber zum Beispiel auch Gegner von Kohlekraftwerken würden gerne hinter die Kulissen und die wirtschaftliche Potenz von Energieversorgern schauen, um die gegnerischen Argumentationsketten konterkarieren und Forderungen sachgerecht und fundiert vorbringen zu können.

Trotz allem Nutzen von Kennzahlen nochmals der Hinweis, den man nicht oft genug wiederholen kann: Kennzahlen sind für sich alleine meist nicht sonderlich hilfreich, und ihre Aussagekraft hängt entscheidend von der jeweils unterlegten Fragestellung ab. Man braucht vernünftige Bezugspunkte und Referenzgrößen, um eine aussagekräftige Bewertung vornehmen zu können.

Eine der naheliegenden Referenzgrößen sind Firmen mit hoher Ähnlichkeit in möglichst vielen Eigenschaften und Aspekten wie Branche, Umsatz, Rechtsform. Dieses Vergleichen bzw. Gegenüberstellen von Firmen ist auch unter dem Begriff Benchmarking bekannt. Benchmarking betreibt ein Unternehmen, um den eigenen Standort im Wettbewerbsfeld zu bestimmen und aus dem Vergleich mit anderen eigene Stärken und Schwächen zu erkennen.

Eine entscheidend wichtige Frage ist die, wie ein Unternehmen ein oder gar mehrere vergleichbare Konkurrenten findet, an denen es einen „Benchmarking-Vergleich" vornehmen kann.

Die folgenden zwei Analysemethoden sollen dabei weiterhelfen:

---

2 ▶ www.boersenzeitung.de (2014).

4.2.3 Zeit-Trend-Analyse

Referenzgrößen, die man für eine Analyse verwenden kann, ist der historische Verlauf der unterschiedlichen Kennzahlen. Wie oben öfters erwähnt, geben unterschiedliche Kennzahlen über mehrere Perioden betrachtet einen besseren Aufschluss über Entwicklungen als dieselbe Kennzahl isoliert für eine Periode. Man stellt also die Entwicklung einer Kennzahl für eine bestimmte Zeit dar, sinnvollerweise in einer Graphik. Beispielsweise sagt die Investitionsdeckung eines Unternehmens nur in der Zeitbetrachtung etwas aus. Dennoch ist auch den Aussagen einer Zeit-Trend Analyse mit Vorsicht zu begegnen, wenn außerordentliche Ereignisse oder organisatorische Zuordnungen, die sich in Kostenstellenverschiebungen niederschlagen, nicht berücksichtigt werden.

Dennoch ist die Zeit-Trend-Analyse ein hervorragendes Mittel, die wirtschaftliche Leistungsfähigkeit eines Unternehmens über die Zeit sichtbar zu machen – in der Gesamtheit, aber auch in Teilaspekten. Gebrauch findet diese Analyse meist intern. Aber auch ein Trendvergleich mit anderen, externen Unternehmen ist denkbar, wobei noch einmal darauf hingewiesen sei: Extern zur Verfügung stehende Daten gewähren meist nur den Einblick, den ein Unternehmen gewähren muss, weil es der Gesetzgeber vorschreibt. Interne Analysen, die auf das gesamte, feiner gegliederte Zahlenmaterial zurückgreifen, sind natürlich immer aussagestärker.

4.2.4 Wettbewerberanalyse

Die Analyse Gleichrangiger oder das Messen mit einer Bezugsgruppe wird als Wettbewerberanalyse oder auch manchmal Peer-Group-Analyse genannt. Sie ist ein weiterer Weg, die Leistungsfähigkeit eines Unternehmens zu messen. Wie der Name bereits erahnen lässt, werden Unternehmen verglichen, die sich ähneln: also Unternehmen, die das gleiche Produkt herstellen, in den gleichen Märkten tätig oder der gleichen Branche zuzurechnen sind. Die Unternehmensgröße spielt ebenfalls eine Rolle, denn es ist nicht sehr aussagestark, wenn man den kleinen Hersteller von Farben um die Ecke mit der BASF vergleicht, weil beide der Branche Chemie zugerechnet werden.

Je homogener die Vergleichsgruppe ist, umso aussagestärker sind die Ergebnisse einer Wettbewerberanalyse.

Nun stellt sich natürlich die Frage, wie man ein Unternehmen oder mehrere passende Wettbewerber findet. Woher weiß man, ob die Unternehmen wirklich vergleichbar sind?

Eine bekannte Möglichkeit, solche Unternehmen zu identifizieren ist, sich die sogenannte „Standard Industrial Classification" (SIC) zunutze zu machen. Diese Klassifikation wird in den USA und in Großbritannien verwendet. In der Europäischen Union wird diese Industrieklassifikation „Nomenclature générale des activités économiques dans les Communautés Européennes", kurz NACE, genannt. Dieses System klassifiziert verschiedene Gruppen der Industrie mit Hilfe vierstelliger Zahlen. Seit 2008 sind die Codes von SIC und NACE identisch. Insgesamt gibt es 21 Industriegruppen.

Die erste Ziffer gibt beispielsweise den allgemeinen Sektor an, in der sich ein Unternehmen befindet. Das könnte zum Beispiel die Gruppe „Finanzen, Versicherungen und Immobilien" sein. Mit jeder weiteren Ziffer wird die Gruppe dann näher eingegrenzt.

Natürlich ist diese Klassifikation nicht das Maß der Dinge. Auch diese ist mit Vorsicht zu genießen, wenn man nach einem Wettbewerber sucht. Kritisch wird es beispielsweise bei Unternehmen, die in vielen verschiedenen Bereichen tätig sind, die verschachtelte Firmenkonstruktionen aufweisen oder wenn der Kernleistungsbereich des zu vergleichenden Unternehmens einen hohen Spezialisierungsgrad aufweist. Dies ist eine Eigenschaft, die den Wettbewerbsvorteil ausmacht und die Vergleichbarkeit im Wettbewerb erschwert. Das gilt insbesondere im Mittelstandsbereich.

Eine andere Möglichkeit, die auch häufig verwendet wird, ist einfach einen Durchschnitt der Kennzahlen der größten Wettbewerber eines Unternehmens zu bilden und das eigene Unternehmen mit diesem Durchschnitt zu vergleichen.

Beispiel

Die folgende Tabelle zeigt eine Wettbewerberanalyse, die bei Yahoo Finance für jede Aktie standardmäßig veröffentlicht wird (zumindest für die großen US-amerikanischen). Dargestellt sind die Kennzahlen für General Motors, Ford und Toyota, allesamt führende Unternehmen in der Automobilbranche. Die meisten der in der Tabelle aufgeführten Kennzahlen sollten Ihnen bekannt vorkommen – wir haben sie in ▶ Abschn. 4.1 besprochen.

Vorweg ist zu bemerken, dass absolute finanzielle Zahlen für einen Unternehmensvergleich unbrauchbar sind, da sie von der Unternehmensgröße abhängen und logischerweise tendenziell desto höher sind, je größer das Unternehmen ist. In der Tabelle. 4.7 sind das die Marktkapitalisierung, die Anzahl der Angestellten, der Umsatz, das EBITDA und der Jahresüberschuss. Der Gewinn je Aktie EPS ist zwar eine Verhältniszahl, kann aber auch nicht verglichen werden, da ein Unternehmen seine Anzahl der umlaufenden Aktien selbst festlegen kann. Da beim Gewinn je Aktie durch die Anzahl der Aktien geteilt wird, ist der Wert entscheidend von der Anzahl der ausgegebenen Aktien abhängig.

Wenden wir uns nun den Kennzahlen zu, die vergleichbar sind.

Das Umsatzwachstum ist für Toyota mit 4 % am höchsten. Bei Ford ist der Umsatz sogar um 2 % gefallen, was sicherlich kein gutes Zeichen ist.

Die Bruttoertrags-Marge haben wir zwar im ▶ Abschn. 4.1 nicht behandelt, aber sie wird analog zur Umsatzrendite berechnet, die ja auch Umsatzmarge genannt wird und als Jahresüberschuss geteilt durch Umsatz definiert wurde. Folglich wird die Bruttoertrags-Marge als Quotient zwischen Bruttoertrag und Umsatz ermittelt. Toyota Motor Co. hat auch hier mit 19 % die Nase vorn.

4.2 · Kennzahlenanalyse

Tab. 4.7 Beispiel Wettbewerberanalyse (Quelle: Yahoo Finance Deutschland 2014, Stand: 20.12.2014)

	General Motors Co.	Ford Motor Co.	Toyota Motor Co.
Marktkapitalisierung	52,72 Mrd.	57,85 Mrd.	201,49 Mrd.
Angestellte	219.000	181.000	338.880
Quartals-Umsatzwachstum	0,01	−0,02	0,04
Umsatz	156,80 Mrd.	145,78 Mrd.	218,67 Mrd.
Bruttoertrags-Marge	0,09	0,12	0,19
EBITDA	8,08 Mrd.	10,46 Mrd.	30,94 Mrd.
Operative Marge	0,01	0,03	0,09
Jahresüberschuss	2,61 Mrd.	6,17 Mrd.	16,33 Mrd.
EPS	1,56	1,53	10,31
KGV	21,09	9,83	12,32

Die operative Marge wird ausgerechnet als Bruttogewinn geteilt durch Umsatz. Auch hier ist Toyota mit 9 % Spitzenreiter.

Lediglich beim Kurs-Gewinn-Verhältnis ist Toyota nicht am attraktivsten. Denn je geringer das Kurs-Gewinn-Verhältnis ist, desto attraktiver ist die Aktie. Hier hat Ford mit 9,83 den niedrigsten Wert und ist somit am günstigsten bewertet. Ein Anleger muss 9,83 $ ausgeben, um 1 $ Gewinn zu erhalten.

Wenn man von den vergleichbaren Kennzahlen aus ◘ Tab. 4.7 ausgeht, ist sicherlich Toyota das finanziell attraktivste Unternehmen. Allerdings verheißt Ford auf Grund des günstigen Kurs-Gewinn-Verhältnisses eine attraktive Kapitalanlage – gesetzt den Fall, dass sich das Unternehmen von seiner Umsatzschwäche erholt. Aber wer weiß das schon? Für konservative Anleger ist Toyota als das weltweit größte Automobilunternehmen sicherlich die bessere Wahl. In General Motors sollte ein Anleger hingegen nicht investieren. Die Kennzahlen sind schlechter als bei Toyota und das Kurs-Gewinn-Verhältnis ist ungleich höher. Oder würden Sie einen Sportwagen kaufen, der weniger PS hat, langsamer fährt und dazu noch mehr kostet als sein Konkurrent?

Eine Bemerkung noch zum Schluss: Zahlen lassen Rückschlüsse zu, gestatten berechtigte Interpretationen, können vergleichen – weiche Faktoren wie Humankapital oder effiziente Organisationsstruktur, die nicht in Zahlen erfassten und oft entscheidenden Ressourcen erfolgreicher kleinerer und mittelständischer Unternehmen, lassen die Grenzen einer Kennzahlenanalyse erkennen.

4.2.5 Potentielle Probleme

Trotz vieler Techniken zur Berechnung von Kennzahlen oder Methoden für aussagkräftiges Benchmarking gibt es dennoch Probleme, auf die man hinweisen sollte:

- Benchmarking erfährt Grenzen, sobald die Unternehmen, die verglichen werden, in mehreren Industriefeldern tätig sind.
- Ein Vergleich zwischen Unternehmen, die über Landesgrenzen hinausgehen, ist schwierig, da unterschiedliche Buchführungsstandards und Regularien zu unterschiedlichen Kennzahlen führen.
- Manche Unternehmen haben ein Finanzjahr, das vom Kalenderjahr abweicht, was zusätzlich den Vergleich erschwert.
- Es gibt immer Ausnahmesituation oder Einmal-Ereignisse wie beispielsweise eine Fußballweltmeisterschaft oder den Kauf eines Unternehmens, was zu Kennzahlen führt, die nicht zwingend repräsentativ sind.

4.3 Lern-Kontrolle

Kurz und bündig

Die Kennzahlenanalyse ist ein wichtiges Instrument, um ein Unternehmen betriebswirtschaftlich zu beurteilen oder mehrere Unternehmen miteinander zu vergleichen. Es gibt verschiedene Kennzahlen, die in Investitions-, Finanzierungs-, kurzfristige und langfristige Liquiditäts-, Rendite- sowie Marktwertkennzahlen unterteilt werden können.

Die wichtigsten Investitionskennzahlen sind die Anlage- und Umlaufintensität, die Investitionsquote, die Investitionsdeckung, die Anlagennutzung, die Vorratshaltung sowie die Laufzeit der Forderungen. Mit diesen Kennzahlen wird die Vermögensseite der Bilanz analysiert.

Zu den Finanzierungskennzahlen gehören die Eigen- und Fremdkapitalquote, der Verschuldungsgrad sowie die Lieferantenkreditdauer. Diese Kennzahlen dienen dazu, die Finanzierungsseite der Bilanz zu untersuchen.

Mit den Liquiditätskennzahlen stellt man fest, ob die kurzfristigen Verbindlichkeiten durch kurzfristige Vermögenswerte gedeckt sind bzw. ob die langfristigen Vermögenswerte ausreichend durch langfristiges Kapital finanziert sind. Die kurzfristigen Liquiditätskennzahlen sind die Liquidität ersten, zweiten und dritten Grades. Zu den langfristigen Liquiditätskennzahlen gehören der Deckungsgrad A, B und C.

Die Renditekennzahlen sind die wichtigsten Kennzahlen, um ein Unternehmen zu beurteilen, da sie über die finanzielle Attraktivität des Unternehmens Auskunft geben. Weit verbreitet sind die Umsatzrendite, die Gesamtkapitalrendite und die Eigenkapitalrendite.

4.3 · Lern-Kontrolle

Schließlich gibt es Marktwert-Kennzahlen wie der Gewinn je Aktie, das Kurs-Gewinn-Verhältnis und das Markt-Buchwert-Verhältnis. Die beiden letzten Kennzahlen dienen der Beurteilung, ob das Unternehmen im Verhältnis zum Aktienkurs günstig bewertet ist.

Es gibt zwei Methoden der Kennzahlenanalyse. Bei der Zeit-Trend-Analyse wird die Entwicklung bestimmter Kennzahlen im Zeitverlauf beobachtet. Bei der Wettbewerberanalyse werden die Kennzahlen von Unternehmen in der gleichen Branche miteinander verglichen.

❓ Let's check

1. Das Beispiel BASF weiter oben stellt für 2013 eine Investitionsquote von 13,18 % fest. Was lässt sich daraus schlussfolgern?
   - ☐ Die BASF zeigt ein optimistisches Investitionsverhalten und signalisiert hiermit besonderes Vertrauen in die Zukunft.
   - ☐ Die BASF zeigt ein schwaches Investitionsverhalten, und Aktionäre machen sich berechtigte Sorgen um die Entwicklung der kommenden Jahre.
   - ☐ Ohne weitere Bezüge (z. B. den Vergleich mit den drei vorangehenden Geschäftsjahren) sagt die Höhe der Investitionsquote eines Jahres allein nichts aus.
   - ☐ 13,18 % ist mehr als 11 % und damit ausreichend.

2. Ist ein zunehmender Umsatz zwingend ein Indiz für einen zunehmenden Nutzungsgrad der Anlagen und somit für einen prosperierenden Geschäftsverlauf?
   - ☐ Ja, zwingend!
   - ☐ Nein, die Entwicklung des Handelswarenanteils am Umsatz muss berücksichtigt werden.
   - ☐ Nein, die Entwicklung der Lagerbestände der produzierten Waren muss in die Betrachtung einbezogen werden.
   - ☐ Nutzungsgrad von Anlagen und Umsatz haben bei einem Unternehmen, das ausschließlich selbstproduzierte Ware verkauft und die Preise nicht verändert, einen mengenmäßigen Zusammenhang. Der Zusammenhang kann jedoch zeitlich verschoben sein, so dass ein höherer Umsatz nach einigen Monaten eine höhere Auslastung nach sich zieht oder umgekehrt (je nachdem, ob Lagerbestände auf- oder abgebaut werden).

3. In den Ausführungen oben wird empfohlen, die Eigenkapitalquote nicht unter 30 % sinken zu lassen. Wie groß ist der Verschuldungskoeffizient bei einer Eigenkapitalquote von 30 %?
   - ☐ 200 %, wie als Grenzwert empfohlen,
   - ☐ Gut 233 %,
   - ☐ Knapp 43 %,
   - ☐ Genau 30 %.

4. Kreuzen Sie die richtigen Aussagen an.
   - ☐ Die Wettbewerberanalyse dient dem externen Unternehmensvergleich.
   - ☐ Wettbewerberanalyse ist ohne Benchmarking nicht sinnvoll.
   - ☐ Eine Wettbewerberanalyse erfolgt aus der Gegenüberstellung von Bilanz und GuV des eigenen Unternehmens auf der Zeitachse.
   - ☐ Die Schwierigkeit der Wettbewerberanalyse ist die mangelnde Homogenität der Wettbewerber.
5. Welche Begriffe werden falsch angewendet?
   - ☐ Benchmarking definiert die Höhe des Aktienkapitals durch die Anzahl der ausgegebenen Aktien.
   - ☐ Weiche Faktoren wie Fachwissen sind unbewertete Unternehmensressourcen.
   - ☐ Zeit-Trend-Analysen basieren auf der letzten Bilanz und dienen der Bewertung der Unternehmensentwicklung.
   - ☐ Der SIC-Code klassifiziert Produktgruppen.
6. Kreuzen Sie die richtigen Aussagen an.
   - ☐ Die Wettbewerberanalyse wird auch Peer-Group-Analyse genannt.
   - ☐ Die Wettbewerberanalyse wird auch Zeit-Trend-Analyse genannt.
   - ☐ Absolute Finanzzahlen wie Umsatz oder Jahresüberschuss können in einer Wettbewerberanalyse problemlos miteinander verglichen werden.
   - ☐ Es ist problematisch, Kennzahlen von Unternehmen aus verschiedenen Industriesektoren zu vergleichen.

❷ Vernetzende Aufgaben
1. Berechnen Sie die Umsatzrendite, die Gesamtkapitalrendite und die Eigenkapitalrendite der adidas AG im Jahr 2013. Geben Sie eine kurze Interpretation der Ergebnisse. Die dafür nötigen Informationen finden Sie in den folgenden drei Tabellen.

◘ Tab. 4.8 GuV adidas AG (Quelle: adidas Group 2014)

in Mio. €	1. Jan. bis 31. Dez. 2013	1. Jan. bis 31. Dez. 2012
Umsatzerlöse	14.492	14.883
Umsatzkosten	7.352	7.780
Bruttoergebnis	7.140	7.103
Lizenz- und Provisionserträge	104	105
Sonstige betriebliche Erträge	143	127
Sonstige betriebliche Aufwendungen	6.133	6.150

4.3 · Lern-Kontrolle

in Mio. €	1. Jan. bis 31. Dez. 2013	1. Jan. bis 31. Dez. 2012
Geschäfts- oder Firmenwert Wertminderungsaufwendungen	52	265
Betriebsergebnis	1.202	920
Finanzerträge	26	36
Finanzaufwendungen	94	105
Gewinn vor Steuern	1.134	851
Ertragssteuern	344	327
Gewinn	790	524

Tab. 4.9 Bilanz Aktiva adidas AG (Quelle: adidas Group 2014)

in Mio. €	31. Dezember 2013	31. Dezember 2012
Aktiva		
Flüssige Mittel	1.587	1.670
Kurzfristige Finanzanlagen	41	265
Forderungen aus Lieferungen und Leistungen	1.809	1.688
Sonstige kurzfristige finanzielle Vermögenswerte	183	192
Vorräte	2.634	2.486
Forderungen aus Ertragsteuern	86	76
Sonstige kurzfristige Vermögenswerte	506	489
Vermögenswerte klassifiziert als zur Veräußerung gehalten	11	11
Kurzfristige Aktiva	6.857	6.877
Sachanlagen	1.238	1.095
Geschäfts- oder Firmenwerte	1.204	1.281
Markenrechte	1.419	1.484

in Mio. €	31. Dezember 2013	31. Dezember 2012
Sonstige immaterielle Vermögenswerte	164	167
Langfristige Finanzanlagen	120	112
Sonstige langfristige finanzielle Vermögenswerte	30	21
Latente Steueransprüche	486	528
Sonstige langfristige Vermögenswerte	81	86
Langfristige Aktiva	4.742	4.774
Aktiva	11.599	11.651

Tab. 4.10 Bilanz Passiva adidas AG (Quelle: adidas Group 2014)

in Mio. €	31. Dezember 2013	31. Dezember 2012
Passiva		
Kurzfristige Finanzverbindlichkeiten	681	280
Verbindlichkeiten aus Lieferungen und Leistungen	1.825	1.790
Sonstige kurzfristige finanzielle Verbindlichkeiten	113	83
Ertragsteuern	240	275
Sonstige kurzfristige Rückstellungen	450	563
Kurzfristige abgegrenzte Schulden	1.147	1.084
Sonstige kurzfristige Verbindlichkeiten	276	299
Kurzfristige Passiva	4.732	4.374
Langfristige Finanzverbindlichkeiten	653	1.207
Sonstige langfristige finanzielle Verbindlichkeiten	22	17
Pensionen und ähnliche Verpflichtungen	255	251
Latente Steuerschulden	338	368
Sonstige langfristige Rückstellungen	25	69

4.3 · Lern-Kontrolle

in Mio. €	31. Dezember 2013	31. Dezember 2012
Langfristige abgegrenzte Schulden	64	40
Sonstige langfristige Verbindlichkeiten	29	34
Langfristige Passiva	1.386	1.986
Grundkapital	209	209
Sonstige Rücklagen	321	641
Gewinnrücklagen	4.959	4.454
Auf Anteilseigner entfallendes Kapital	5.489	5.304
Nicht beherrschende Anteile	−8	−13
Gesamtes Eigenkapital	5.481	5.291
Passiva	11.599	11.651

2. Berechnen Sie die Eigenkapitalquote, die Fremdkapitalquote und den Verschuldungsgrad der adidas AG im Jahr 2013. Geben Sie eine kurze Interpretation je Kennzahl. In welche Kategorie der Finanzkennzahlen gehören diese?
3. Erläutern Sie die Kennzahlen Liquidität ersten Grades, zweiten Grades und dritten Grades. Begründen Sie ökonomisch, warum jeweils der Zähler und der Nenner in der vorliegenden Form gewählt wurde.
4. Interpretieren Sie die Kennzahlen EBITDA und operative Marge in ◻ Tab. 4.7 und beantworten Sie insbesondere folgende Fragen:
    a. Was sagt das EBITDA aus. Welcher der drei Werte ist am attraktivsten (falls alle drei Unternehmen gleich groß wären)?
    b. Wie interpretiert man die operative Marge, beispielsweise die von General Motors? Was sagt der Wettbewerber-Vergleich über die operative Marge der Automobilunternehmen aus?
5. Jedes Unternehmen ist bestrebt, die Erfolge seines unternehmerischen Handelns zu vergleichen. Diese Vergleiche auf der Zeitachse dienen der Beantwortung der Frage, ob und in welchem Umfang die ergriffenen Maßnahmen zu den angestrebten Verbesserungen geführt haben. Sie dienen auch der Möglichkeit, sich mit anderen zu messen.
Ermitteln Sie mit Hilfe der Daten aus der Gewinn- und Verlustrechnung aus Aufgabe 1 die Umsatzrendite der adidas AG. Vergleichen Sie die Jahre 2012 und 2013.
In welchem Jahr ist diesbezüglich das bessere Ergebnis zu verbuchen? Begründen Sie Ihre Aussage.

7. Diskutieren Sie folgende Aussage: „Kennziffern sind einfach zu berechnen, aber der Wert einer Kennziffer hängt von der Präzision und Intelligenz der Frage ab, die sie beantworten soll, und der Fähigkeit, die Erkenntnisse aus verschiedenen Kennziffern zu einem aussagestarken Gesamtbild zu verbinden."

Lesen und Vertiefen

- Brealey, R. A., Myers, S. C., Allen, F. (2014). *Principles of Corporate Finance*. New York: McGraw-Hill, Kap. 28.
  Im Kap. 28 werden die wichtigsten finanzwirtschaftlichen Kennzahlen behandelt.
- Hillier, D., Ross, S. A., Westerfield, R. W., Jaffe, J., Jordan, B. D. (2013). *Corporate Finance*. London et al.: McGraw-Hill, Abschn. 3.7 und 3.9.
  Abschnitt 3.7 behandelt ausführlich die Kennzahlenanalyse. Im Abschn. 3.9 werden die Einzelheiten einer Wettbewerberanalyse besprochen.
- Perridon, L., Steiner, M., Rathgeber, A. W. (2012). *Finanzwirtschaft der Unternehmung*. München: Vahlen, Kap. E.1.
  Dieses Kapitel stellt sehr ausführlich die verschiedenen Kennzahlen in der Finanzwirtschaft dar.
- Vollmuth, H., Zwettler, R. (2008). *Kennzahlen*. München: Haufe.
  Das ganze Buch widmet sich der Kennzahlenanalyse und stellt die verschiedenen Kennzahlen ausführlich dar.
- Wöhe, G., Döring, U. (2013). *Einführung in die Allgemeine Betriebswirtschaftslehre*. München: Vahlen, Abschn. 6.B.9.3
  Abschnitt 6.B.9.3 beinhaltet die Einzelheiten der Kennzahlenanalyse.

Langfristige Finanzplanung

Thomas Schuster, Leona Rüdt von Collenberg

5.1 Eigenkapital vs. Fremdkapital – 115
5.1.1 Fremdkapital – 115
5.1.2 Eigenkapital – 116

5.2 Externe vs. interne Finanzierungsquellen – 119
5.2.1 Außenfinanzierung – 120
5.2.2 Innenfinanzierung – 121

5.3 Langfristige Finanzplanung im Unternehmen – 123
5.3.1 Vereinfachtes Verfahren der langfristigen Finanzplanung – 124
5.3.2 Langfristige Finanzplanung – 128

5.4 Finanzierung und Wachstum – 135
5.4.1 Interne Wachstumsrate – 138
5.4.2 Nachhaltige Wachstumsrate – 140

5.5 Lern-Kontrolle – 142

T. Schuster, L. Rüdt von Collenberg, *Finanzierung: Finanzberichte, -kennzahlen, -planung,*
Studienwissen kompakt, DOI 10.1007/978-3-662-46182-2_5,
© Springer-Verlag Berlin Heidelberg 2015

Kapitel 5 · Langfristige Finanzplanung

Lern-Agenda

In diesem Kapitel lernen Sie Grundzüge langfristiger Finanzplanung kennen. Zunächst sollen Sie lernen, wie sich Eigen- und Fremdkapital voneinander unterscheiden. Außerdem sollen Sie die Möglichkeiten kennenlernen, die ein Unternehmen hat, Finanzierungmittel zu beschaffen: Welche Arten der Außen- und Innenfinanzierung gibt es? Mit der langfristigen Finanzplanung lernen Sie, wie hoch der Finanzierungsbedarf bei Unternehmenswachstum ist. Schließlich sollen Sie den Zusammenhang zwischen Wachstum und notwendiger Außenfinanzierung kennen und verstehen lernen.

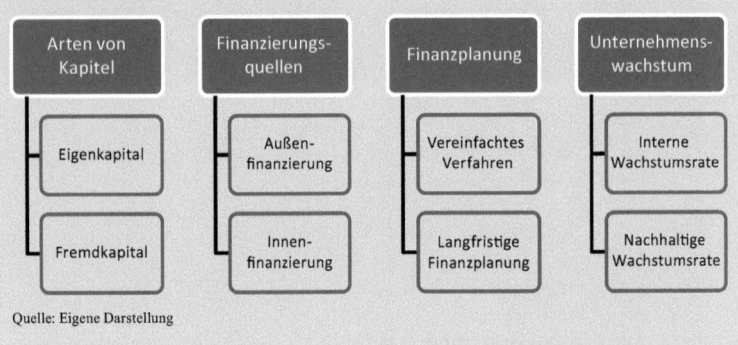

Quelle: Eigene Darstellung

Karl-Georg M., ehemaliger Student der Hochschule Bad Honnef-Bonn, erbt von seinem Onkel Ludwig K. Rose dessen Unternehmen „Rosengarten GmbH". Die Erbschaftsteuer ist erheblich und er erkennt, dass nur Umsatzausweitung und damit erheblich vergrößerte Geschäftsaktivitäten helfen werden, dem Unternehmen trotz Steuerlast eine erfolgreiche Zukunft zu sichern. Das Finanzamt und die Hausbank verlangen aber eine sachgerechte Analyse der Finanzierung seiner Expansion. Karl-Georg M. hat unterschiedliche Möglichkeiten, Wachstum zu finanzieren. Sollte er seine Expansion extern oder intern finanzieren bzw. das Fremd- oder Eigenkapital erhöhen? Er muss sein Wachstum prognostizieren und abschätzen, welche Auswirkungen dies auf sein Vermögen hat. Welche Vermögensarten wachsen, wenn der Umsatz steigt? Die Methode der langfristigen Finanzplanung kann ihm Antworten auf seine Fragen geben.

Karl-Georg M. erinnert sich an das Buch „Grundlagen der Finanzierung" aus den ersten Semestern und arbeitet das Thema „Langfristige Finanzplanung" noch einmal durch.

5.1 Eigenkapital vs. Fremdkapital

Zum Einstieg in das Thema langfristige Finanzierung wollen wir zunächst noch einmal einen genaueren Blick auf die zwei verschieden Finanzierungsmöglichkeiten, die ein Unternehmen hat, eingehen: Finanzierung durch Eigenkapital und Fremdkapital. Was ist der Unterschied zwischen diesen Kapitaltypen?

5.1.1 Fremdkapital

Fremdkapital sind Verbindlichkeiten, die nach einer bestimmten Zeit zurückgezahlt werden müssen. Im Regelfall muss bei diesen Verbindlichkeiten nicht nur die Summe, die beispielsweise per Kredit aufgenommen wurde, zurückgezahlt werden, sondern es fallen auch Zinsen an. Fremdkapital sind so gesehen die Schulden, die ein Unternehmen zum Beispiel bei der Bank hat. Fremdkapital kann auch eine Anleihe sein, die das Unternehmen am Kapitalmarkt emittiert. Kredite sind oft abgesichert, das heißt, der Kreditgeber hat dann, wenn der Kredit nicht wie vereinbart bedient wird (getilgt und verzinst), Zugriff auf eine vereinbarte Sicherheit wie den Lagerbestand oder Grundstücke. Für den Fall einer Insolvenz haben Kreditgeber also Rechte an den zur Sicherheit der Kredite überschriebenen Vermögensteilen und darüber hinaus am gesamten Vermögen des Unternehmens. Kreditgeber sind jedoch nicht Eigentümer eines Unternehmens. Sie haben also normalerweise nicht die Rechte, die Eigenkapitalinhaber haben, wie zum Beispiel Stimmrechte.

> **Merke!**
>
> **Fremdkapital** sind Verbindlichkeiten, auf die Zinsen gezahlt werden und die bei Fälligkeit zurückgezahlt werden müssen. Der Fremdkapitalgeber hat kein Stimmrecht.

5.1.1.1 Fremdkapital im Fall der Insolvenz

Im Falle einer Insolvenz werden immer zuerst der Insolvenzverwalter, die Arbeitnehmerrechte und die pfandgesicherten Kreditgeber (Gläubiger) bedient. Dann erhalten die Fremdkapitalgeber, die Kredite ohne Sicherheiten gewährt haben, ihr Geld zurück.

Sollte nach Abwicklung des Insolvenzverfahrens, das heißt nach Befriedigung aller finanziellen Ansprüche Dritter, Vermögen verblieben sein, so gehört dies den Eigentümern und bildet das verbliebene Eigenkapital. Die Erfahrung zeigt allerdings, dass meist weder alle Ansprüche Dritter voll befriedigt werden noch dass etwas für die Eigentümer verbleibt – möglicherweise haften sie für die verbliebenen Deckungslücken weiter, gegebenenfalls sogar mit ihrem künftigen Einkommen. Dies ist jedoch nur der

Fall, falls es sich um eine OHG oder eine KG handelt. Bei einer GmbH oder einer AG haftet der Eigentümer jedoch nur mit der Kapitaleinlage, wie Sie schon gelernt haben.

5.1.1.2 Arten von Verbindlichkeiten

Verbindlichkeiten – also auf Zeit gegen Zinsen von Dritten geliehenes Geld – müssen immer an einem bestimmten Fälligkeitsdatum zurückgezahlt werden.

Die gebräuchlichsten Möglichkeiten für *kleinere* Personengesellschaften und GmbHs bieten Banken durch Kreditvergabe. Kredite können Betriebsmittelkredite sein, die das laufende Geschäft gegenüber Liquiditätsengpässen absichern. Kredite werden aber im Regelfall bei der Finanzierung von Maschinen und Anlagen oder zur Errichtung von Gebäuden ausgereicht, also zur Finanzierung von Teilen des Anlagevermögens.

Im Prinzip ist die Aufnahme von Fremdkapital bei Aktiengesellschaften und anderen *großen* Unternehmen nicht anders. Große Unternehmen, zumal Aktiengesellschaften, verfügen darüber hinaus aber unter dem Oberbegriff „Verzinsliche Wertpapiere" über weitere Finanzierungsinstrumente. Werden verzinsliche Wertpapiere am Kapitalmarkt ausgeben, dann entstehen dem Unternehmen dadurch neue Verbindlichkeiten.

Am gebräuchlichsten sind Schuldverschreibungen, Anleihen und Obligationen, international auch als Bonds bezeichnet.

Es handelt sich in jedem Fall um verbriefte Ansprüche auf Verzinsung und Rückzahlung des geliehenen Betrages – bei Wandelanleihen um Anleihen, die die Möglichkeit enthalten, in Aktien umgetauscht zu werden. Verzinsliche Wertpapiere werden – ähnlich Aktien – emittiert und an Börsen gehandelt, haben also einen Börsen-Kurs, der während der Laufzeit vom garantierten Rücknahmekurs (100 %) abweichen kann.

Die Variationsbreite der Ausgestaltung ist mannigfaltig und phantasiereich. Die Zinsen können fest sein über die Laufzeit oder variabel in Abhängigkeit von Bezugsgrößen, wie z. B der Entwicklung des Geldmarktsatzes EURIBOR. Die Papiere können besichert sein oder nicht.

So unterschiedlich die Ausgabe-, Sicherungs-, Verzinsungs- und Rücknahmebedingungen sind, so unterschiedliche Bezeichnungen gibt es für Anleihen.

Je nach Laufzeit und übernommenen Wertsicherungs-Garantien werden diese Wertpapiere als lang-, mittel- oder kurzfristige Verbindlichkeiten verbucht und auf der Passivseite der Bilanz eingestellt.

Nähere Einzelheiten zu den verschiedenen Arten verzinslicher Wertpapiere können Sie in dem Lehrbuch „Finanzierung: Anleihen, Aktien, Optionen" nachlesen (Schuster und Uskova 2015).

5.1.2 Eigenkapital

Das Eigenkapital ist das Geld, das der Eigentümer seinem Unternehmen zur Verfügung stellt. Es hat einen festen und einen variablen Bestandteil. Das Eigenkapital bei

Personengesellschaften, das Stammkapital bei der GmbH oder das Grundkapital bei der AG sind feste bilanzierte Größen und in den öffentlichen Registern eingetragen und nachlesbar. Die Höhe des Eigenkapitals wird durch einbehaltene Gewinne und entstandene Verluste eines Unternehmens jährlich verändert. Eigenkapitalinhaber haben das Recht, an der jährlichen Hauptversammlung eines Unternehmens teilzunehmen und dort wichtige Beschlüsse mitzuentscheiden. Die Stimmkraft eines Aktionärs hängt dabei von der Anzahl der Aktien ab.

> **Merke!**
>
> **Eigenkapital** wird von den Eigentümern des Unternehmens langfristig zur Verfügung gestellt. Auf Eigenkapital muss keine Zinsen gezahlt werden, die Eigenkapitalgeber haben jedoch Anspruch auf den Gewinn. Eigenkapitalgeber haben ein Mitspracherecht bei Unternehmensentscheidungen.

5.1.2.1 Genehmigte Aktien vs. ausgegebene Aktien

Die Anzahl der genehmigten Aktien wird vertraglich von einem zu gründenden Unternehmen festgelegt. Die genehmigten Aktien entsprechen der Anzahl, die ausgegeben werden darf, um das Unternehmen mit Eigenkapital auszustatten. Wie viele Aktien genehmigt werden dürfen, ist nicht beschränkt. Dies wird zwischen dem Aufsichtsrat (im zweigliedrigen System mit Vorstand und Aufsichtsrat) oder dem Vorstand (im eingliedrigen System mit Vorstand) und den Eigenkapitalgebern verhandelt. Es müssen jedoch nicht zwangsweise alle genehmigten Aktien auch ausgegeben, also verkauft, werden. Obwohl es gesetzlich keine Grenze für die Anzahl der genehmigten Aktien gibt, gilt es für ein Unternehmen dennoch Folgendes im Hinterkopf zu behalten: Manche Länder erlassen Steuern auf die Anzahl der genehmigten Aktien.

Ein Unternehmen kann verschiedene Aktienarten emittieren: Die Standardform ist die Stammaktie, bei der jeder Aktionär die gleichen Rechte und Pflichten hat. Manche Firmen geben jedoch beispielsweise Vorzugsaktien aus, die kein Stimmrecht auf der Hauptversammlung haben. Grund dafür ist meist, trotz einer Eigenkapitalerhöhung die Stimmrechte innerhalb des Kreises der Stammaktionäre zu halten und somit die Kontrolle über das Unternehmen zu behalten.

5.1.2.2 Nicht ausgeschüttete Gewinne

Der Jahresüberschuss eines Unternehmens entspricht, wie Sie gelernt haben, dem Geld, was den Eigenkapitalinhabern zusteht. Erkennbar in der GuV wurden ja vom Erlös Zinsen für Fremdkapitalgeber als auch Steuern für Finanzbehörden bereits abgezogen. Fremdkapital und öffentliche Hand wurden also bedient. In welcher Form der Jahresüberschuss den Eigenkapitalinhabern zur Verfügung steht, kann das Unternehmen nach den Regeln entscheiden, die das Verhältnis von Eignern und Unternehmensführung im Gesetz (Aktiengesellschaften) oder dem Gesellschaftsvertrag (GmbH und KG) festlegen.

AG-Gewinne werden üblicherweise in Form von Dividenden an die Kapitalgeber ausgeschüttet und/oder das Unternehmen behält den Jahresgewinn teilweise im Unternehmen. Der nicht ausgeschüttete Gewinn wird dem Gewinnvortrag oder der Kapitalrücklage zugeführt.

5.1.2.3 Dividenden und Zinsen

Unternehmen sind nicht verpflichtet, Dividenden auszuschütten. Sie verhalten sich also nicht wie Zinsen, die ein Unternehmen zahlen muss. Die Entscheidung, ob und wie viele Dividenden gezahlt werden, ist eine Entscheidung des entsprechenden Unternehmens und variiert gewöhnlich mit Beenden eines jeden Geschäftsjahres. Da die Auszahlung von Dividenden nicht verpflichtend ist, können sie ein Unternehmen bei Nichtzahlung auch nicht in die Insolvenz zwingen. Dies verhält sich anders mit Zinsen, die den Banken nicht pünktlich gezahlt werden. Nicht bedientes Fremdkapital ist immer ein untrügliches Zeichen für schlecht gehende Geschäfte. Banken leben von Zinseinnahmen. Entsprechend hart sind die Folgen von Zinsverzug in den Kreditverträgen geregelt. Hinzu kommt, dass Banken sich Vermögensteile bei Kreditvergabe haben verpfänden lassen. Sie haben also absolut die Macht, ein Unternehmen in Konkurs gehen zu lassen.

Zinsen für Fremdkapital sind Kosten und mindern den Gewinn. Sie wirken also einkommens- und somit steuermindernd.

Dividenden sind ausgeschütteter Gewinn. Das Unternehmen muss – ob ausgeschüttet oder nicht – darauf die bereits oben erwähnte Körperschaftsteuer und die Gewerbesteuer abführen.

Dividenden müssen noch einmal zusätzlich versteuert werden, nämlich von denen, die sie erhalten. Diese Kapitalertragsteuer geht zu Lasten der Eigentümer, muss aber vom Unternehmen in Höhe von derzeit 25 % zuzüglich 5,5 % Solidaritätsabgabe direkt an die Steuerbehörde abgeführt werden. Sie unterliegen damit einer sich ergänzend summierenden Doppelbesteuerung. Seit 2009 ist die Kapitalertragsteuer grundsätzlich eine Abgeltungsteuer. Das heißt, dass diese Kapitalerträge nicht bei der Steuererklärung nicht relevant sind. Ist der Kapitalertragsteuersatz höher als der persönliche Einkommensteuersatz, dann erhält der Kapitaleigner auf Antrag eine Vergütung der Differenz. Die Vergütung erfolgt im Rahmen seiner persönlichen Einkommensteuererklärung.

5.1.2.4 Marktwert vs. Buchwert

Addiert man auf der Passivseite einer Bilanz die Eigenkapitalbestandteile, so erhält man den sogenannten Buchwert des Eigenkapitals. Das wären also mindestens 50.000 €, wenn die AG mit dem kleinstmöglichen Grundkapital, was derzeit gesetzlich zulässig ist, gegründet worden wäre. Betrachtet man allerdings den Marktwert des Eigenkapitals, sprich beobachtet man den Aktienpreis an der Börse, so weiß jeder, dass dieser volatil sein kann und sich ständig verändert. Vergleicht man den Marktwert mit dem Buchwert des Eigenkapitals eines Unternehmens an einem bestimmten Tag, so sollte es bei florierenden Gesellschaften immer so sein, dass der Marktwert erheblich höher ist als das, was in den „Büchern" des Unternehmens steht. Woher kommt aber dieser Unterschied?

Die Bilanz weist immer den Buchwert aller Vermögens- und Finanzierungspositionen aus, also auch den Buchwert des Grundkapitals.

Man spricht also neben dem Buchwert des Eigenkapitals auch vom Buchwert der Aktiva und des Fremdkapitals. Der Marktwert eines Unternehmens gibt an, zu welchem Preis es ge- oder verkauft, also gehandelt werden kann. Er entspricht dem Betrag, den Interessenten für das Unternehmen als Gesamtheit für angemessen halten.

Woher kommt es nun, dass z. B. die BASF SE laut Bilanz einen Wert von 27.789 Mio. € ausweist, aber jemand, der das Unternehmen kaufen wollte, am 31. Dezember 2013 71.172,94 Mio. € (Anzahl der Aktien · Aktienkurs = 918.479.000 · 77,49) dafür bezahlen hätte müssen?

Ganz einfach, mögen Sie meinen, so viel kosten eben alle Aktien zusammen an der Börse, dem Platz, an dem Unternehmensanteile meistbietend ersteigert werden können – und Sie haben recht damit.

Unbeantwortet bleibt die Frage, nach dem inhaltlichen „Warum"?

Ein Unternehmen ist nicht – wie es die Bilanz darstellt – nur die Anhäufung von Vermögenswerten, belastet mit Verbindlichkeiten gegenüber Banken. Wenn diese Vermögenswerte nicht sinnvoll und zielgerichtet im Zusammenspiel mit Mitarbeitern, Organisation und dispositiver Kraft durch die Führung eine wirtschaftliche Einheit bilden, die mehr ist als die Summe ihrer Teile ist, dann ist ein Unternehmen weniger wert als bilanziert, weil nicht einmal der Buchwert der Teile bezahlt würde.

Tatsache ist, dass die „nicht bilanzierten Kräfte", die „Seele" des Unternehmens, der wirtschaftliche Sinn des Treibens den Unternehmenswert weit stärker beeinflussen, als dies der Wert der Vermögensteile erkennen lässt.

Man nennt diesen unsichtbaren, nicht bilanzierten Wert den immateriellen Firmenwert oder auch den Goodwill.

Ein im immateriellen Firmenwert gefasster Wert ist in Rechten (z. B. Markenrechte), in der Innovationskraft von Forschung und Entwicklung und dem Wissen der Mitarbeiter verborgen, ohne in der Bilanz des Unternehmens zu erscheinen.

Aber auch aktuelle Entwicklungen in der Volks- oder Weltwirtschaft können schnell zu einer Veränderung der Aktienpreise und damit des Unternehmenswertes führen.

5.2 Externe vs. interne Finanzierungsquellen

Wenn ein Unternehmen für Investitionen Geld benötigt, hat es die Möglichkeit, dies durch Eigenkapital und Fremdkapital zu finanzieren. ◘ Abbildung 5.1 teilt die Finanzierungsmöglichkeiten in Innen- und Außenfinanzierung ein.

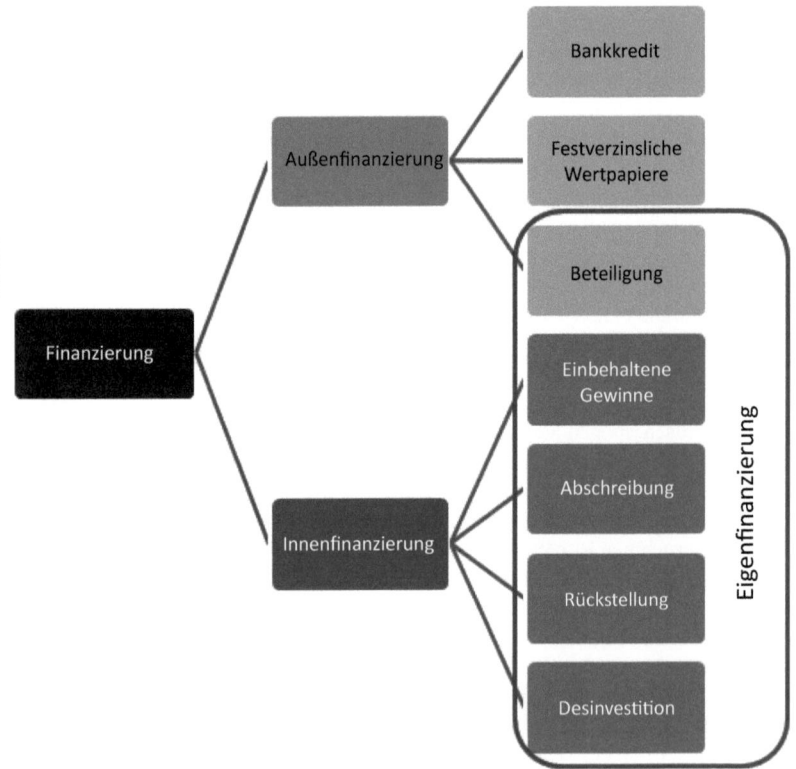

Abb. 5.1 Innen- und Außenfinanzierung als Finanzierungsmöglichkeiten (Quelle: Eigene Darstellung)

5.2.1 Außenfinanzierung

5.2.1.1 Fremdkapitalaufnahme

Außenfinanzierung bedeutet Zufluss neuer Mittel von außen. Eine Möglichkeit ist die Aufnahme von Fremdkapital durch Kreditaufnahme oder durch die Emission von verzinslichen Wertpapieren, wobei die verschiedenen Möglichkeiten im vorigen Abschnitt erörtert wurden. Neben zunehmender Abhängigkeit von Dritten und der mit Zinsen verbundenen Kosten verschlechtert sich die Bonität des Unternehmens – was man durch die schon besprochenen Finanzierungskennzahlen messen kann. Tendenziell verringert sich die Kreditwürdigkeit, was die Kreditzinsen in die Höhe treibt und den Aktienkurs belastet.

5.2.1.2 Eigenkapitalaufnahme

Eine weitere Möglichkeit der Außenfinanzierung ist die Erhöhung der Eigenkapital-Basis durch Kapitalerhöhung (Personengesellschaften und GmbH) oder Emission neuer Aktien.

Bei Personengesellschaften bedeutet das die Aufnahme neuer Gesellschafter oder zusätzliche Kapitaleinlagen der bisherigen Gesellschafter. Weder bei Altaktionären noch bei Gesellschaftern von Personengesellschaften bzw. GmbHs erfreuen Kapitalerhöhungen die Altgesellschafter/Aktionäre. Denn das bedeutet zunächst immer Verwässerung der Einflussmöglichkeiten und der Ergebnisverteilung.

> **Merke!**
>
> Durch **Außenfinanzierung** erhält das Unternehmen Kapital, das von außen zugeführt wird.

5.2.2 Innenfinanzierung

Wenden wir uns der Innenfinanzierung zu, und damit den betriebswirtschaftlichen Möglichkeiten, die den vorhandenen Finanzierungsmöglichkeiten ohne Fremdkapital gewidmet sind.

> **Merke!**
>
> Bei der **Innenfinanzierung** entsteht neues Kapital im Rahmen des Produktions- und Umsatzprozesses des Unternehmens. Das Kapital wird sozusagen von innen bereitgestellt.

Im Folgenden werden die wichtigsten Möglichkeiten dargestellt, aus dem Unternehmen heraus neues Kapital bereitzustellen.

5.2.2.1 Rücklagen

Vorübergehender Entnahmeverzicht von Gewinnen – freiwillige Rücklagen bei AGs, Vortrag des Gewinnes auf neue Rechnung bei GmbHs und Entnahmeverzicht auf den versteuerten Gewinnanteil bei Personengesellschaften – ist dann ein probater Weg, neue Mittel einzubringen, wenn damit zukunftsträchtige Neuinvestitionen finanziert werden sollen. Das Einbehalten von Gewinnen wird auch Thesaurierung genannt. Wenn das Verlangen der Geschäftsführung helfen soll, eine Notlage infolge schwachen Geschäftsganges zu überwinden, wird es für die Geschäftsführung schwierig, die Eigentümer vom Entnahmeverzicht zu überzeugen, denn es liegt die Befürchtung in der Luft, das Unternehmen könnte in seinem Bestand bedroht und daher das Eigenkapital gefährdet sein.

Die Rücklagen sind nicht entnommene Gewinne der Gesellschafter, also bewusster Verzicht auf Gewinnentnahme. Rücklagen lassen sich verständlicherweise nur bilden, wenn Gewinne vorhanden sind. Die Rücklagenbildung ist jedem Unternehmen, auch kleineren Personengesellschaften oder GmbHs, anzuraten. Denn eine gesunde Eigenkapitalquote – Sie erinnern sich? Eigenkapital/Gesamtkapital · 100 % – sollte bei zunehmendem Geschäftsumfang erhalten bleiben, was bei voller Gewinnentnahme meist nicht der Fall wäre.

5.2.2.2 Rückstellungen

Rückstellungen sind begründet erwartete Kosten in der Zukunft (also nach dem Bilanzstichtag, an dem sie noch nicht angefallen und folglich noch nicht gebucht sind) aus vorhersehbaren Ursachen. Das kostenverursachende Ereignis muss in der laufenden Periode absehbar sein, ohne Kostenwirkung heute.

Beispiel

Gegen das Unternehmen wird eine Klage wegen Umweltbelastungen erhoben. Im denkbaren Fall, dass die Auseinandersetzung zu Lasten des Unternehmens verloren geht, sind Maßnahmen zu ergreifen, die erhebliche Kosten verursachen. Die Auseinandersetzungen können zwei bis drei Jahre dauern, der zu behebende Schaden 300.000 € betragen.
Diese 300.000 € können zu Lasten des Jahresergebnisses zurückgestellt werden. Falls die Rückstellungen im Verkaufspreis mit einkalkuliert sind, fließt mit jedem verkauften Produkt durch den Umsatz ein Teil der Rücklagen dem Unternehmen zu. Außerdem mindern Rücklagen den Gewinn, die Gewinnsteuern bleiben im Haus. Der Rücklagenanteil am Umsatz und die nicht gezahlten Steuern können bis zur Klärung anderweitig zu Finanzierungen eingesetzt werden.

5.2.2.3 Abschreibungen

Abschreibungen – das haben Sie in den vorangehenden Kapiteln verinnerlicht – spiegeln nutzungsverursachte oder durch die technologische Entwicklung verursachte Wertminderung von Sachanlagen. Sie gehen als Kosten gewinnmindernd in das Jahresergebnis ein, ohne – und das ist das Besondere – zu Auszahlungen zu führen. Denn die Auszahlungen für die Anlage sind ja angefallen, als sie gekauft wurde. Vom Denkansatz her sollen die aufgelaufenen Abschreibungen die Finanzierung der Ersatzbeschaffung am Ende der Lebenszeit der Anlage ohne Aufnahme eines Krediter sichern.

Beispiel

Sie gründen eine Weberei und kaufen den ersten Webstuhl zum Preis von 100.000 € auf Kredit. Der Webstuhl wird nach zehn Jahren ersetzt werden müssen. Ihr Geschäft brummt.

Am Ende des ersten Jahres stellen Sie einen zweiten, gleichen auf. Sie benötigen als zusätzliche Finanzierung nur noch 90.000 €, denn bei zehn Jahren Nutzungsdauer sind Ihnen im Laufe des vergangenen Jahres ja 10.000 € Abschreibung über den Verkauf der Produkte zugeflossen. In der Preiskalkulation sollte immer ein Teil berücksichtigt werden, der die Abschreibung abdeckt. Insofern erhalten Sie bei jedem verkauften Produkt einen Teil des Umsatzes als Abschreibung zurück, den Sie nicht ausgegeben haben.

Ende des zweiten Jahres das gleiche Spiel. Inzwischen haben Sie bereits 20.000 € Abschreibungsüberschuss aus dem laufenden Umsatz. Für die dritte Maschine benötigen Sie nur noch 80.000 € Fremdkapital usw.

Wenn Sie konsequent weitermachen, dann ist die erste Maschine im elften Jahr abgeschrieben, und die Ersatzbeschaffung kann voll ohne Fremdkapital aus den Abschreibungen finanziert werden. Und das bleibt so, wenn Sie beschlossen haben, nicht mehr zu erweitern und gleichbleibend mit zehn Maschinen zu weben – die jährlich neue wird aus der Abschreibung der anderen bezahlt – voll! (Dieser Effekt wurde 1953 von Martin Lohmann und Hans Ruchti formuliert und ist als Lohmann-Ruchti-Effekt in die betriebswirtschaftliche Literatur eingegangen.)

5.2.2.4 Desinvestition

Desinvestition ist – wie der Name schon sagt – das Gegenteil von Investition und bewirkt auch das Gegenteil. Gelegentlich kann es sinnvoller sein, sich von Betriebsteilen zu trennen, indem man sie veräußert oder schließt anstatt sie unwirtschaftlich weiter zu betreiben. Es fließen dem verbleibenden Kernunternehmen durch die Erlöse Mittel zu, die anderweitig wieder investiert werden können und insoweit Fremdfinanzierung erübrigen.

> Auf den Punkt gebracht: Das Unternehmen kann sich durch Außen- oder durch Innenfinanzierung neues Kapital beschaffen. Zur Außenfinanzierung gehört die Aufnahme von Fremdkapital oder das Zuführen von Eigenkapital. Innenfinanzierung geschieht durch Rücklagenbildung, Rückstellungen, Abschreibungen oder Desinvestition.

5.3 Langfristige Finanzplanung im Unternehmen

Mit Hilfe der Finanzplanung werden unterschiedliche Entscheidungen für ein Unternehmen vorbereitet:

- Die Höhe der Investitionen in Aktiva, zum Beispiel der Kauf einer neuen Produktionsanlage.
- Die Kapitalstruktur (Finanzierung) eines Unternehmens muss geplant werden.
- Die Dividendenpolitik entscheidet, wie viel Barmittel an die Eigenkapitalgeber fließen.

- Die Höhe des Nettoumlaufvermögens und damit die Liquidität eines Unternehmens.

Die Finanzplanung setzt sich aus verschiedenen Bestandteilen zusammen, die Sie im Folgenden kennlernen:
- Umsatzprognose: Da viele Kapitalflüsse direkt vom Umsatz eines Unternehmens abhängen, muss diese Prognose bei der Finanzplanung berücksichtigt werden.
- Plan-Jahresabschluss: Bei der Finanzplanung wird häufig ein Abschluss aus prognostizierten Entwicklungen als Plan-Abschluss erstellt. Dieser besteht aus einer Plan-Bilanz und aus einer Plan-GuV. Ein Vorteil liegt darin, dass der Ausgangspunkt des Planabschlusses die Struktur der aktuellen Bilanz und GuV ist und damit die Analyse und Interpretation des Plan-Abschlusses erleichtert wird.
- Höhe der benötigten finanziellen Mittel: In der Planung müssen die finanziellen Mittel bestimmt werden, die ein Unternehmen benötigt, um den prognostizierten Umsatz erreichen zu können.
- Finanzierungsstruktur: Nach dem Finanzierungsbedarf muss die Finanzierungsstruktur ermittelt werden, die für den Erwerb der Aktiva nötig ist. Es muss also entschieden werden, wie hoch der Anteil an Fremd- und Eigenkapital ist, um den zukünftigen Finanzbedarf zu decken.
- Wirtschaftliche Annahmen: Für eine solide und realistische Finanzplanung muss die allgemeine wirtschaftliche Entwicklung wie Wirtschaftswachstum oder Arbeitslosenquote im Auge behalten und in die Prognose einbezogen werden.
- Residualvariable: Sie hängt von der Finanzierungs-Entscheidung des Managements ab. Die sogenannte Residualvariable schließt eine offene Lücke in der Bilanz. Was genau es mit dieser Residualvariablen auf sich hat, erfahren Sie im Laufe dieses Kapitels.

> **Merke!**
>
> **Finanzbedarf** entsteht, wenn ein Unternehmen wächst. Es muss mehr produziert werden, um mehr Umsatz zu generieren. Mehr Produktion bedeutet aber auch mehr Produktionsanlagen, mehr Vermögen und einen steigenden Kapitalbedarf.

5.3.1 Vereinfachtes Verfahren der langfristigen Finanzplanung

Zum Einstieg in die Praxis der Finanzplanung wollen wir im Folgenden ein einfaches Planungsmodell zugrunde legen. Die Frage lautet: Wie reagiert ein Unternehmen auf Umsatzwachstum, d. h. wie finanziert es seine zusätzlich benötigten Aktiva? Für unser

5.3 · Langfristige Finanzplanung im Unternehmen

Tab. 5.1 GuV Computerfield plc. (Quelle: Ross et al. 2010, S. 92)

GuV	
Umsatz	1.000 €
Kosten	800 €
Jahresüberschuss	200 €

Tab. 5.2 Bilanz Computerfield plc. (Quelle: Ross et al. 2010, S. 92)

Bilanz			
Aktiva	500 €	Eigenkapital	250 €
		Fremdkapital	250 €
Gesamtvermögen	500 €	Gesamtkapital	500 €

Beispiel nehmen wir das Unternehmen Computerfield plc. genauer unter die Lupe. Für unser Unternehmen gelten folgende Voraussetzungen:

- Der Umsatz wächst im nächsten Jahr um 20 %.
- Alle anderen in Bilanz und GuV ausgewiesenen Unternehmenswerte verändern sich direkt und linear mit dem Umsatz. Das bedeutet, dass diese auch um 20 % wachsen.

> **Merke!**
>
> Beim **vereinfachten Verfahren** der **langfristigen Finanzplanung** wachsen alle Positionen der Gewinn- und Verlustrechnung sowie der Bilanz mit dem gleichen Prozentsatz wie der Umsatz.

Wir stellen die Finanzplanung anhand der GuV und Bilanz der Computerfield plc. vor. Die ◘ Tab. 5.1 und 5.2 zeigen die Ausgangssituation.

Im einfachen Finanzplanungsmodell verändern sich sämtliche Werte mit dem um 20 % gestiegenen Umsatz direkt und linear, und die Situation des Unternehmens stellt sich am Ende der Folgeperiode so dar wie in ◘ Tab. 5.3 und 5.4 aufgeführt.

Wie Sie in den vorigen Kapiteln gelernt haben, kennzeichnet der Jahresüberschuss das, was für die Eigenkapitalinhaber übrig bleibt.

Tab. 5.3 Plan-GuV Computerfield plc. (Quelle: Ross et al. 2010, S. 93)

Plan-Bilanz	
Umsatz	1.200 €
Kosten	960 €
Jahresüberschuss	240 €

Tab. 5.4 Plan-Bilanz Computerfield plc. (Quelle: Ross et al. 2010, S. 93)

Plan-Bilanz					
Aktiva	600 €	(+ 100)	Eigenkapital	300 €	(+ 50)
			Fremdkapital	300 €	(+ 50)
Gesamtvermögen	600 €	(+ 100)	Gesamtkapital	600 €	(+ 100)

Wie kann es aber sein, dass der Jahresüberschuss nun 240 € beträgt, das Eigenkapital aber nur um 50 € ansteigt? Was ist mit der Differenz – 240 € – 50 € = 190 € – passiert? Wo sind die 190 € geblieben?

Sie erinnern sich bestimmt, dass der Jahresüberschuss entweder in Form von nicht ausgeschütteten Gewinnen im Unternehmen bleibt oder aber als Dividenden ausgezahlt wird. Wenn von 240 € also 50 € in Form von nicht ausgeschütteten Gewinnen im Unternehmen bleiben, müssen 190 € in Form von Dividenden ausgeschüttet worden sein. Die *Residualvariable ist* in diesem Fall also die *Dividende*. Sie ermöglichen es, dass die Bilanz ausgeglichen ist:

$$\text{Gesamtvermögen} = \text{Gesamtkapital} = 600\,\text{€}.$$

Was wäre aber, wenn sich Computerfield plc. entscheidet, alle 240 € im Unternehmen zu halten und nicht als Dividenden auszuschütten? Wie gleicht sich dann die Bilanz aus? Was ist in diesem Fall die *Residualvariable*?

Die GuV bleibt dieselbe: Umsatz und auch Kosten steigen um 20 % (Tab. 5.5).

Die 240 € Jahresüberschuss müssen also als nicht ausgeschüttete Gewinne das Eigenkapital von 250 € um genau diese 240 € erhöhen: 240 € + 250 € = 490 €.

In der Bilanz entspricht das Gesamtvermögen aber immer dem Gesamtkapital (Tab. 5.6).

Das Gesamtvermögen beläuft sich nach dem 20 %-igen Wachstum auf 600 €.

300 € Fremdkapital und die nun 490 € Eigenkapital summieren sich jedoch zu: 300 € + 490 € = 790 €. Da aber keine Dividenden ausgezahlt werden, sondern der Jah-

5.3 · Langfristige Finanzplanung im Unternehmen

Tab. 5.5 GuV Computerfield plc.: Einbehaltene Gewinne = 240 €

Plan-GuV	
Umsatz	1.200 €
Kosten	960 €
Jahresüberschuss	240 €

Tab. 5.6 Plan Bilanz Computerfield plc.: Einbehaltene Gewinne = 240 €

Plan-Bilanz					
Aktiva	600 €	(+ 100)	Eigenkapital	490 €	(+ 240)
			Fremdkapital	110 €	(− 190)
Gesamtvermögen	600 €	(+ 100)	Gesamtkapital	600 €	(+ 100)

resüberschuss als nicht ausgeschüttete Gewinne im Unternehmen bleibt, muss die *Residualvariable* das Fremdkapital sein. Es werden also Verbindlichkeiten zurückgezahlt.

790 € − 600 € = 190 € wurden im Verlaufe der Geschäftsperiode vom Unternehmen folglich an Kreditgeber zurückgezahlt. Nur das erklärt den Verbleib der 190 €.

Was haben wir nun aus diesem Beispiel gelernt?

Es zeigt die prinzipielle Verbindung zwischen Umsatzwachstum und Finanzpolitik eines Unternehmens. Wächst der Umsatz, so wachsen auch die Aktiva eines Unternehmens in gleichem Maß. Aktiva setzen sich bekanntlich aus Anlage- und Umlaufvermögen zusammen. Der Betrieb muss in jedem Fall in Aktiva investieren, um das Umsatzwachstum zu ermöglichen. Beispielsweise müssen neue Maschinen gekauft werden, um die zusätzlichen Fertigprodukte zu produzieren. Außerdem muss vielleicht der Lagerbestand erhöht werden, die Forderungen an die Lieferanten steigen an usw. Die Finanzierung dieses Zuwachses der Aktiva wird durch die Finanzierungspolitik des Unternehmens bestimmt. Es werden also – zumindest bei nachhaltigem Wachstum über mehrere Perioden – auch die Eigen-, immer aber die Fremdkapitalpositionen in der Bilanz wachsen.

In unserem fiktiven Beispiel wurde der mit dem Umsatz wachsende Bedarf an Aktiva im ersten Beispiel teilweise durch Innen- und teilweise durch Außenfinanzierung, im zweiten Beispiel vollständig durch Innenfinanzierung sichergestellt. Je nach Größe des Finanzierungsbedarfs und Wahl der Residualvariablen benötigt ein Unternehmen auch zusätzliche Mittel, die durch Außenfinanzierung bereitgestellt werden müssen, um ein Umsatzwachstum ermöglichen zu können. Im folgenden Beispiel schauen wir uns an, welche Möglichkeiten dann für ein Unternehmen bestehen.

> Auf den Punkt gebracht: Im vereinfachten Modell der Finanzplanung wachsen alle Positionen der GuV und der Bilanz in gleichem Maß wie der Umsatz. Ein zusätzlicher Finanzbedarf wird entweder durch Fremd- und/oder durch Eigenkapital gedeckt. Es wird eine Plan-GuV und eine Plan-Bilanz erstellt. Diese Plan-Bilanz muss immer ausgeglichen sein, das Gesamtvermögen muss dem Gesamtkapital entsprechen.

5.3.2 Langfristige Finanzplanung

Im vorigen Modell haben wir angenommen, dass alle Vermögens- und Finanzierungspositionen bei einem Wachsen des Umsatzes ebenfalls steigen – und zwar direkt linear. Das war ein sehr einfaches Modell, weil das in Wirklichkeit so nicht stattfindet.

Manche Positionen werden nicht vom Wachstum des Umsatzes berührt und verändern sich daher nicht durch Umsatzveränderungen. Differenziert man hier genauer, reicht die einfache Planungsmethode vom vorausgegangen Beispiel nicht mehr aus.

Mit Hilfe der *langfristigen Finanzplanung* werden wir im folgenden Beispiel anhand einer Umsatzprognose bestimmen, wie hoch der externe Finanzierungsbedarf des Unternehmens sein muss, um die prognostizierte Umsatzsteigerung ermöglichen zu können.

Zunächst aber wollen wir noch einen genaueren Blick auf die verschiedenen Posten in der GuV bzw. der Bilanz werfen und herausfinden, welche direkt mit einer Änderung des Umsatzes verknüpft sind:

5.3.2.1 Gewinn- und Verlustrechnung

- Umsatzabhängige Aufwendungen können direkt linear mit dem Umsatz verknüpft sein. Soweit sie das sind, ist ihr Einfluss auf die Gewinnmarge konstant. Unser folgendes Beispiel geht davon aus, dass eine direkte lineare Abhängigkeit zu 100 % gegeben ist. (Bedenken Sie aber bitte für das wirkliche Leben: nur ein Teil der Kosten können als direkt angesehen werden – die meisten Kostenarten entwickeln sich unter- oder überproportional, gemessen an der Umsatzentwicklung, und nur wenige wirklich proportional. Beispielsweise sind die Gehälter des Vorstands weitgehend unabhängig vom Umsatzwachstum.)
- Falls die Kosten mit der gleichen Rate wie der Umsatz wachsen, gilt dies logischerweise auch für die zu zahlenden Steuern und den Jahresüberschuss.
- Dividendenzahlungen sind eine Managemententscheidung oder eine Residualvariable, ergeben sich also aus der Dividendenentscheidung des Managements oder der vorher festgesetzten Fremdkapitalaufnahme. Dividendenzahlungen werden von der Unternehmensentwicklung beeinflusst sein, normalerweise nicht aber direkt von der Umsatzentwicklung.

5.3 · Langfristige Finanzplanung im Unternehmen

Tab. 5.7 GuV Rosengarten GmbH (Quelle: Ross et al. 2010, S. 94)

GuV Rosengarten GmbH (Basisjahr n)	
Umsatz	1.000 €
Kosten	800 €
Zu versteuerndes Einkommen	200 €
Steuern (34 %)	68 €
Jahresüberschuss	132 €
Dividenden	44 €
Nicht ausgeschüttete Gewinne	88 €

5.3.2.2 Bilanz

- Wir gehen wieder davon aus, dass zwischen den Aktiva, also dem Umlauf- und dem Anlagevermögen, und dem Umsatz ein kausaler Zusammenhang besteht.
- Verbindlichkeiten aus Lieferungen und Leistungen verändern sich normalerweise mit dem Umsatz, denn mit zunehmendem bzw. abnehmendem Umsatz nehmen Eingangsrechnungen und damit die kurzfristigen Lieferantenverbindlichkeiten zu bzw. ab.
- Schuldscheine, langfristige Verbindlichkeiten und Eigenkapital verändern sich im Regelfall nicht mit dem Umsatz. Sie hängen von Investitionsentscheidungen des Managements ab und spiegeln die Kapitalstruktur des Unternehmens wider. Natürlich können Umsatzerwartungen zu Investitionsentscheidungen führen. Davon unabhängig ist jedoch, wie stark dann der Finanzierungsbedarf durch Schuldscheine, langfristige Verbindlichkeiten und Eigenkapital gedeckt wird.
- Nicht ausgeschüttete Gewinne ergeben sich aus der Entscheidung, in welcher Höhe eine Gewinnausschüttung beschlossen wird.

> **Merke!**
>
> Bei der **langfristigen Finanzplanung** verändern sich nicht alle Posten der Gewinn- und Verlustrechnung sowie der Bilanz proportional zum Umsatz. Ausnahmen sind in der GuV die ausgeschütteten Gewinn und in der Bilanz alle Passivpositionen mit Ausnahme der Verbindlichkeiten aus Lieferungen und Leistungen.

Die *langfristige Finanzplanung* werden wir am Beispiel der Rosengarten GmbH durchsprechen. ◘ Tabelle 5.7 zeigt die Gewinn- und Verlustrechnung des Unternehmens.

Tab. 5.8 Plan-GuV Rosengarten GmbH (Quelle: Ross et al. 2010, S. 94)

GuV Rosengarten GmbH (Jahr n + 1)	
Umsatz	1.250 €
Kosten	1.000 €
Zu versteuerndes Einkommen	250 €
Steuern (34 %)	85 €
Jahresüberschuss	165 €
Dividenden	55 €
Nicht ausgeschüttete Gewinne	110 €

Im nächsten Jahr erwartet das Unternehmen eine Umsatzsteigerung von 25 %. Wie oben beschrieben gehen wir davon aus, dass die Kosten ebenfalls um 25 % steigen und somit die Gewinnmarge (= Jahresüberschuss/Umsatz) konstant bleibt. Die Politik der Rosengarten GmbH sieht außerdem vor, den Ausschüttungssatz, sprich das Verhältnis von Dividenden zu Jahresüberschuss, und somit auch das Verhältnis von einbehaltenen Gewinnen bzw. nicht ausgeschütteten Gewinnen zum Jahresüberschuss (Thesaurierungsquote) konstant zu halten. Wie sieht also nun die GuV im Jahr n + 1 aus (Tab. 5.8)?

Die Ausschüttungsquote entspricht im Basisjahr: 44 €/132 € · 100 % = 33 1/3 %. Die Thesaurierungsquote beträgt daher 1 − 33 1/3 % = 66 2/3 %. Nun kann man also auch die Dividenden und nicht ausgeschütteten Gewinne für das Jahr n + 1 der Rosengarten GmbH bestimmen. Die Dividende errechnet sich durch 165 € · 33 1/3 % = 55. Der einbehaltene Gewinn ist dann 165 € · 66 2/3 % = 110. Beides muss sich logischerweise zum Jahresüberschuss addieren: 55 € + 110 € = 165 € Jahresüberschuss.

Nun werfen wir einen Blick auf die Bilanz der Rosengarten GmbH (Tab. 5.9).

Um nun die Bilanz anzupassen, berechnen wir für jede Position, die wir oben als „mit dem Umsatz variierend" angegeben haben, den Prozentsatz des Umsatzes des Basisjahres. Beispielsweise entsprechen die Barmittel von 160 € 16 % der 1.000 € Umsatz im Basisjahr. Mit Hilfe dieses Prozentsatzes lässt sich nun die Bilanz für das Jahr n + 1 bestimmen.

Der Umsatz, den wir bereits in der GuV prognostiziert haben (1.250 €), multipliziert mit den 16 % gibt uns die Barmittel für das nächste Jahr in der Bilanz an: 200 €.

Für Posten, die nicht mit dem Umsatz variieren, verwenden wir dieselben Zahlen für unsere prognostizierte Bilanz im nächsten Jahr. Diese Positionen haben wir auch oben festgelegt. In der Bilanz des Basisjahres steht daher in der Spalte „Prozent vom

5.3 · Langfristige Finanzplanung im Unternehmen

◘ Tab. 5.9 Bilanz Rosengarten GmbH (Quelle: Ross et al. 2010, S. 95)

Bilanz Rosengarten GmbH (Basisjahr n)					
Aktiva		% des Umsatzes	Passiva		% des Umsatzes
Anlagevermögen			Eigenkapital		
Immobilien und Geschäftsausstattung	1.800 €	180 %	Stammaktien	800 €	n. a
			Nicht ausgeschüttete Gewinne	1.000 €	n. a
Anlagevermögen gesamt	1.800 €	180 %	Eigenkapital gesamt	1.800 €	n. a
			Langfristige Verbindlichkeiten	800 €	n. a
Umlaufvermögen					
Vorräte	600 €	60 %	Kurzfristige Verbindlichkeiten		
Forderungen aus Lieferungen und Leistungen	440 €	44 %	Verbindlichkeiten aus Lieferungen und Leistungen	300 €	30 %
Barmittel	160 €	16 %	Schuldscheine	100 €	n. a
Umlaufvermögen gesamt	1.200 €	120 %	Verbindlichkeiten gesamt	1.200 €	n. a
Gesamtvermögen	3.000 €		Gesamtkapital	3.000 €	

Umsatz" „n. a." (nicht anwendbar). Die Position „Nicht ausgeschüttete Gewinne" hat sich für das Jahr n + 1, genau wie wir bereits ausgerechnet haben, um 110 € zum Vorjahr erhöht.

Betrachten wir nun in ◘ Tab. 5.10 die Bilanz der Rosengarten GmbH für das nächste Jahr (Jahr n + 1), so sieht man, dass bei den Aktiva ein Wachstum von **750 €** prognostiziert wird, wenn der Umsatz um 25 % steigt. Die Passiva weisen jedoch nur eine Erhöhung von **185 €** auf, der sich zusammensetzt aus den einbehaltenen Gewin-

Tab. 5.10 Plan-Bilanz Rosengarten GmbH (Quelle: Ross et al. 2010, S. 96)

Bilanz Rosengarten GmbH (Basisjahr n) Aktiva		Veränderung	Passiva		Veränderung
Anlagevermögen			Eigenkapital		
Immobilien und Geschäftsausstattung	2.250 €	450 €	Stammaktien	800 €	0 €
			Nicht ausgeschüttete Gewinne	1.110 €	110 €
Anlagevermögen gesamt	2.250 €	450 €	Eigenkapital gesamt	1.910 €	0 €
			Langfristige Verbindlichkeiten	800 €	0 €
Umlaufvermögen					
Vorräte	750 €	150 €	Kurzfristige Verbindlichkeiten		
Forderungen aus Lieferungen und Leistungen	550 €	110 €	Verbindlichkeiten aus Lieferungen und Leistungen	375 €	75 €
Barmittel	200 €	40 €	Schuldscheine	100 €	0 €
Umlaufvermögen gesamt	1.500 €	300 €	Verbindlichkeiten gesamt	1.275 €	75 €
Gesamtvermögen	3.750 €	750 €	Gesamtkapital	3.185 €	185 €

nen von 110 € und den automatisch anwachsenden Verbindlichkeiten aus Lieferungen und Leistungen von 75 €. Zur Finanzierung fehlen daher 750 € − 185 € = 565 €. Sie müssen durch Außenfinanzierung gedeckt werden. Man nennt dies auch externen Finanzierungsbedarf. Die nicht ausgeschütteten Gewinne von 110 € und die Zunahme der Verbindlichkeiten aus Lieferungen und Leistungen reichen nicht aus, um die Aktiva zu finanzieren, in die Rosengarten GmbH investieren muss, um die Umsatzsteigerung ermöglichen zu können.

5.3 · Langfristige Finanzplanung im Unternehmen

Da es manchmal umständlich ist, eine prognostizierte GuV und Bilanz aufzustellen, kann man den *externen Finanzierungsbedarf* (EFB) alternativ auch mit der folgenden Formel bestimmen:

$$\text{EFB} = \text{Gesamtvermögen} \cdot g$$
$$- \text{Verbindlichkeiten aus Lieferungen und Leistungen} \cdot g$$
$$- (1-d) \cdot (1+g) \cdot \text{Jahresüberschuss}.$$

Wobei die Größen folgende Werte annehmen:
- Gesamtvermögen = 3.000 €
- g = Wachstumsrate des Umsatz = 0,25
- Verbindlichkeiten aus Lieferungen und Leistungen = 300 €
- d = Ausschüttungsquote = 44 €/132 € = 33 1/3 %

Setzen wir also nun die Werte ein, um den externen Finanzierungsbedarf für das Umsatzwachstum der Rosengarten GmbH berechnen zu können:

$$\text{EFB} = 3.000 \text{ €} \cdot 0{,}25 - 300 \text{ €} \cdot 0{,}25 - (1 - 33\ 1/3\ \%) \cdot (1 + 0{,}25) \cdot 132 \text{ €} = 565 \text{ €}.$$

Merke!

Der **externe Finanzierungsbedarf** errechnet sich aus Zuwachs an Vermögenswerten (die finanziert werden müssen) abzüglich der Zunahme der Verbindlichkeiten und Leistungen abzüglich den einbehaltenen Gewinnen.

Nun weiß unser Unternehmen also, dass, um die Umsatzprognose von 25 % Wachstum realisieren zu können, 565 € Außenfinanzierung notwendig ist.

Die Rosengarten GmbH hat nun drei Möglichkeiten: Erhöhen der kurzfristigen oder langfristigen Verbindlichkeiten oder Erhöhung des Eigenkapitals. Das ist eine Entscheidung des Managements. Wir gehen davon aus, dass Rosengarten GmbH die 565 € durch kurz- und langfristige Verbindlichkeiten finanziert. Diese Verbindlichkeiten entsprechen also unserer *Residualvariablen*. Um das Nettoumlaufvermögen nicht zu verändern, nimmt das Unternehmen 300 € − 75 € = 225 € (die Differenz der Änderung des Umlaufvermögens und der kurzfristigen Verbindlichkeiten) in Form von Schuldscheinen auf. Den Rest, 565 € − 225 € = 340 €, finanziert das Unternehmen durch langfristige Verbindlichkeiten. Es ergibt sich also die in ◘ Tab. 5.11 dargestellte neue Bilanz.

Tab. 5.11 Außenfinanzierung Rosengarten GmbH (Quelle: Ross et al. 2010, S. 97)

Plan-Bilanz Rosengarten GmbH (Außenfinanzierung) Aktiva	Veränderung	Passiva	Veränderung
Anlagevermögen		Eigenkapital	
Immobilien und Geschäftsausstattung	2.250 € 450 €	Stammaktien	800 € 0 €
		Nicht ausgeschüttete Gewinne	1.110 € 110 €
Anlagevermögen gesamt	2.250 € 450 €	Eigenkapital gesamt	1.910 € 0 €
		Langfristige Verbindlichkeiten	1.140 € 340 €
Umlaufvermögen			
Vorräte	750 € 40 €	Kurzfristige Verbindlichkeiten	
Forderungen aus Lieferungen und Leistungen	550 € 110 €	Verbindlichkeiten aus Lieferungen und Leistungen	375 € 75 €
Barmittel	200 € 150 €	Schuldscheine	325 € 225 €
Umlaufvermögen gesamt	1.500 € 300 €	Verbindlichkeiten gesamt	1.840 € 640 €
Gesamtvermögen	3.750 € 750 €	Gesamtkapital	3.750 € 750 €

Wie Sie sehen, ist die Bilanz wieder ausgeglichen. Durch die Erhöhung der einbehaltenen Gewinne (110 €), Steigerung der Verbindlichkeiten aus Lieferungen und Leistungen (75 €), Aufnahme von weiteren Schuldscheinen (225 €) und Erhöhung der langfristigen Verschuldung (340 €) wird der gesamte Finanzierungsbedarf von 750 € gedeckt.

Tab. 5.12 GuV Paradise plc. (Quelle: Eigene Darstellung, angelehnt an Ross et al. 2010, S. 100)

GuV Paradise plc. (Basisjahr n)	
Umsatz	500 €
Kosten	400 €
Zu versteuerndes Einkommen	100 €
Steuern (28 %)	28 €
Jahresüberschuss	72 €
Dividenden	24 €
Nicht ausgeschüttete Gewinne	48 €

> Auf den Punkt gebracht: Der externe Finanzierungsbedarf kann entweder durch das Aufstellen einer Plan-GuV und Plan-Bilanz oder durch Berechnung anhand der Formel EFB = Gesamtvermögen · g – Verbindlichkeiten aus Lieferungen und Leistungen · g – (1 – d) · (1 + g) · Jahresüberschuss ermittelt werden.

5.4 Finanzierung und Wachstum

Während wir im vorigen Kapitel eine bestimmte Wachstumsrate vorausgesetzt haben und anschließend bestimmt haben, wie hoch die dafür nötige Finanzierung der Aktiva ist, verändern wir den Blickwinkel in diesem Abschnitt ein bisschen.

Hier werden wir von den Zukunftsabsichten des Managements ausgehend die finanzpolitischen Alternativen betrachten, die aus den Investitionsvorhaben und den Finanzierungsmöglichkeiten abzuleiten sind. Aus diesen Investitionen wiederum resultiert dann das potentielle Wachstum eines Unternehmens.

Wie wir bereits gelernt haben, kann bei geringem Wachstum interne Finanzierung durch nicht ausgeschüttete Gewinne ausreichen. Bei größerem Wachstum kann es sein, dass diese Finanzierungsmöglichkeit zu gering ist und ein Unternehmen sich für Außenfinanzierung auf den Kapitalmärkten umsehen muss. Diese Beziehung zwischen Wachstum und Außenfinanzierung (Externer Finanzierungsbedarf EFB) zu kennen, kann ein hilfreiches Mittel für langfristige Planung eines Unternehmens sein.

Um die Beziehung zwischen EFB und Wachstum herzustellen, nehmen wir uns wieder ein Beispiel. Das Unternehmen Paradise plc. hat eine vereinfachte GuV und Bilanz (siehe ◘ Tab. 5.12 und 5.13).

Tab. 5.13 Bilanz Paradise plc. (Quelle: Eigene Darstellung, angelehnt an Ross et al. 2010, S. 100)

Bilanz Paradise plc. (Basisjahr n)		%			%
Anlagevermögen	300 €	60 %	Eigenkapital	250 €	n. a.
Umlaufvermögen	200 €	40 %	Fremdkapital	250 €	n. a.
Gesamtvermögen	500 €	100 %	Gesamtkapital	500 €	n. a.

Tab. 5.14 Plan-GuV Paradise plc. (Quelle: Eigene Darstellung, angelehnt an Ross et al. 2010, S. 100)

GuV Paradise plc. (Jahr n + 1)	
Umsatz	600 €
Kosten	480 €
Zu versteuerndes Einkommen	120 €
Steuern (28 %)	33,6 €
Jahresüberschuss	86,4 €
Dividenden	28,8 €
Nicht ausgeschüttete Gewinne	57,6 €

Tab. 5.15 Plan-Bilanz Paradise plc. (Quelle: Eigene Darstellung, angelehnt an Ross et al. 2010, S. 100)

Plan-Bilanz Paradise plc. (Jahr n + 1)		%			%
Anlagevermögen	360 €	60 %	Eigenkapital	307,6 €	n. a.
Umlaufvermögen	240 €	40 %	Fremdkapital	250 €	n. a.
Gesamtvermögen	600 €	100 %	Gesamtkapital	557,6 €	n. a.

Gehen wir von einem 20 %-igen Umsatzwachstum aus, dann müssen beim gleichen Vorgehen, das wir im vorhergehenden Kapitel gelernt haben, die GuV und die Bilanz im nächsten Jahr (Jahr +1) so aussehen wie in ◘ Tab. 5.14 und 5.15 dargestellt.

5.4 · Finanzierung und Wachstum

Tab. 5.16 Wachstumsraten (Quelle: Eigene Darstellung, angelehnt an Ross et al. 2010, S. 102)

Prognostiziertes Wachstum (in %)	Notwendige zusätzliche Aktiva (in €)	Erhöhung der nicht ausgeschütteten Gewinne (in €)	Externer Finanzierungsbedarf (in €)	Prognostizierter Verschuldungsgrad
0	0	48,0	−48,0	0,68
5	25	50,4	−25,4	0,75
10	50	52,4	−2,4	0,82
15	75	55,2	19,8	0,88
20	**100**	**57,6**	**42,4**	**0,95**
25	125	60,0	65,0	1,02

Der externe Finanzierungsbedarf von 600 € − 557,6 € = 42,4 € wird in diesem Beispiel durch Fremdkapital finanziert.

Vergleicht man nun den Verschuldungsgrad der beiden Jahre, der als Fremdkapital geteilt durch Eigenkapital definiert ist, so wird deutlich, dass er abnimmt:

$$\text{Verschuldungsgrad Basisjahr} = \frac{250\,€}{250\,€} = 1$$

$$\text{Verschuldungsgrad Jahr n}+1 = \frac{250\,€ + 42,4\,€}{307,6\,€} = 0,95.$$

◘ Tabelle 5.16 zeigt die Auswirkung unterschiedlicher Wachstumsraten auf die notwendige Außenfinanzierung und den Verschuldungskoeffizienten.

Die fetten Zahlen entsprechen dem oben gerechneten Beispiel. In jedem der Fälle in der Tabelle ist das Fremdkapital unsere *Residualvariable*. Bis zum 10 %-igen Wachstum wird deutlich, dass keine Außenfinanzierung nötig ist, sondern sogar noch Verbindlichkeiten abgebaut werden können (siehe negative Zahlen in der Spalte „Externer Finanzierungsbedarf"). Bei einem Wachstum von 25 % beträgt der Verschuldungsgrad sogar mehr als der ursprüngliche Koeffizient im Basisjahr. Bei Wachstumsraten unter 25 % sinkt der Koeffizient.

Im Diagramm ◘ Abb. 5.2 ist die obige Tabelle graphisch dargestellt. Es ist klar zu sehen, dass das Wachstum der Aktiva, die das Umsatzwachstum erst ermöglichen, schneller zunimmt als die durch das prognostizierte Wachstum hervorgerufenen nicht ausgeschütteten Gewinne. Sobald also die gestrichelte Linie die durchgezogene schneidet, wird Außenfinanzierung benötigt.

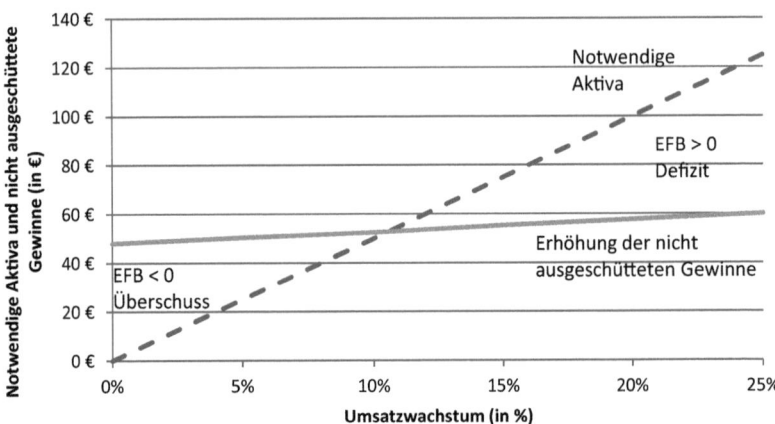

• **Abb. 5.2** Wachstum und Außenfinanzierung 1 Paradise plc. (Quelle: Eigene Darstellung, angelehnt an Ross et al. 2010, S. 102)

5.4.1 Interne Wachstumsrate

Wo sich die beiden obigen Graphen schneiden, deckt die Innenfinanzierung der Paradise plc. genau die Mittel, die für Investitionen in neue Aktiva nötig sind. Die höchste Wachstumsrate, die allein durch Innenfinanzierung erreicht werden kann, kann auch mit folgender Formel berechnet werden. Sie wird *interne Wachstumsrate* genannt.

> **Merke!**
>
> Die **interne Wachstumsrate** ist diejenige Wachstumsrate, mit der ein Unternehmen wachsen kann, wenn es sich allein durch einbehaltene Gewinne finanziert.

$$\text{Interne Wachstumsrate} = \frac{\text{Gesamtkapitalrendite} \cdot b}{1 - \text{Gesamtkapitalrendite} \cdot b} \cdot 100\,\%$$

5.4 · Finanzierung und Wachstum

Erinnern Sie sich noch, wie man die Gesamtkapitalrendite berechnet? Falls nicht, hier noch einmal die Formel:

$$\text{Gesamtkapitalrendite} = \frac{\text{Jahresüberschuss}}{\text{Gesamtvermögen}} \cdot 100\,\%.$$

Konkret für unser Beispiel der Paradies plc. berechnet heißt das:

$$\text{Gesamtkapitalrendite} = \frac{72\,€}{500\,€} \cdot 100 = 14{,}4\,\%.$$

Fehlt noch die Variable „b": b ist die Thesaurierungsquote, die wir bereits im letzten Unterkapitel kennengelernt haben. Sie drückt das Verhältnis von nicht ausgeschütteten Gewinnen zum Jahresüberschuss aus. Die Dividende und den Jahresüberschuss entnehmen wir der GuV des Basisjahres:

$$b = \text{Thesaurierungsquote} = \frac{\text{Nicht ausgeschüttete Gewinne}}{\text{Jahresüberschuss}},$$

$$b = \frac{48\,€}{72\,€} = \frac{2}{3}.$$

Das Äquivalent zur Thesaurierungsquote ist die Ausschüttungsquote d, die wir auch bereits im vorigen Unterkapitel bestimmt haben. Hier noch einmal die Formel zur Wiederholung.

$$d = \text{Ausschüttungsquote} = \frac{\text{Dividende}}{\text{Jahresüberschuss}}$$

d + b ergeben genau 1!

Wie sieht also die *interne Wachstumsrate* der Paradise plc. aus?

$$\text{Interne Wachstumsrate} = \frac{0{,}144 \cdot \frac{2}{3}}{1 - 0{,}144 \cdot \frac{2}{3}} \cdot 100\,\% = 10{,}62\,\%$$

Die interne Wachstumsrate von 10,26 % entspricht in der Graphik in ◘ Abb. 5.3 genau dem x-Achsenabschnitt, in dem sich beide Graphen schneiden. Diese Rate sagt uns, dass bis zu einem Wachstum von 10,26 % die Aktiva, die dafür benötigt werden, allein durch nicht ausgeschüttete Gewinne finanziert werden können.

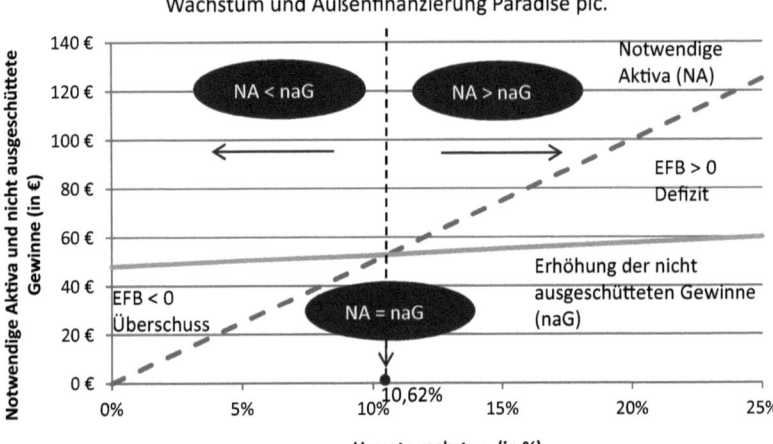

Abb. 5.3 Wachstum und Außenfinanzierung 2 Paradise plc (Quelle: Eigene Darstellung)

Aus der Formel wird ebenfalls klar, dass eine höhere Thesaurierungsquote und eine höhere Kapitalrendite die interne Wachstumsrate erhöhen.

Abbildung 5.3 veranschaulicht das eben Gesagte.

5.4.2 Nachhaltige Wachstumsrate

Eine weitere Wachstumsrate, die für ein Unternehmen von Interesse ist, ist jene, die angibt, wie viel Prozent ein Unternehmen wachsen kann, wenn es nur durch interne Finanzmittel und Fremdfinanzierung einsetzt – ohne Veränderung des Verschuldungsgrads. Sprich: Das Verhältnis von Fremd- zu Eigenkapital bleibt gleich. Sie nennt sich *nachhaltige Wachstumsrate* und kann mit folgender Formel bestimmt werden:

> **Merke!**
>
> Die **nachhaltige Wachstumsrate** ist diejenige Wachstumsrate, mit der ein Unternehmen wachsen kann, wenn es sich durch einbehaltene Gewinne und Fremdkapital finanziert, wobei der Verschuldungsgrad konstant bleibt.

5.4 · Finanzierung und Wachstum

$$\text{Nachhaltige Wachstumsrate} = \frac{\text{Eigenkapitalrendite} \cdot b}{1 - \text{Eigenkapitalrendite} \cdot b} \cdot 100\%$$

Auch hier noch einmal zur Wiederholung die Formel für die Eigenkapitalrendite:

$$\text{Eigenkapitalrendite} = \frac{\text{Jahresüberschuss}}{\text{Eigenkapital}} \cdot 100\%.$$

Die Eigenkapitalrendite für Paradise plc. lautet:

$$\text{Eigenkapitalrendite} = \frac{72\,\text{€}}{250\,\text{€}} \cdot 100 = 28{,}8\%.$$

Paradise plc. hat also eine nachhaltige Wachstumsrate von

$$\text{Nachhaltige Wachstumsrate} = \frac{0{,}288 \cdot \frac{2}{3}}{1 - 0{,}288 \cdot \frac{2}{3}} \cdot 100\% = 23{,}76\%.$$

Das Unternehmen kann also um 23,76 % wachsen und dieses Wachstum nur mit nicht ausgeschütteten Gewinnen und Fremdkapital finanzieren, wobei die Eigenkapitalrendite konstant bleibt.

Auch hier gilt: Je höher „b" ist oder die Eigenkapitalrendite, desto größer ist diese Wachstumsrate.

Graphisch dargestellt ist diese Wachstumsrate in ◘ Abb. 5.4.

> **Auf den Punkt gebracht: Ein Unternehmen kann nicht beliebig schnell wachsen. Das Wachstum ist begrenzt durch die finanziellen Mittel, die dem Unternehmen zur Verfügung stehen. Um das Wachstumspotential zu ermitteln, können die interne und die nachhaltige Wachstumsrate ermittelt werden. Letztere ist das maximal mögliche Wachstum, das das Unternehmen langfristig finanzieren kann.**

Abschließend ist es wichtig, sich noch einmal in Erinnerung zu rufen, dass Wachstum allein nicht das primäre Ziel eines Unternehmens sein sollte. Er sollte mit einer Erhöhung des Shareholder Values einhergehen. Dass die Erhöhung des Shareholder Values das primäre Ziel eines Unternehmens sein sollte, haben Sie ja bereits im Laufe dieses Lehrbuchs gelernt.

Weiterhin muss man sich beim Planen immer fragen, wie sich die Umsetzung der Planungen auf Kapitalflüsse im zeitlichen Ablauf auswirkt. Die Schwierigkeit bei der Umsetzung könnte darin bestehen, dass sich Finanzierungslücken aus den zeitlichen

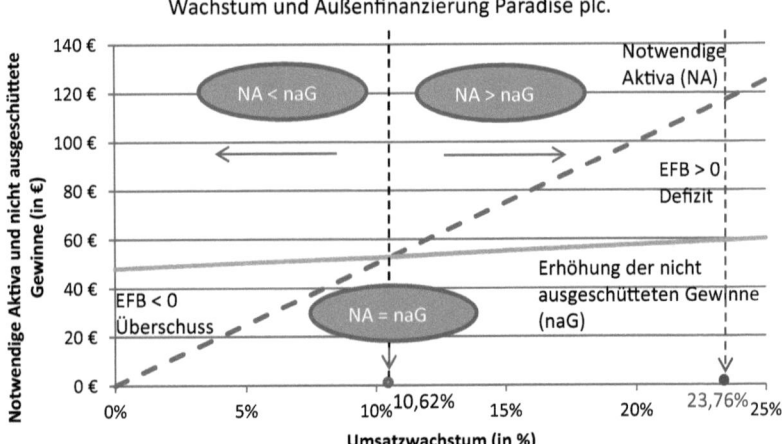

□ **Abb. 5.4** Wachstum und Außenfinanzierung 3 Paradise plc (Quelle: Eigene Darstellung)

Abläufen ergeben. Außerdem gibt es weitere Risiken wie Konjunkturschwankungen und unvorhergesehene Absatzeinbrüche auf Grund von Konkurrenzprodukten oder Qualitätsproblemen mit dem eigenen Produkt.

5.5 Lern-Kontrolle

Kurz und bündig
Ein Unternehmen kann sich durch Eigen- und durch Fremdkapital finanzieren. Eigenkapital wird durch die Eigentümer zugeführt und steht dem Unternehmen langfristig zur Verfügung. Fremdkapital wird durch Banken oder vom Kapitalmarkt bereitgestellt und muss nach einer bestimmten Frist zurückgezahlt werden.

Eine weitere Unterscheidungsmöglichkeit der Finanzierungsquellen sind die Außen- und die Innenfinanzierung. Bei der Außenfinanzierung wird das Kapital von außen zugeführt. Bei der Innenfinanzierung erwirtschaftet das Unternehmen die finanziellen Mittel durch den Umsatzprozess.

Durch die Finanzplanung wird der Kapitalbedarf des Unternehmens bestimmen. Zuerst wird das Umsatzwachstum prognostiziert. Dann werden eine Plan-GuV und eine Plan-Bilanz aufgestellt. Falls in der Plan-Bilanz das Gesamtvermögen größer ist als das Gesamtkapital, entsteht ein externer Finanzierungsbedarf. Dieser kann durch zusätzliches Eigen- oder Fremdkapital gedeckt werden.

5.5 · Lern-Kontrolle

Das Unternehmenswachstum ist durch die Finanzkraft des Unternehmens beschränkt, da finanzielle Mittel nicht unendlich zur Verfügung stehen. Mit der internen bzw. der nachhaltigen Wachstumsrate kann ermittelt werden, wie stark das Unternehmen wachsen kann. Im ersten Fall verwendet das Unternehmen nur einbehaltene Gewinne, um das Wachstum zu finanzieren. Beim nachhaltigen Wachstum verwendet das Unternehmen zusätzlich auch Fremdkapital. Der Verschuldungsgrad wird jedoch konstant gehalten.

❷ Let's check

1. Warum weicht der Marktwert eines Unternehmens vom Buchwert ab? Welche Antworten sind falsch?
   - ☐ Weil in einer Marktwirtschaft der Markt alles beherrscht.
   - ☐ Weil der Buchwert den wirklichen Wert widerspiegelt.
   - ☐ Weil der wirtschaftliche Nutzen in Form der erwarteten Gewinne in der Zukunft den Wert eines Unternehmens bestimmt.
   - ☐ Weil der Buchwert durch das Fremdkapital belastet ist.
   - ☐ Weil die Nachfrage der Investoren den Wert bestimmt.

2. Warum schneiden die Eigentümer bei einer Insolvenz ihres Unternehmens im Regelfall am schlechtesten ab? Welche Antworten sind völlig richtig?
   - ☐ Weil ihre Forderungen aus Kapitaleinlage nicht im Handelsregister gesichert sind.
   - ☐ Weil der Insolvenzverwalter nichts übrig lässt.
   - ☐ Weil flüssige Mittel und Erlöse aus dem Verkauf der Konkursmasse nicht oder gerade so genügen, um den Sozialplan (Abfindungsaufwendungen zu Gunsten der Mitarbeiter), den Insolvenzverwalter und die Gläubiger auszuzahlen.
   - ☐ Weil ein Unternehmen, das in Konkurs geht, kein Geld mehr hat.
   - ☐ Weil der Gesetzgeber vorschreibt, dass Eigentümer aus der Konkursmasse nur das erhalten, was bleibt, wenn die Ansprüche aller Gläubiger und anderen Anspruchsinhaber voll befriedigt sind.

3. Welche Aussage ist falsch: Verzinsliche Wertpapiere …
   - ☐ … dienen der OHG zur Finanzierung des Eigenkapitals der Gesellschafter.
   - ☐ … dienen dem Ausgleich der Differenz zwischen Aktiva und Passiva.
   - ☐ … können in verschiedenen Formen auf den Markt gebracht werden.
   - ☐ … sind nur gesichert, wenn dies ausdrücklich in den Emissionsregeln festgelegt wurde.
   - ☐ … unterliegen Kursschwankungen.
   - ☐ … können nicht an der Börse gehandelt werden.

4. Bei welchen der folgenden Finanzierungsformen handelt es sich um Außenfinanzierung?
   - ☐ Bankkredit
   - ☐ Rücklage

- ☐ Verkauf neuer Aktien
- ☐ Aktienrückkauf durch das Unternehmen
- ☐ Tilgung einer Anleihe

5. Welche der folgenden Finanzierungsformen ist keine Innenfinanzierung?
   - ☐ Lieferantenkredit
   - ☐ Rückstellungen
   - ☐ Kundenvorauszahlung
   - ☐ Desinvestition
   - ☐ Kapitaleinlage der Gesellschafter

6. Welche Aussagen über Rückstellungen sind richtig?
   - ☐ Rückstellungen sind das gleiche wie Rücklagen.
   - ☐ Rückstellungen sind ungewisse Verbindlichkeiten in der Zukunft.
   - ☐ Die Bildung von Rückstellungen vermindert den Gewinn.
   - ☐ Die Bildung von Rückstellungen erhöht den Gewinn.

7. Die Umsatzentwicklung eines Unternehmens zwingt dazu, eine der beiden Produktionsanlagen in drei Schichten zu betreiben. Die folgenden drei Kostenarten entwickeln sich unterschiedlich proportional zum Umsatz.
   Beziffern Sie von 1 bis 3 die Reihenfolge der drei folgenden Kostenarten nach abnehmender direkter Anhängigkeit von der Umsatzentwicklung.
   - ☐ Rohmaterial
   - ☐ Personal
   - ☐ Raumkosten

8. Betrachten Sie noch einmal das Beispiel der langfristigen Finanzplanung anhand der Rosengarten GmbH. Wovon müssen wir logischerweise ausgegangen sein, wenn Sie das Wachstum des Unternehmens und unsere damit verbundenen Rechnungen betrachten?
   - ☐ Das Unternehmen muss schon im Basisjahr n mit voller Kapazität gearbeitet haben, da das Wachstum der Rosengarten GmbH um 25 % auch genau zu einem Wachstum von 25 % bei den Aktiva geführt hat. Es konnte also kein Wachstum von den noch vorhandenen Aktiva „abgefangen" werden, da diese schon mit hundertprozentiger Kapazität gelaufen sind.
   - ☐ Die Rosengarten GmbH ist nicht im Blumengeschäft tätig.
   - ☐ Das Wachstum der Aktiva ist direkt proportional mit dem Wachstum des Umsatzes verknüpft.
   - ☐ Der externe Finanzierungsbedarf erlaubt eine Aussage über das künftige Wachstum des Unternehmens.

9. Die nachhaltige Wachstumsrate gibt an, wie viel ein Unternehmen wachsen kann, wenn es dabei gleichzeitig den Verschuldungsgrad konstant hält. Warum ist es für ein Unternehmen von Interesse, den Verschuldungsgrad möglichst konstant zu halten?
    - ☐ Ein konstanter Verschuldungsgrad führt auch zu einem konstanten Jahresüberschuss eines Unternehmens.
    - ☐ Eigentlich liegt es nicht im Interesse eines Unternehmens, den Verschuldungsgrad konstant zu halten. Das ist nur ein Nebeneffekt, den die nachhaltige Wachstumsrate beinhaltet.
    - ☐ Ein konstanter Verschuldungsgrad gibt an, dass das Fremdkapital ansteigt. Dies ist von Vorteil für ein Unternehmen, da neue Schulden mehr Kapitalzufluss bedeuten.
    - ☐ Ein konstanter Verschuldungsgrad ist wünschenswert, da sich Unternehmen nicht in starke Abhängigkeit von Gläubigern begeben sollten. Bleibt der Koeffizient bei der nachhaltigen Wachstumsrate konstant, ist das also ein gutes Zeichen: Das Unternehmen kann wachsen, ohne sich zu hoch neu zu verschulden.
10. Ein Unternehmen stellt fest, dass laut Berechnung der externe Finanzierungsbedarf bei 5%-igem Wachstum im nächsten Jahr negativ ist. Was bedeutet das?
    - ☐ Das Wachstum wird im nächsten Jahr zurückgehen, wahrscheinlich um mehr als 5%.
    - ☐ Das Unternehmen sollte die notwendige Außenfinanzierung verringern.
    - ☐ Das Wachstum kann vollständig durch nicht ausgeschüttete Gewinne finanziert werden und es bleibt sogar noch Kapital übrig, um beispielsweise Verbindlichkeiten zurückzuzahlen.
    - ☐ Der Verschuldungsgrad des Unternehmens wird übermäßig stark ansteigen, was zu einem hohen Insolvenzrisiko führen kann.
11. Die interne Wachstumsrate entspricht, graphisch dargestellt, ...
    - ☐ ... dem x-Wert, an dem sich die Linie „Externer Finanzierungsbedarf" und die Linie „Erhöhung der nicht ausgeschütteten Gewinne" schneiden.
    - ☐ ... dem y-Wert, an dem sich die Linie „Externer Finanzierungsbedarf" und die Linie „Erhöhung der nicht ausgeschütteten Gewinne" schneiden.
    - ☐ ... der Linie „Externer Finanzierungsbedarf".
    - ☐ ... der Linie „Erhöhung der nicht ausgeschütteten Gewinne".
    - ☐ ... keiner der oben genannten Möglichkeiten.

Vernetzende Aufgaben

1. Bestimmen Sie die interne Wachstumsrate der adidas AG und interpretieren Sie das Ergebnis. Verwenden Sie dazu die folgenden vier Tabellen.

Tab. 5.17 GuV adidas AG (Quelle: adidas Group 2014)

in Mio. €	1. Jan. bis 31. Dez. 2013	1. Jan. bis 31. Dez. 2012
Umsatzerlöse	14.492	14.883
Umsatzkosten	7.352	7.780
Bruttoergebnis	**7.140**	**7.103**
Lizenz- und Provisionserträge	104	105
Sonstige betriebliche Erträge	143	127
Sonstige betriebliche Aufwendungen	6.133	6.150
Geschäfts- oder Firmenwert Wertminderungsaufwendungen	52	265
Betriebsergebnis	**1.202**	**920**
Finanzerträge	26	36
Finanzaufwendungen	94	105
Gewinn vor Steuern	**1.134**	**851**
Ertragssteuern	344	327
Gewinn	**790**	**524**

5.5 · Lern-Kontrolle

Tab. 5.18 Bilanz Aktiva adidas AG (Quelle: adidas Group 2014)

in Mio. €	31. Dezember 2013	31. Dezember 2012
Aktiva		
Flüssige Mittel	1.587	1.670
Kurzfristige Finanzanlagen	41	265
Forderungen aus Lieferungen und Leistungen	1.809	1.688
Sonstige kurzfristige finanzielle Vermögenswerte	183	192
Vorräte	2.634	2.486
Forderungen aus Ertragsteuern	86	76
Sonstige kurzfristige Vermögenswerte	506	489
Vermögenswerte klassifiziert als zur Veräußerung gehalten	11	11
Kurzfristige Aktiva	**6.857**	**6.877**
Sachanlagen	1.238	1.095
Geschäfts- oder Firmenwerte	1.204	1.281
Markenrechte	1.419	1.484
Sonstige immaterielle Vermögenswerte	164	167
Langfristige Finanzanlagen	120	112
Sonstige langfristige finanzielle Vermögenswerte	30	21
Latente Steueransprüche	486	528
Sonstige langfristige Vermögenswerte	81	86
Langfristige Aktiva	**4.742**	**4.774**
Aktiva	**11.599**	**11.651**

Tab. 5.19 Bilanz Passiva adidas AG (Quelle: adidas Group 2014)

in Mio. €	31. Dezember 2013	31. Dezember 2012
Passiva		
Kurzfristige Finanzverbindlichkeiten	681	280
Verbindlichkeiten aus Lieferungen und Leistungen	1.825	1.790
Sonstige kurzfristige finanzielle Verbindlichkeiten	113	83
Ertragsteuern	240	275
Sonstige kurzfristige Rückstellungen	450	563
Kurzfristige abgegrenzte Schulden	1.147	1.084
Sonstige kurzfristige Verbindlichkeiten	276	299
Kurzfristige Passiva	**4.732**	**4.374**
Langfristige Finanzverbindlichkeiten	653	1.207
Sonstige langfristige finanzielle Verbindlichkeiten	22	17
Pensionen und ähnliche Verpflichtungen	255	251
Latente Steuerschulden	338	368
Sonstige langfristige Rückstellungen	25	69
Langfristige abgegrenzte Schulden	64	40
Sonstige langfristige Verbindlichkeiten	29	34
Langfristige Passiva	**1.386**	**1.986**
Grundkapital	209	209
Sonstige Rücklagen	321	641
Gewinnrücklagen	4.959	4.454
Auf Anteilseigner entfallendes Kapital	**5.489**	**5.304**
Nicht beherrschende Anteile	−8	−13
Gesamtes Eigenkapital	**5.481**	**5.291**
Passiva	**11.599**	**11.651**

5.5 · Lern-Kontrolle

Tab. 5.20 Ausschnitt Kapitalflussrechnung adidas AG 2013 (Quelle: adidas Group 2014)

in Mio. €	1. Jan. bis 31. Dez. 2013	1. Jan. bis 31. Dez. 2012
Finanzierungstätigkeit:		
Auszahlungen für die Rückzahlung von langfristigen Finanzverbindlichkeiten	–	–3
Einzahlungen aus der Emission einer Wandelanleihe	–	496
Auszahlungen für die Rückzahlung von Leasingverbindlichkeiten	–2	–
Gezahlte Dividende an Anteilseigner der adidas AG	–282	–209
Gezahlte Dividende an nicht beherrschende Aktionäre	–1	–3
Erwerb von weiteren nicht beherrschenden Anteilen	–	–8
Einzahlungen aus der Aufnahme von kurzfristigen Finanzverbindlichkeiten	67	–
Auszahlungen für die Rückzahlung von kurzfristigen Finanzverbindlichkeiten	–221	–231
Mittelabfluss/-zufluss aus der Finanzierungstätigkeit	**–439**	**42**

2. Bestimmen Sie die nachhaltige Wachstumsrate der adidas AG und interpretieren Sie das Ergebnis.
3. Folgende Finanzinformationen von 2014 haben Sie über das XY Unternehmen bekommen:
   - Umsatz = 2 Mio. €,
   - Jahresüberschuss = 0,4 Mio. €,
   - Dividendenausschüttung = 0,1 Mio. €,
   - Umlaufvermögen = 0,4 Mio. €,
   - Anlagevermögen = 3,6 Mio. €,
   - Verbindlichkeiten aus Lieferungen und Leistungen = 0,2 Mio. €,
   - Langfristige Verbindlichkeiten = 1 Mio. €,
   - Eigenkapital = 2 Mio. €,
   - Nicht ausgeschüttete Gewinne insgesamt = 0,8 Mio. €.

   Der Umsatz für das Jahr 2015 wird mit 2,4 Mio. € prognostiziert. Wie hoch ist der externe Finanzierungsbedarf, wenn die Gewinnmarge und die Ausschüttungsquote konstant bleiben?

4. Warum könnte man die Umsatzprognose eines Unternehmens als „Mutter der Finanzplanung" bezeichnen?
5. Rücklagen werden aus nicht ausgeschütteten Gewinnen gespeist. Weshalb zählen sie aber zur Innenfinanzierung – entnommene Gewinne, die in Form einer Kapitalerhöhung von den Gesellschaftern wieder eingelegt werden, hingegen nicht?
6. Warum zählen Rückstellungen zur Innenfinanzierung?
7. Verwenden Sie erneut GuV, Bilanz und Kapitalflussrechnung der adidas AG für das Jahr 2013 (◘ Tab. 5.17, 5.18, 5.19 und 5.20).
   Gehen Sie davon aus, dass die adidas AG im nächsten Jahr mit einem Umsatzwachstum von 6 % rechnet.
   Alle Posten in der GuV variieren direkt linear mit dem Umsatzwachstum. Auch die Aktivseite auf der Bilanz verhält sich direkt proportional zum Umsatzwachstum. Ebenso verhalten sich auch die kurzfristigen Rückstellungen und Verbindlichkeiten.
   Die Ausschüttungsquote bleibt für das nächste Jahr (2014) konstant. Hinweis: Die Ausschüttungsquote haben Sie bereits in den vernetzenden Aufgaben dieses Kapitels berechnet. Sie finden die Dividendenausschüttung (Gewinnausschüttung) aber auch in der Kapitalflussrechnung der adidas AG.
   Bestimmen Sie eine vereinfachte Form der Plan-Bilanz und -GuV für das Jahr 2014, indem Sie eine langfristige Finanzplanung durchführen. Verwenden Sie langfristige Rückstellungen und Verbindlichkeiten als Residualvariable.
   Die vereinfachte Form soll folgende Posten enthalten:
   GuV: Umsatzerlöse, Ergebnis der betrieblichen Tätigkeit, Ergebnis vor Ertragssteuern, Ergebnis nach Ertragssteuern, auf Aktionäre der adidas AG entfallendes Konzernergebnis
   Bilanz: Langfristige Vermögenswert, kurzfristige Vermögenswerte, Eigenkapital, langfristige Rückstellungen und Verbindlichkeiten, kurzfristige Rückstellungen und Verbindlichkeiten
8. Planung und Wirklichkeit
   Wenn Sie ihr Studium erfolgreich abgeschlossen haben werden und dank bester Ergebnisse in die Welt eines Großunternehmens eintauchen, werden Sie bald feststellen, dass Pläne in Form von Vorgaben und deren Einhaltung eine dominante Rolle spielen. Das wird Sie angesichts der vielen Berechnungen, die Sie bis zu dieser Stelle angestellt haben, nicht verwundern.
   Sie werden auch bald feststellen, dass Planabweichungen zu oft hektischen Plankorrekturen führen, um auf der Grundlage korrigierter Pläne wieder Handlungssicherheit zu gewinnen.
   Wenn Sie diesen Phänomenen erstmals begegnen, werden Sie sich aus noch kritischer Distanz vielleicht fragen, ob der Druck, der dem Bestreben aller entspringt, die Vorgaben einzuhalten, nicht die Gefahr birgt, den Blick vom Wesentlichen abzulenken und lähmend zu wirken.

5.5 · Lern-Kontrolle

Diskutieren Sie das Spannungsfeld zwischen Planerfüllung und spontaner Reaktion auf unvorhergesehene Ereignisse sowohl im Unternehmen als auch im Markt.

🅘 Lesen und Vertiefen

- Brealey, R. A., Myers, S. C., Allen, F. (2014). *Principles of Corporate Finance*. New York: McGraw-Hill, Abschn. 29-5 und 29-6.
  In den angegebenen Kapiteln wird einerseits der Kapitalbedarf für ein expandierendes Unternehmen bestimmt, andererseits die langfristig mögliche Wachstumsrate auf Basis der verfügbaren finanziellen Mittel ausgerechnet.
- Perridon, L., Steiner, M., Rathgeber, A. W. (2012). *Finanzwirtschaft der Unternehmung*. München: Vahlen, Kap. F.
  In diesem Kapitel beschreiben die Autoren umfangreich die verschiedenen Aspekte der Finanzplanung.
- Ross, S. A., Westerfield, R. W., Jaffe, J., Jordan, B. D. (2010). *Fundamentals of Corporate Finance*. New York: McGraw-Hill, Kap. 4.
  Im Kap. 4 werden ausführlich die vereinfachte und die langfristige Finanzplanung dargestellt. Außerdem stellen die Autoren die interne und die nachhaltige Wachstumsrate vor.
- Wöhe, G., Döring, U. (2013). *Einführung in die Allgemeine Betriebswirtschaftslehre*. München: Vahlen, Abschn. 5.5 und 5.8.
  In Abschn. 5.5 werden die Quellen der Außenfinanzierung behandelt. Abschnitt 5.8 stellt die verschiedenen Möglichkeiten der Innenfinanzierung dar.

Discounted-Cash-Flow-Bewertung

Thomas Schuster, Leona Rüdt von Collenberg

6.1 Der Ein-Perioden-Fall – 155
6.1.1 Zeitwert von Geld – 155
6.1.2 Endwertmethode – 156
6.1.3 Barwertmethode – 156

6.2 Der Mehr-Perioden-Fall – 158
6.2.1 Einfache Verzinsung – 158
6.2.2 Zinseszinsen – 159
6.2.3 Kapitalwertmethode – 161
6.2.4 Unterjährige Verzinsung – 164
6.2.5 Effektiver Jahreszins – 165
6.2.6 Ewige Rente – 166
6.2.7 Annuität – 167
6.2.8 Annuitätendarlehen – 170

6.3 Bewertung von Unternehmen – 172

6.4 Lern-Kontrolle – 174

T. Schuster, L. Rüdt von Collenberg, *Finanzierung: Finanzberichte, -kennzahlen, -planung*, Studienwissen kompakt, DOI 10.1007/978-3-662-46182-2_6,
© Springer-Verlag Berlin Heidelberg 2015

Kapitel 6 · Discounted-Cash-Flow-Bewertung

Lern-Agenda

In diese Kapitel sollen Sie sich, ganz allgemein formuliert, mit dem Zeitwert von Geld vertraut machen. Sie lernen Berechnungsmethoden von Barwerten und Endwerten über eine und mehrere Perioden kennen und sollten am Ende dieses Kapitels fähig sein, solche auszurechnen. Eine konstante Zahlung über mehrere Perioden nennt man Annuität. Des Weitern sollten Sie den Unterschied zwischen einfachem und Zinseszins sowie zwischen Nominalzins und effektivem Jahreszins unterscheiden können. Außerdem werden Sie eine Investitionsplanungsmethode kennenlernen: Mit Hilfe der Kapitalwertmethode werden Sie in Cashflow-Bewertungen eines Projekts eingeführt. Mit Hilfe der neu erlernten Techniken lernen Sie abschließend, wie man den Wert eines Unternehmens bestimmt.

Einleitend müssen Sie verstehen, dass Zinsen die Vergütung (Entgelt) für die Überlassung von Geld in einem definierten Zeitraum darstellen. Wegen dieser Sichtweise, die die menschliche Eigenschaft spiegelt, nichts zu geben, ohne einen Mehrwert zu erhalten, haben Geld oder Sachwerte, die in Geld ausgedrückt werden können, keinen konstanten Wert. Der Wert hängt stattdessen vom Zeitpunkt ab, in dem das Geld zufließt.

Vier Größen spielen zur Berechnung der Höhe der Zinsen eine Rolle:

- Die Höhe des geliehenen Betrages (C),
- Die Höhe des Zinssatzes (r),
- Die Länge der Zinsperiode, z. B. jährlich, monatlich, täglich,
- Die Laufzeit, ausgedrückt in Zinsperioden (T).

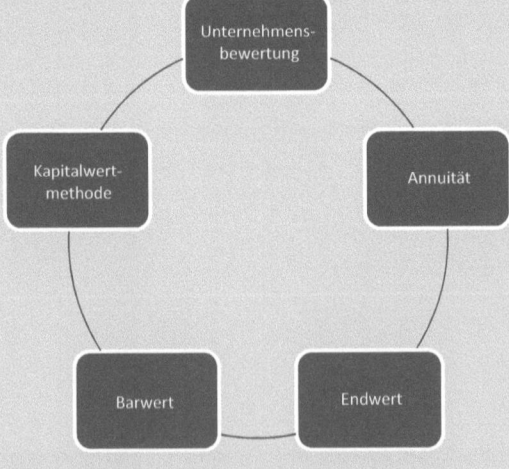

Quelle: Eigene Darstellung

6.1 · Der Ein-Perioden-Fall

Ein Bauherr verbindet sein Angebot, Ihnen eine Wohnung zu vermieten, mit folgendem Mietzahlungsmodell: Die Wohnung befindet sich noch im Rohbau. Ihnen bietet sich so die Möglichkeit, diese Wohnung nach Ihrem Geschmack und Ihren Bedürfnissen individuell auszugestalten. Man werde sich im Einzelfall absprechen, ob die ausbauliche Maßnahme der Substanzverbesserung zuzurechnen ist oder persönlichem Luxus. Alle substanzerhaltenden Ausgaben würden von ihm bezahlt.

Da er im Moment etwas klamm sei, unterbreitet er folgenden Vorschlag: Die Miete beträgt ortsüblich 500 € im Monat. Wenn Sie, der Mieter, die Investitionen in die Substanz in Form eines Mieterdarlehens finanzieren und dann, statt Miete zu zahlen, abwohnen würden, dann wäre beiden geholfen. Als Beispiel rechnet er vor: Wenn sich die Substanzinvestitionen beispielsweise auf 60.000 € beliefen, dann könnten Sie als Mieter nach folgender Formel

$$\text{Mietfreie Monate} = \frac{\text{Substanzinvestition}}{\text{Monatsmiete}}$$

120 Monate mietfrei leben, immerhin 10 Jahre!

Irgendwie scheint Ihnen die kaufmännische Seite des Angebots suspekt, weil das Wort Zins nicht gefallen ist. Sie wollen sich das Angebot durch den Kopf gehen lassen und bitten um Bedenkzeit, bis Sie das folgende Kapitel durchgearbeitet, verstanden und gelernt haben, die für diese Situation passende Formel anzuwenden. Im Hinterkopf kommt Ihnen schon einmal die Idee, dass Sie die 60.000 € auch zinsbringend bei einer Bank anlegen könnten und dann aus dem Kapital und den Zinsen wesentlich mehr Monatsmieten bezahlen könnten als die angebotenen 120 Monate, die sie mietfrei wohnen können. Wie hoch genau eine faire Anzahl von mietfreien Monaten wäre, lernen Sie in diesem Kapitel.

6.1 Der Ein-Perioden-Fall

In diesem Kapitel lernen Sie, was der Zeitwert von Geld ist und wie man dieses Wissen anwenden kann, um den Barwert einer Investition zu bestimmen. So kann man prüfen, ob und wann sich eine Investition für ein Unternehmen lohnt. Hier betrachten wir zunächst den Ein-Perioden-Fall.

6.1.1 Zeitwert von Geld

Stellen Sie sich vor, Sie möchten Ihr Auto verkaufen. Ein Interessent bietet Ihnen 15.000 €. Sie warten noch ein bisschen ab, bevor Sie zusagen, um andere Angebote einzuholen. Ein weiterer potentieller Käufer macht Ihnen ein Angebot von 16.500 €

und würde Ihnen in einem Jahr diesen Betrag zahlen. Spontan würden Sie vielleicht sagen, dass 16.500 € ja mehr als 15.000 € sind, und dem zweiten Interessenten das Auto verkaufen. Jedoch müssen Sie Folgendes bedenken: 16.500 € nächstes Jahr sind nicht dasselbe wie 16.500 € heute. Um die beiden Angebote gegenüber stellen zu können, müssen Sie die Beträge zu einem gleichen Zeitpunkt vergleichen.

6.1.2 Endwertmethode

Eine Möglichkeit, die zwei Zahlungen zu vergleichen, ist die Endwertmethode. Wenn Sie 15.000 € heute bekommen, könnten Sie diese für ein Jahr zum aktuellen Zinssatz anlegen. Angenommen, der aktuelle Zinssatz bei Festanlage für ein Jahr betrüge 8 %. Wie viel können Sie in einem Jahr von der Bank zurückerwarten, bei der Sie ihre 15.000 € angelegt haben?

$$\text{Zinszahlung} + \text{Kapitalrückfluss} = \text{Endwert}$$
$$15.000\ \text{€} \cdot 0{,}08 + 15.000\ \text{€} = 15.000\ \text{€} \cdot (0{,}08 + 1)$$
$$= 15.000\ \text{€} \cdot 1{,}08 = 16.200\ \text{€}$$

In einem Jahr würden Sie also 16.200 € haben. Welches Angebot ist also nun das bessere? 16.500 € und 16.200 € geben jetzt beide den Wert zu einem gleichen Zeitpunkt an, können also direkt verglichen werden. Es wird klar, dass das Angebot von 16.500 € das bessere ist.

> **Merke!**
>
> Der **Endwert** ist der Wert eines Geldbetrags zum Ende einer Betrachtungsperiode. Er wird durch Aufzinsen ermittelt.

6.1.3 Barwertmethode

Eine zweite Möglichkeit des Vergleichs ist die Barwertmethode. Sie könnten auch die beiden Angebote miteinander vergleichen, indem Sie den Wert der 16.500 €, die man Ihnen in einem Jahr zu zahlen anbietet, hinsichtlich ihres Wertes zum heutigen Tag berechnen. Das nennt man Abzinsen.

$$\text{Barwert} \cdot 1{,}08 = 16.500\ \text{€}$$

6.1 · Der Ein-Perioden-Fall

Nach dem sogenannten *Barwert* umgestellt müssen wir wie folgt rechnen:

$$\text{Barwert} = \frac{16.500\,\text{\euro}}{1{,}08^1} = 15.227{,}78\,\text{\euro}.$$

Warum sind 15.277,78 € der Barwert der zukünftigen Zahlung von 16.500 €? Sie können den Test machen. Legen Sie den Barwert zu einem Zinssatz von 8 % an, so ergibt sich der Endwert von 16.500 €: 15.277,78 · 1,08 = 16.500 €.

Jetzt können Sie die beiden Angebote zum heutigen Tag miteinander vergleichen:
Angebot 1:   15.000,00 € heute
Angebot 2:   15.227,78 € ist der heutige Wert der 16.500 € in einem Jahr.

Natürlich kommen Sie auch hier zu dem Ergebnis, dass das zweite Angebot Ihnen für das Auto in einem Jahr 16.500 € zu zahlen, das bessere ist.

> **Merke!**
>
> Der **Barwert** ist der Wert eines Geldbetrags zum jetzigen Zeitpunkt. Er wird durch Abzinsen ermittelt.

Im Allgemeinen gelten also für den Ein-Perioden-Fall folgende Formeln:

$$\text{Endwert} = \text{Barwert} \cdot (1 + r),$$
$$\text{Barwert} = \frac{\text{Endwert}}{(1 + r)}.$$

Wobei:
- Endwert = der Wert, den das Geld nach einer bestimmten Zeit, also in der Zukunft, wert ist.
- Barwert = der Wert, den das Geld heute wert ist.
- r = Zinssatz, zu dem Sie Ihr Geld am Markt anlegen können.

Nachdem wir nun das Prinzip des Zeitwertes von Geld verstanden haben, behandeln wir im nächsten Kapitel Mehr-Perioden-Fälle. Das bedeutet, dass wir nicht nur das Auf- oder Abzinsen einer Geldsumme für nur eine Periode betrachten, sondern, wie zu vermuten, über mehrere Perioden.

6.2 Der Mehr-Perioden-Fall

Um uns an den Mehr-Perioden-Fall heranzutasten, wollen wir zunächst einmal die Unterscheidung zwischen *einfacher Verzinsung* und *Zinseszinsen* machen:

6.2.1 Einfache Verzinsung

Nach einer Zinsperiode stellt sich die Frage, was mit den angefallenen Zinsen geschehen soll.

Entweder werden die Zinsen ausgezahlt oder dem Kapital, das verzinst wird, gutgeschrieben. Es erhöht sich dann das ursprüngliche Kapital um die Zinsen.

Werden die Zinsen jeweils am Ende einer Periode ausgezahlt, wird in den Folgeperioden anhaltend nur das Ursprungskapital verzinst.

Einfache Verzinsung bedeutet genau das: Zinsen, die ein Kapital nach einer Periode verdient hat, werden in der nächsten Periode nicht mitverzinst.

> **Merke!**
>
> Werden **einfache Zinsen** gezahlt, werden die Zinsen ausgeschüttet und nicht wieder zinstragend angelegt.

Folgende Formel wird zur Berechnung von einfacher Verzinsung verwendet:

$$\text{Endwert} = \text{Barwert} \cdot (1 + r \cdot T).$$

Wobei:
- r = Zinssatz p. a.,
- T = Laufzeit.

Die Laufzeit bedeutet, wie lange das Kapital angelegt wird. Wir gehen immer von dem Fall aus, dass das Kapital bis zum „Ende einer Periode" angelegt wird. Heißt es in einer Aufgabe also „in fünf Jahren", sprechen wir vom Ende des fünften Jahres.

Beispiel

Sie haben die Möglichkeit, eine Anleihe der BASF SE zu kaufen, die mit 8 % pro Jahr einfach verzinst wird. Sie entscheiden sich, 4.000 € zu investieren. Wie viel Geld haben Sie nach drei Jahren auf Ihrem Konto?

$$\text{Endwert} = 4.000\,€ \cdot (1 + 0{,}08 \cdot 3) = 4.960\,€$$

6.2.2 Zinseszinsen

Zinseszinsen bedeutet, dass im Vergleich zur einfachen Verzinsung die verdienten Zinsen dem jeweiligen Kapital zum Ende einer Periode zugerechnet und in der Folgeperiode ebenfalls mitverzinst werden. Hier können Sie sich vorstellen, dass Sie Ihre Zinsen nicht vom Konto nehmen, sondern darauf liegen lassen und somit auch diese in der Folgeperiode Zinsen verdienen und zwar zum gleichen Zinssatz wie das Kapital.

> **Merke!**
>
> Bei **Zinseszinsen** werden die Zinsen einbehalten und wieder zinstragend angelegt.

Folgende Formel wird zu Berechnung von Zinseszinsen verwendet:

$$\text{Endwert} = \text{Barwert} \cdot (1 + r)^T.$$

Sie haben diese Formel bereits im vorigen Kapitel kennengelernt, nur dass hier die Variable „T" entfallen ist. Diese beträgt im Ein-Perioden-Fall ja auch immer 1.

Beispiel
Sie bekommen das gleiche Angebot wie im vorigen Beispiel, diesmal von einer Bank. Hier wird Ihr Kapital nun mit Zinseszins verzinst. Wie viel Geld haben Sie also nach drei Jahren auf Ihrem Konto?

$$\text{Endwert} = 4.000 \cdot (1 + 0{,}08)^3 = 5.380{,}80 \, €$$

Vergleichen Sie nun die Ergebnisse beider Beispiele, wird klar, dass Sie bei einer Zinseszinsvereinbarung am Ende der Laufzeit mehr Geld auf dem Konto haben. Dieses Ergebnis ist auch nicht überraschend, denn wenn die Zinsen der jeweiligen Periode dem Kapital zugeschlagen werden, steht von Periode zu Periode mehr Kapital als Grundlage zur Zinsermittlung zur Verfügung. Deswegen heißt der Zins auch Zinseszins: Es wird jedes Jahr Zins auf den Zins der Vorjahre gezahlt.

Wenn man nochmal einen Rückblick auf das vorige Kapitel, den Ein-Perioden-Fall, wirft, so fällt Ihnen sicher auf, dass wir hier keine Unterscheidung zwischen einfachen Zinsen und Zinseszinsen gemacht haben. Setzen Sie in die obigen Formeln für T = 1 (Ein-Perioden-Fall), wird Ihnen auffallen, dass es keinen Unterschied zwischen einfacher Verzinsung und Zinseszinsen gibt. Der „Zinseszinseffekt" tritt also erst aber einer Periodenanzahl von T > 1 auf.

Das Rechnen mit mehr als einer Periode ist im Prinzip also nicht schwieriger als der Ein-Perioden-Fall. Der Unterschied besteht darin, dass ein Geldbetrag über mehr als eine Periode ab- oder aufgezinst wird.

Den Endwert einer Kapitalanlage, auf die Zinseszins bezahlt wird, berechnet man – wie oben aufgeführt – mit der Zinseszins-Formel:

$$\text{Endwert} = \text{Barwert} \cdot (1 + r)^T.$$

Im vorigen Kapitel haben Sie auch bereits das Abzinsen für eine Periode kennengelernt. Hierfür stellt man die Formel einfach nach dem Barwert um. Man fragt sich in diesem Fall also, wie hoch ist der Geldbetrag, den ich in beispielsweise vier Jahren bekommen werde, heute wert. Oder man kann auch fragen: Wie viel Geld muss ich heute auf meinem Konto anlegen, um in vier Jahren über einen bestimmten Betrag verfügen zu können?

Nach Umstellung der obigen Formel ergibt sich dann für die Berechnung des Barwerts folgender Zusammenhang:

$$\text{Barwert} = \frac{\text{Endwert}}{(1 + r)^T}.$$

Beispiel
Wie viel müssen Sie heute anlegen, wenn Sie in zehn Jahren ein Haus im Wert von 500.000 € kaufen wollen und das Geld zu einem Zinssatz von 7 % anlegen können?

$$\text{Barwert} = \frac{500.000}{(1 + 0{,}07)^{10}} = 254.174{,}82\,\text{€}$$

Wir haben bisher die Frage der Veränderung eines Vermögenswertes auf der Zeitachse anhand von Kapital und Zinsen kennengelernt. Dabei haben wir zwei Sichtweisen eingenommen und zu berechnen gelernt: Ermittlung des heutigen Wertes (Barwert) aus einem Zukunftswert oder Ermittlung des Zukunftswert aus einem heutigen Barwert. Die Methoden waren Abzinsungs- bzw. Aufzinsungsberechnungen über mehrere Perioden.

Je nach Problemstellung geht es nicht immer darum, den Barwert oder den künftigen Wert einer Investition zu berechnen. Manchmal sind beide gegeben, und die Laufzeit oder der Zinssatz muss berechnet werden. Auflösen nach einer anderen Variablen bedeutet natürlich einfach nur das Umstellen der Formel.

Beispiel

Sie haben heute 5.500 € auf einem Bankkonto angelegt. Nach sieben Jahren erhalten Sie 7.325 € zurück. Wie hoch war der Zinssatz?

$$7.325{,}24 = 5.500 \cdot (1 + r)^7$$

Die Gleichung muss nach r aufgelöst werden. Nach einigen Umstellungen ergibt sich:

$$r = (7.325{,}24/5.500)^{1/7} - 1 = 0{,}0418 = 4{,}18\,\%.$$

Der Zinssatz beträgt also 4,18 %.

Beispiel

Sie legen heute 1.000 € zu einem Zinssatz von 6 % pro Jahr an. Nach wie viel Jahren hat sich das Kapital auf 2.000 € erhöht, also verdoppelt?
Wir starten wieder mit der Formel für den Endwert:

$$2.000 = 1.000 \cdot (1 + 0{,}06)^T.$$

Diesmal müssen wir die Gleichung nach T auflösen. Erinnern Sie sich an den Kurs in Mathematik, wie man das macht? Genau, man muss den natürlichen Logarithmus anwenden:

$$1{,}06^T = 2.000/1.000 = 2$$

$$\ln 1{,}06^T = \ln 2$$

$$T \cdot \ln 1{,}06 = \ln 2$$

$$T = \ln 2 / \ln 1{,}06 = 11{,}90 \text{ Jahre.}$$

Was für einen einfach zu greifenden Barwert eines Bankkontos gilt, gilt im Prinzip natürlich auch für Investitionen im Unternehmen bis hin zur Bewertung von Unternehmen in ihrer Gesamtheit.

Im folgenden Beispiel haben wir das Thema Abzinsen mit einer der Investitionsbewertungsmethoden verknüpft: Die Kapitalwertmethode.

6.2.3 Kapitalwertmethode

Die Kapitalwertmethode hilft, den Barwert der zukünftigen Gewinne eines Projekts auszurechnen. Im Englischen nennt man den Kapitalwert auch Net Present Value

(NPV). Man stellt sich in diesem Fall die Frage: „Welchen Wertzuwachs erhält ein Unternehmen durch eine Investition?"

Zunächst müssen die künftigen Ein- und Auszahlungen bestimmt werden, die man sich von der Investition in ein Projekt erhofft. Als nächstes muss man einen Zinssatz zur Berechnung des Barwertes festlegen. Diese nennt man auch angestrebte Mindestverzinsung. Sie fällt je nach Risiko der Investition unterschiedlich hoch aus. Schließlich müssen die Barwerte der einzelnen Ein- und Auszahlungen bestimmt werden und davon die Investitionskosten subtrahiert werden. Dann erhält man den Kapitalwert.

> **Merke!**
>
> Bei der **Kapitalwertmethode** wird der Barwert aller zukünftigen Ein- und Auszahlungen eines Investitionsprojekts berechnet und davon die Investitionssumme abgezogen. Der Kapitalwert dient dazu, die Vorteilhaftigkeit von Investitionen zu beurteilen.

Stellen wir folgende Überlegung an: Ein Unternehmen plant die Investition einer Produktionsanlage. Sie kostet 100.000 €, die heute bezahlt werden müssen. Die Investition ist relativ sicher, sodass Sie 4 % Mindestverzinsung ansetzen. Die Erwartung besteht darin, dass über den Verkauf der Produkte Einzahlungsüberschüsse wie folgt zurückfließen:
Jahr 1: 25.000 €,
Jahr 2: 25.000 €,
Jahr 3: 25.000 €.

Nach drei Jahren kann die Produktionsanlage zu einem Restverkaufserlös von 55.000 € verkauft werden.

Die Frage, die beantwortet werden muss, um das Finanzierungsrisiko der Investition zu beurteilen lautet: Decken die Kapital-Rückflüsse die Investition unter Berücksichtigung der angesetzten Mindestverzinsung? Natürlich sind bei den Rückflüssen Barwertbetrachtungen anzustellen und zu berücksichtigen, da die Einzahlungsüberschüsse in den kommenden Jahren heute weniger wert sind.

Folgende Rechnung muss man anstellen:

Barwert Einzahlungsüberschuss Jahr 1: $\dfrac{25.000\ €}{(1+0{,}04)^1} = 24.038{,}46\ €$

Barwert Einzahlungsüberschuss Jahr 2: $\dfrac{25.000\ €}{(1+0{,}04)^2} = 23.113{,}91\ €$

Barwert Einzahlungsüberschuss Jahr 3: $\dfrac{25.000\ € + 55.000\ €}{(1+0{,}04)^3} = 71.119{,}96\ €$.

6.2 · Der Mehr-Perioden-Fall

In den drei Jahren fließt also insgesamt Kapital im Barwert von 118.272,33 €, das sind 118.272,33 € − 100.000 € = 18.272,33 € mehr als investiert wurden, zurück.
Fasst man die Einzelrechnungen zusammen, entsteht folgendes Bild:

$$\text{NPV} = -100.000\ \text{€} + \frac{25.000\ \text{€}}{(1{,}04)^1} + \frac{25.000\ \text{€}}{(1{,}04)^2} + \frac{80.000\ \text{€}}{(1{,}04)^3} = 18.272{,}33\ \text{€}.$$

Oder allgemein gefasst:

$$\text{NPV} = -C_0 + \sum_{i=1}^{T} \frac{C_i}{(1+r)^i}.$$

Wobei:
- T = Laufzeit, sprich wie lange ein entsprechender Einzahlungsüberschuss abgezinst wird.
- C_0 = Investition, die das Unternehmen am Anfang tätigt.
- C_i = Kapitalrückfluss in der Periode i.

Wenn der Kapitalwert positiv ist, bedeutet das, dass diese Investition mehr Wert erzeugt, als sie anfänglich kostet. Mit Hilfe der Kapitalwertmethode kann man also genau messen, ob das Ziel, den Shareholder Value zu erhöhen, erreicht werden kann.
Ist der **Kapitalwert positiv,** sollte das Projekt durchgeführt werden.
Ist der **Kapitalwert negativ,** sollte das Projekt **nicht** durchgeführt werden.
Bei dieser Betrachtung ist es wichtig, sich in Erinnerung zu rufen, dass hier nur Ein- und Auszahlungen betrachtet werden. Bei der Bewertung werden also folgende Informationen außer Acht gelassen:
- Periodeneinkommen wird nicht berücksichtigt,
- Buchwert ist nicht relevant,
- Abschreibungen werden nicht berücksichtigt,
- Ein- und Auszahlungen eines Kredits werden nicht berücksichtigt (z. B. um die Investition zu tätigen),
- Zinszahlung für einen solchen Kredit werden ebenfalls nicht berücksichtigt.

Sie werden sich vielleicht fragen, warum das alles unberücksichtigt bleibt. Die Abschreibungen sind zwar Kosten, führen aber nicht unmittelbar zu Auszahlungen. Also bleiben sie unberücksichtigt, da in der Kapitalwertmethode nur die Ein- und Auszahlungen relevant sind. Der Kredit bleibt der Einfachheit halber unberücksichtigt. Rechnet man nämlich den Kapitalwert eines Kredits aus (mit Auszahlung der Kreditsumme jetzt, jährlichen Zinszahlungen und Rückzahlung des Kredits am Laufzeitende), so stellt man fest, dass dieser genau null ist (falls der Kreditzins dem Kalkulationszins r

6.2.4 Unterjährige Verzinsung

Bisher haben wir im Mehr-Perioden-Fall nur eine Periodenlänge von einem Jahr betrachtet. Es gibt aber natürlich auch Situationen, in denen die Zinsperioden kürzer angesetzt werden. Beispielsweise können Zinsen monatlich, wöchentlich oder auch täglich ausgezahlt werden. In diesen Fällen muss bei den Rechnungen beachtet werden, dass der vereinbarte Zinssatz r der Laufzeit T entspricht! Ist also ein monatlicher Zinssatz gegeben, muss auch T die Anzahl der Monate bezeichnen.

Dabei unterstellt man bei den Berechnungen allgemein folgende Zusammenhänge:

1 Jahr = 52 Wochen = 360 Tage,
1 Monat = 4 Wochen = 30 Tage.

Ein Beispiel zur Veranschaulichung:

Sie legen 5.000 € auf Ihr Konto. Dafür erhalten Sie 5 % Zinsen p. a. (pro Jahr). Sie fragen sich, wie viel Ihr Kapital nach fünf Jahren wert ist, wenn es (a) jährlich, (b) monatlich oder (c) täglich verzinst wird.

a. Jährlich: Hier ändert sich soweit erst mal nichts. Zinsen als auch T sind in der „Einheit" „jährlich".

$$\text{Barwert} = 5.000 \text{ €} \cdot (1{,}05)^5 = 6.381{,}41 \text{ €}$$

b. Monatlich: Hier muss also der jährliche Zinssatz in 12 monatliche Zinssätze aufgeteilt werden, sprich r = 5 %/12. Ebenso muss nun auch die Laufzeit T in Monaten angegeben werden. Fünf Jahre entsprechen 12·5 = 60 Monaten.

$$\text{Barwert} = 5.000 \text{ €} \cdot \left(1 + \frac{0{,}05}{12}\right)^{60} = 6.416{,}79 \text{ €}$$

c. Täglich: Hier müssen also die 5 % jährliche Zinsen in 360 Teile geteilt werden. Ebenso entsprechen fünf Jahren 5·360 = 1.800 Tagen.

$$\text{Barwert} = 5.000 \text{ €} \cdot \left(1 + \frac{0{,}05}{360}\right)^{1.800} = 6.420{,}02 \text{ €}.$$

6.2 · Der Mehr-Perioden-Fall

Ein Vergleich der Ergebnisse macht deutlich, dass die unterschiedliche Verzinsung zu unterschiedlich hohen Ergebnissen führt. Je kürzer die Verzinsungsperiode ist, desto höher ist der Endwert, da auf den anfallenden Zins schneller Zinseszins gezahlt wird.

Diese Erkenntnis leitet hin zum nächsten wichtigen Fachbegriff, dem effektiven Jahreszins.

6.2.5 Effektiver Jahreszins

Wer schon mal bei seiner Bank ein Darlehen aufgenommen und einen Darlehensvertrag geschlossen hat wird festgestellt haben, dass der vereinbarte Nominalzins angeführt wird und – etwas weniger auffällig – ein weiterer Zins, der effektive Jahreszins. Im Englischen heißt dieser Zinssatz „Effective Annual Rate" und wird mit EAR abgekürzt. Was es mit dem auf sich hat, lernen wir hier. Selbst wenn Sie sich schwer tun sollten, die Berechnung des Effektivzinses zu verinnerlichen, merken Sie sich fürs wirkliche Leben eins: Auf den Effektivzins kommt es an, und daher besteht seit einigen Jahren die gesetzliche Auflage für Banken, diesen bis dato kaum einem „Häuslebauer" bekannten *effektiven Jahreszins* auszuweisen!

Die unterschiedlichen Ergebnisse aus dem vorigen Beispiel ergeben sich durch den Zinseszinseffekt. Betrachtet man die Dauer von einem Jahr und vergleicht dann monatliche mit jährlicher Verzinsung, wird klar, dass zwölfmal Zinsen zu bekommen im Vergleich zu nur einem Mal bereits einen kleinen Zinseszinseffekt hervorruft. Deswegen ist die Summe, die sich bei monatlicher Verzinsung im obigen Beispiel errechnet, auch größer als die mit jährlicher Verzinsung (6.416,79 € > 6.381,41 €).

Welchen jährlichen Zinssatz müsste man also bekommen, wenn man die gleiche Summe nach fünf Jahren haben möchte wie bei monatlicher Zinsabrechnung? Dieser jährliche Zinssatz müsste auf jeden Fall größer sein als der sogenannte „auf Jahresbasis umgerechnete Prozentsatz" oder Nominalzins, denn der effektive Jahreszins muss den Zinseszinseffekt der monatlichen Verzinsung „kompensieren". Der auf Jahresbasis umgerechnete Nominalzins heißt im Englischen „Annual Percentage Rate" oder auch kurz APR.

> **Merke!**
>
> Der **effektive Jahreszins** ist derjenige jährlich gezahlte Zins, den ein Investor erhalten würde, um den gleichen Endwert wie bei einer Kapitalanlage mit unterjähriger Verzinsung zu erhalten.

Man kann sich also folgende Rechnung vorstellen, um den effektiven Jahreszins zu berechnen:

$$6.416{,}79\, € = 5.000\, € \cdot (1 + \text{EAR})^5.$$

Nachdem die Gleichung nach EAR aufgelöst wurde, ergibt sich:

$$\text{EAR} = (6.416{,}79/5.000)^{1/5} - 1 = 0{,}0512\ \text{EAR} = 5{,}12\,\%.$$

Unsere Vermutung war richtig: EAR > APR, denn 5,12 % > 5 %.

Falls kein konkretes Beispiel mit einem Bar- und einem Endwert gegeben ist, sondern nur der Jahreszins und die Anzahl der Zinszahlungen pro Jahr, lautet die allgemeine Formel für die Bestimmung des effektiven Jahreszinses so:

$$\text{EAR} = \left(1 + \frac{r}{m}\right)^m - 1.$$

Wobei:
- r = Zinssatz auf Jahresbasis,
- m = Anzahl der jährlichen Zinsperioden.

Beachten Sie dabei unbedingt, dass der Zinssatz r sich im Regelfall auf ein Jahr bezieht.

Ist die Zinsperiode kürzer, also die Zinsfälligkeiten monatlich oder gar täglich, so ist es unabdingbar sicherzustellen, dass „m" immer der Anzahl der Perioden in einem Jahr entspricht, d. h. wird das Kapital monatlich verzinst, muss m = 12 sein (12 Monate = 1 Jahr), wird das Kapital täglich verzinst, muss m = 360 sein (360 Tage = 1 Jahr).

Für unser Beispiel bedeutet das:

$$\text{EAR} = \left(1 + \frac{0{,}05}{12}\right)^{12} - 1 = 5{,}12\,\%.$$

Diesen Wert hatten wir im konkreten Beispiel mit dem Anfangskapital von 5.000 € und dem Endwert von 6.416,79 € schon weiter oben ausgerechnet.

6.2.6 Ewige Rente

Eine ewige Rente ist ein konstanter Kapitalfluss, der nie aufhört. Ein Beispiel dafür wäre die ewige Anleihe. Sie wird beispielsweise von Großbritannien emittiert und heißt dort Consols. Kauft man dieses Wertpapier, bekommt man jährliche konstante

6.2 · Der Mehr-Perioden-Fall

Zahlungen für immer. Die Frage stellt sich, wie viel man für so eine ewige Anleihe heute zahlen muss, um für immer eine bestimmte Auszahlung zu erhalten. Der Barwert einer ewigen Rente ist also die Summe der einzelnen Auszahlungen, die bis ins Unendliche ausgezahlt werden. Folgende Formel kann zum Errechnen des Barwerts einer ewigen Rente verwendet werden:

$$\text{Barwert} = \frac{C}{r}.$$

Wobei:
C = Regelmäßige, ewige Auszahlung.

Beispiel
Eine britische ewige Anleihe zahlt jedes Jahr 30 £ aus. Der Kapitalmarktzins beträgt derzeit 5 %. Wie viel ist die Anleihe heute Wert?

$$\text{Wert der Anleihe} = \frac{30\,£}{0{,}05} = 600\,£$$

Beispiel
Eine Kapitalanlage soll jährlich auf Dauer 10.000 € ausschütten. Heute müssen Sie in diese Investition 125.000 € stecken. Wie hoch ist der Zinssatz?

$$125.000\,€ = \frac{10.000\,€}{r}$$
$$r = \frac{10.000\,€}{125.000\,€} = 0{,}08$$
$$r = 8\,\%$$

Das Kapital bleibt erhalten. Die Zinsen auf die 125.000 € Anfangskapital entsprechen genau der jährlichen Auszahlung von 10.000 €, nämlich 125.000 · 0,08 = 10.000.

6.2.7 Annuität

Im Vergleich zur ewigen Rente wird die Annuität nur eine begrenzte Zeit gezahlt, d. h. hier erhält man regelmäßig eine fixe Anzahl von Zahlungen in gleicher Höhe über eine bestimmte Periode. Bei Betrachtung des Mehr-Perioden-Falls kann es also auch sein, dass die Kapitalflüsse regelmäßig immer in gleicher Höhe auftreten. Für diesen Fall der konstanten, mehrfachen Zahlung kann man eine eigene Berechnungsformel ableiten.

Für diese Art von konstant wiederkehrenden Kapitalflüssen muss man unterscheiden, ob sie am Anfang oder Ende einer Periode fällig werden, denn wir wissen inzwischen, dass es sehr wohl einen Unterschied ausmacht, ob der Wert zum Anfang oder dem Ende einer Periode angelegt wird.

Man nennt diesen Unterschied auch vorschüssige oder nachschüssige Fälligkeit.

Bei einer vorschüssigen Kapitalanlage, also bei Einzahlung zu Beginn der Periode, wird für die volle erste Periode Zinsen gezahlt. Hingegen wird bei einer nachschüssigen Kapitalanlage, also bei Einzahlung am Periodenende, erst ab der zweiten Periode Zinsen gezahlt. Also ist auch der Endwert des Kapitals bei der vorschüssigen Anlage höher als bei der nachschüssigen, da ja bei letzterer auf eine Periode Zinsen verzichtet wird.

> **Merke!**
>
> Eine **Annuität** ist eine regelmäßig wiederkehrende Zahlung in konstanter Höhe. Sie kann jeweils am Anfang einer Periode erfolgen (vorschüssig) oder immer am Ende einer Periode ausgezahlt werden (nachschüssig).

Folgende zwei Formeln werden bei vorschüssigen Zahlungen, also am Anfang einer Periode, verwendet:

$$\text{Barwert vorschüssig} = C \cdot \frac{1 - \frac{1}{(1+r)^T}}{1 - \frac{1}{1+r}},$$

$$\text{Endwert vorschüssig} = C \cdot \frac{(1+r)^{T+1} - (1+r)}{r}.$$

Folgende Formel wird für nachschüssige Zahlungen verwendet:

$$\text{Barwert nachschüssig} = C \cdot \frac{1 - \frac{1}{(1+r)^T}}{r},$$

$$\text{Endwert nachschüssig} = C \cdot \frac{(1+r)^T - 1}{r}.$$

C entspricht auch hier den immer gleich bleibenden Kapitalflüssen.

Damit diese Thematik ebenfalls verständlicher wird, lassen Sie uns den folgenden Fall betrachten.

6.2 · Der Mehr-Perioden-Fall

Beispiel

Sie möchten ein Hotel bauen. Es fallen dafür Investitionen von 24 Mio. € an. Während der Nutzungsdauer werden am Ende des Jahres Einzahlungsüberschüsse von 2 Mio. € jährlich erwartet. Die Nutzungsdauer beläuft sich auf fünfzig Jahre. Nach fünfzig Jahren fallen erneute Kosten von 5 Mio. € an, um das Hotel abzureißen. Der momentane Marktzinssatz beträgt 8 %.

Es stellt sich also die Frage, ob sich diese Investition lohnt. Ist also der Kapitalwert positiv?

Die Analyse kann man in drei Teilprobleme zerlegen: Was sind die Barwerte der Anfangsinvestition, der jährlichen Zahlung und der Abrisskosten?

Da die Anfangsinvestitionen heute anfallen, ist der Barwert dementsprechend unverändert 24 Mio. €.

Dann bestimmen wir den Barwert der fünfzig Einzahlungsüberschüsse von je 2 Mio. €. Was sind diese heute wert? Dazu können wir die oben neu eingeführte Formel verwenden, da die Kapitalflüsse von 2 Mio. € immer konstant bleiben und es sich damit um eine Annuität handelt. Wir wählen die Barwertformel für nachschüssige Zahlungen, da die Einzahlungsüberschüsse immer am Jahresende anfallen:

$$\text{Barwert} = 2 \text{ Mio. €} \cdot \frac{1 - \frac{1}{(1+0{,}08)^{50}}}{0{,}08} = 24.466.969{,}29 \text{ €}.$$

Als Nächstes müssen wir auch die Abrisskosten am Ende der Nutzungszeit des Hotels von 5 Mio. € abzinsen und damit den Wert dieser Kosten von heute bestimmen. Alle Werte müssen ja zu einem gleichen Zeitpunkt verglichen werden. Da es sich hier nur um eine einmalige Auszahlung handelt, benutzen wir die ganz am Anfang des Kapitels eingeführte Barwert-Formel:

$$\text{Barwert} = \frac{5 \text{ Mio. €}}{(1 + 0{,}08)^{50}} = 106.606{,}14 \text{ €}.$$

Wir können also nun den Kapitalwert (NPV) bestimmen:

$$\text{NPV} = -24.000.000 \text{ €} + 24.466.969{,}29 \text{ €} - 106.606{,}14 \text{ €} = 360.363{,}15 \text{ €}.$$

Der Kapitalwert ist positiv, also lohnt sich die Investition. Der Hotelbau sollte unternommen werden.

Mit den eingeführten Formeln kann man auch einen vorschüssigen Barwert ausrechnen.

Beispiel
Frau Müller hat in einer Lotterie gewonnen. Sie erhält den Gewinn von 20.000 nicht sofort ausgezahlt, sondern in zwanzig gleichen Jahresraten, die jeweils am Jahresanfang bezahlt werden. Wie viel ist der Lotteriegewinn heute wert, wenn Frau Müller das Geld zu einem Zinssatz von 10 % p. a. anlegen kann.
Es handelt sich um zwanzig vorschüssige Zahlungen von je 1.000 €. Gefragt ist nach dem Barwert. Es muss daher folgende Formel verwendet werden:

$$\text{Barwert der Lotterie} = 1.000 \cdot \frac{1 - \frac{1}{(1+0{,}1)^{20}}}{1 - \frac{1}{1+0{,}1}} = 9.364{,}92 \text{ €}.$$

Nun wollen wir uns auch noch ein Beispiel für die Berechnung des *vorschüssigen* Endwertes anschauen:

Beispiel
Jill ist gerade 16 Jahre alt geworden. Sie möchte sich gerne ein Auto kaufen, wenn sie 20 wird. Sie kann es sich leisten, am Anfang jeden Monats bis zu ihrem 20. Geburtstag 440 € auf ihr Konto zu legen. Die Bank bietet ihr einen Zinssatz von 5,5 % jährlich, der monatlich verzinst wird. Wie viel Geld hat sie an ihrem 20. Geburtstag für ein Auto zur Verfügung?
Wir suchen also nach einem Endwert: Wie viel hat sie in der Zukunft an ihrem 20. Geburtstag auf dem Konto? Die Einzahlungen haben immer den gleichen Betrag, nämlich 440 €, und werden in immer gleichen Abständen monatlich auf ihr Konto gezahlt. Wir benutzen also die vorschüssige Endwertformel. Zinsen von 5,5 % sind jährlich angegeben, monatlich jedoch wird ihr Kapital verzinst. Der monatliche Zinssatz beträgt also: 5,5 %/12 = 0,4.583 %. Die Laufzeit T entspricht 4 Jahre · 12 Monate = 48 Monate.

$$\text{Endwert} = 440 \text{ €} \cdot \frac{\left(1 + \frac{0{,}055}{12}\right)^{48+1} - \left(1 + \frac{0{,}055}{12}\right)}{\frac{0{,}055}{12}} = 23.671{,}39 \text{ €}.$$

Na, das reicht auch noch für ein Jahr Versicherung, Steuer und Sprit. …

6.2.8 Annuitätendarlehen

Ein häufiger Fall im wirklichen Leben ist ein Annuitätendarlehen Ihrer Bank zur Finanzierung Ihres Hauses. Dabei geht es darum, dass die monatlichen Raten immer gleich hoch bleiben sollen, um die finanzielle Belastung in den Einkommensrahmen des Käufers als feste Größe einplanen zu können. Die Zahlungen setzen sich jeweils aus

6.2 · Der Mehr-Perioden-Fall

einem Tilgungs- und einem Zinsanteil zusammen. Dabei mindert sich die Darlehensschuld natürlich monatlich. Das hat zur Folge, dass die Basis zur Berechnung der Zinsen von Monat zu Monat geringer wird, also der Zinsanteil sinkt. Die Monatstilgung erhöht sich um die Minderung des Zinsanteils, denn die Rate soll ja gleich bleiben. Die Zinsen sinken also monatlich, während die Tilgungen steigen.

> **Merke!**
>
> Bei einem **Annuitätendarlehen** zahlt der Schuldner das Darlehen in konstanten Raten zurück (meist monatlich oder jährlich). Die Annuität setzt sich aus einem Zins- und aus einem Tilgungsteil zusammen.

Die Formel für die Annuität eines Darlehens lautet:

$$C = K \cdot \frac{r \cdot (1+r)^T}{1-(1+r)^T}.$$

Wobei:
- C = Jährliche Annuität (Zins- und Tilgungszahlung),
- K = Kreditsumme,
- r = Kreditzinssatz,
- T = Laufzeit des Kredits.

Annuitätendarlehen können natürlich auch jährlich zurückgezahlt werden, wie das folgende Beispiel zeigt.

Beispiel
Ein Darlehen über 100.000 € wird bei 6 % Zinsen p. a. über 5 Jahre mit gleichen Raten getilgt. Die Annuität ist hier die monatlich gleichbleibende Rate, die Zins und Tilgung des Darlehens beinhaltet.
Die Annuität berechnet sich wie folgt:

$$C = 100.000\,€ \cdot \frac{0{,}06 \cdot (1+0{,}06)^5}{1-(1+0{,}06)^5} = 23.739{,}64\,€.$$

Diese Annuität von 23.739,64 € kann man jährlich in die entsprechenden Zins- und Tilgungszahlungen zerlegen. Einzelheiten dieser Berechnung sind in der folgenden Tabelle zu finden. Falls Sie richtig gerechnet haben, sollte am Ende der Laufzeit ein Restkredit von null übrig bleiben.

Annuitätendarlehen

Darlehen	100.000 €			
Jahre	5	Zinssatz p. a.	6 %	
Jahr	Kapitaldienst	Zins	Tilgung	Restkredit
1	23.739,64 €	6.000,00 €	17.739,64 €	82.260,36 €
2	23.739,64 €	4.935,62 €	18.804,02 €	63.456,34 €
3	23.739,64 €	3.807,38 €	19.932,26 €	43.524,08 €
4	23.739,64 €	2.611,44 €	21.128,20 €	22.395,89 €
5	23.739,64 €	1.343,75 €	22.395,89 €	0,00 €

6.3 Bewertung von Unternehmen

Im letzten Kapitel dieses Buches wollen wir uns noch der Bewertung von Unternehmen widmen. Mit dem folgenden Beispiel wollen wir bestimmen, was der Wert des dort beschriebenen Unternehmens ist und wie man ihn berechnet. Man benutzt dazu die Kapitalwertmethode, die Sie ja bereits kennengelernt haben.

Im Prinzip ist der faire Kaufpreis eines Unternehmens nichts anderes als der Barwert der zukünftigen Einzahlungen, was im Fall des Unternehmens die zukünftigen Cashflows sind.

> **Merke!**
>
> Der **Wert eines Unternehmens** wird durch die Kapitalwertmethode bestimmt. Er bemisst sich nach dem Barwert aller zukünftigen Cashflows, die das Unternehmen generiert.

Um Sie im wirklichen Leben angesichts eines Angebotes, ein kleineres Unternehmen käuflich zu erwerben, vor einem gravierenden Fehler zu schützen, sollten Sie bedenken, dass vorliegende Zahlen über den heutigen Zustand und die zurückliegende Entwicklung Aussagen treffen können, Sie aber die Zukunftschancen kaufen werden. Sie sollten also in Ihre Überlegungen immer einbeziehen, dass die umfangreichsten Berechnungen auf Vergangenheitswerten beruhen. Damit laufen die Ergebnisse in Gefahr, in der Zukunft nicht zuzutreffen. Wichtig ist jedoch, dass die Ergebnisse zum heutigen Zeitpunkt die besten sind, die anhand der vorliegenden Daten erstellt werden können.

6.3 · Bewertung von Unternehmen

Beispiel

Das Unternehmen generiert am Ende des ersten Jahres einen Einzahlungsüberschuss von 5.000 € und in den folgenden sechs Jahren einen nachschüssigen Einzahlungsüberschuss von je 2.000 €. Nach insgesamt sieben Jahren kann das Unternehmen für 10.000 € verkauft werden. Der potentielle Investor würde gerne 10 % Zinsen pro Jahr auf seine Kapitalanlage erzielen. Für 12.000 € kann das Unternehmen heute gekauft werden. Ist das ein gutes Angebot oder soll der Investor das Geld lieber am Markt anlegen?

Wir müssen also den Kapitalwert des Unternehmens bestimmen. Die einzelnen Einzahlungsüberschüsse müssen dafür auf den heutigen Tag abgezinst werden, und dann summieren wir sie, um den Barwert auszurechnen. Die folgende Abbildung stellt die einzelnen Einzahlungsüberschüsse dar.

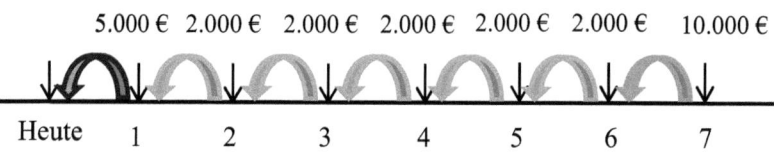

Zunächst berechnen wir den Barwert der 5.000 €, die das Unternehmen in einem Jahr abwirft. Dazu verwenden wir die Formel für den Barwert eines einzelnen Einzahlungsüberschusses:

$$\text{Barwert} = \frac{5.000\,€}{1{,}1} = 4.545{,}45\,€.$$

Die fünf Einzahlungsüberschüsse von je 2.000 € gehören in die Kategorie „mehrere Einzahlungsüberschüsse". Da die Zahlungen am Ende eines Jahres fließen, benötigen wir folgende Formel für den Barwert der Einzahlungsüberschüsse:

$$\text{Barwert nachschüssig} = 2.000\,€ \cdot \frac{1 - \frac{1}{(1+0{,}1)^5}}{0{,}1} = 7.581{,}57\,€.$$

Den Wert, den wir nun berechnet haben, gibt den Barwert der Einzahlungsüberschüsse am Ende des Jahres 1 an. Um den heutigen Wert zu berechnen, muss dieser Wert also noch um ein weiteres Jahr abgezinst werden:

$$\text{Barwert} = \frac{7.581{,}57\,€}{1{,}1} = 6.892{,}34\,€.$$

Schließlich müssen wir noch den Barwert der 10.000 € bestimmen, für die wir das Unternehmen nach sieben Jahren verkaufen können. Auch dies ist nur ein einzelner Einzahlungsüberschuss, der jedoch nach sieben Perioden anfällt.

$$\text{Barwert} = \frac{10.000\,€}{1{,}1^7} = 5.131{,}58\,€$$

Nun können wir die einzelnen Barwerte addieren:
Wert des Unternehmens heute: 4.545,45 € + 6.892,34 € + 5.131,58 € = 16.569,37 €.
Lohnt sich also die Investition? Die Kapitalwertmethode hilft uns bei Beantwortung dieser Frage:

$$\text{NPV} = -12.000\,€ + 16.569{,}37\,€ = 4.569{,}37\,€.$$

Der Kapitalwert ist positiv, d. h. die Investition sollte getätigt werden, da der Kaufpreis kleiner als der Barwert der zukünftigen Einzahlungsüberschüsse ist.

6.4 Lern-Kontrolle

Kurz und bündig
Sie sollten nun damit vertraut sein, dass Geld heute einen anderen Wert hat als Geld in der Zukunft. Beim Berechnen des Endwertes über mehrere Perioden ist es immer wichtig zu unterscheiden, ob Ihr Kapital einfach verzinst wird oder ob Sie den Zinseszinseffekt anwenden können. Der Barwert lässt sich immer durch Abzinsen des entsprechenden Kapitals berechnen. Der effektive Jahreszins ist immer höher als der Nominalzins p.a., da der Effektivzins den Zinseszinseffekt kompensiert. Bar- und Endwerte lassen sich auch bei mehreren konstanten und regelmäßigen Kapitalflüssen berechnen. Unterscheiden Sie hier immer, ob das Kapital am Anfang (vorschüssig) oder am Ende (nachschüssig) einer Periode fließt. Mit Hilfe der Kapitalwertmethode können Sie abschätzen, ob sich eine Investition in ein Projekt lohnt: Ist der Kapitalwert positiv, sollten Sie das Projekt unternehmen. Ist er jedoch negativ, lohnt sich die Investition nicht. Den Wert eines Unternehmens bestimmen Sie mit Hilfe der Kapitalwertmethode.

❓ Let's check

1. Ihre Oma möchte Ihnen zu Ihrem Geburtstag in einem Jahr 200 € schenken. Wenn Sie das Geld aber heute schon brauchen, würde sie sich auch bereiterklären, Ihnen ein vorgezogenes Geburtstagsgeschenk zu machen. Sie können die

6.4 · Lern-Kontrolle

200 € also bereits heute bekommen. Zufällig haben Sie, kurz bevor Sie Ihre Oma treffen, das vorige Kapitel bearbeitet. Deswegen wissen Sie:
- ☐ Es macht keinen Unterschied, ob Sie 200 € heute oder in einem Jahr bekommen: 200 € sind 200 €.
- ☐ 200 € heute sind nicht das Gleiche wie 200 € in einem Jahr. Nehmen Sie das Geld bereits heute an, so können Sie es anlegen und darauf bereits ein Jahr Zinsen bekommen.
- ☐ Es macht mehr Sinn, die 200 € erst an Ihrem Geburtstag in einem Jahr anzunehmen, weil Sie davon ausgehen können, dass die Zinsen auf jeden Fall in einem Jahr höher sind als heute.
- ☐ 180 € heute sind bei Bankzinsen von 10 % mehr wert als 200 € in einem Jahr.

2. Sie müssen einem guten Freund in einem Jahr 450 € zurückzahlen, die er Ihnen geliehen hat. Sie haben momentan 420 € auf dem Konto. Was geht Ihnen mit dem nun neu erlernten Wissen dieses Kapitel durch den Kopf?
   - ☐ Verdammt, ich habe nur 420 € auf dem Konto. Ich muss heute dringend die fehlenden 30 € auftreiben.
   - ☐ Sie atmen durch, denn Sie haben ausgerechnet, dass mit der momentanen Verzinsung auf Ihrem Konto die 420 € heute in einem Jahr 450 € wert sind.
   - ☐ Durch die Investitionsquote ist sichergestellt, dass Sie 450 € in einem Jahr auf dem Konto haben.
   - ☐ Bei geschickter Anlage wird die Umlaufintensität den Endwert von 450 € in einem Jahr sicherstellen.

3. Sie legen heute 3.000 € auf einem Bankkonto an, auf dem Sie 5,5 % pro Jahr Zinsen erhalten. Wie viel ist diese Summe in einem Jahr Wert?
   - ☐ 3.000 €
   - ☐ 3.165 €
   - ☐ 3.300 €
   - ☐ 4.000 €

4. Warum sollte ich eine britische ewige Anleihe (Consols) für 125.000 € kaufen, um – nach unserer Beispielrechnung – 10.000 € als ewige Rente zu erwerben, wenn ich das Geld auch selbst anlegen und damit den „Kaufpreis" behalten kann? Geben Sie nur betriebswirtschaftlich begründete Antworten.
   - ☐ Weil die britischen Consols keinen Markt hätte, wenn ich sie wieder verkaufen könnte.
   - ☐ Weil ich mich nicht mehr kümmern muss, sondern beruhigt bis zum Lebensende nur noch kassieren kann.
   - ☐ Weil die britische Consols mir auf Lebenszeit den Zinssatz garantiert. Da der britische Staat auch den Zinsschwankungen ausgesetzt ist, deckt er quasi als Versicherung das Zinsrisiko ab.
   - ☐ Weil der britische Staat Insolvenz beantragen könnte und ich dann mein ganzes eingesetztes Kapital wieder ausbezahlt bekäme.

Kapitel 6 · Discounted-Cash-Flow-Bewertung

5. Werfen Sie nochmal einen Blick auf die Beispielaufgabe, anhand derer wir den effektiven Jahreszins bestimmt haben. Wir haben für die monatliche Verzinsung einen effektiven Jahreszins von 12,5 % berechnet. Die Nominalrate betrug 12 % p. a. Wenn wir für die tägliche Verzinsung (iii) die effektive Jahresrate berechnen würden, was müsste auf diese zutreffen?
   - ☐ Sie ist kleiner als 12,5 %, weil tägliche Zinsraten niedriger sind als monatliche Zinsraten.
   - ☐ Sie beträgt ebenfalls 12 %, wie auch die Nominalrate.
   - ☐ Sie ist größer als 12,5 %, weil sie einen stärkeren „Zinseszinseffekt" kompensieren müsste, der sich aus täglicher im Vergleich zu monatlicher Verzinsung ergibt.
   - ☐ Man kann keine Aussage über die effektive Jahresrate, die man aus der täglichen Verzinsung berechnet, treffen.

6. Sie bekommen Taschengeld von monatlich 300 € auf Ihr Konto überwiesen. Ist es für Sie zinsmäßig geschickter, das Geld schon am Anfang, vorschüssig, jeden Monats oder am Ende, nachschüssig, jeden Monats zu bekommen?
   - ☐ Am Anfang jeden Monats, denn so bekommen Sie für jeden Monat, auch für den allerersten, Zinsen.
   - ☐ Am Ende jeden Monats, denn Zinsen werden auch immer am Ende jeden Monats gezahlt.
   - ☐ Am Anfang des Monats, denn dann kann ich mir gleich am Monatsanfang eine neue Jeans kaufen.
   - ☐ Es macht keinen Unterschied, denn der Zinssatz ist gleich. Er variiert nicht für Anfang und Ende des Monats.

7. Ein Unternehmen, das in den vergangenen fünf Jahren jedes Jahr 5.000 € Gewinn gemacht hat, wird Ihnen zum Kauf angeboten. Um den Angebotspreis zu überprüfen, genügt es Ihnen, mittels einer der oben erlernten Barwertformeln den Unternehmenswert zu errechnen?
   - ☐ Ja, das ist ausreichend wenn der meiner Barwertrechnung unterlegte Zinssatz wenigstens doppelt so hoch ist wie der Bankzins, den das Unternehmen heute auf langfristige Kredite zahlt.
   - ☐ Nein, das ist nicht ausreichend. Eine gründliche Analyse der Bilanz und der GuV sollte die Ertragsberechnung ergänzen.
   - ☐ Nein, denn neben einem intensiven Blick in die Bilanz und Unternehmenswertberechnungen aufgrund der vorliegenden Ergebnisse der vergangenen fünf Jahre ist die Analyse der Zukunfts-Chancen ausschlaggebend.
   - ☐ Ja, das ist ausreichend, denn ein Unternehmen, das Gewinn erwirtschaftet hat, ist immer sein Geld wert.

8. Ihnen liegt folgendes Angebot vor: Sie können heute 25.000 € investieren, um ein Unternehmen zu erwerben. In den nächsten fünf Jahren wirft dieses jeweils 1.000 € ab. Nach dem fünften Jahr können Sie es für 20.000 € verkaufen. Was

6.4 · Lern-Kontrolle

stellen Sie richtigerweise und ohne komplizierte Rechnerei sofort über die Attraktivität dieses Angebots fest?
- ☐ Das hört sich nach einem tollen Angebot an. Hier investiere ich!
- ☐ Der Verschuldungsgrad dieses Unternehmens ist mit zu hoch. Das Angebot ist nicht attraktiv für mich.
- ☐ Der Kapitalwert kann gar nicht positiv sein, da das Geld, das das Unternehmen abwirft, sich nur auf 25.000 € summiert. Auch niedrige Zinsen führen auf jeden Fall zu einem niedrigeren Barwert als die 25.000 €, die ich investieren muss. Hier investiere ich nicht!
- ☐ Ich kann die Attraktivität dieses Angebots auf dieser Basis nicht beurteilen. Wenn ich die Anlageintensität wüsste, könnte ich eine Beurteilung abgeben.

9. Die internationale Hotelkette Kim Hotels überlegt sich, in Seoul ein Hotel zu kaufen. Das neue Hotel ist für einen Kaufpreis von 20 Mio. € zu haben. Eine Marktanalyse ergab, dass der jährliche Einzahlungsüberschuss in den nächsten zwanzig Jahren 3 Mio. € betragen wird. Er fällt immer am Jahresende an. Die jährlichen Abschreibungen betragen 1 Mio. €. Nach zwanzig Jahren kann das Hotel für 5 Mio. € wieder verkauft werden. Kim Hotels müsste sich mit einem Zinssatz von 13 % am Kapitalmarkt verschulden, um den Kauf zu finanzieren.
- ☐ In Südkorea ist die politische Lage zu instabil. Das Hotel sollte nicht gekauft werden.
- ☐ Die Abschreibungen müssen in der Berechnung des Unternehmenswerts einbezogen werden, da sie Kosten, aber keine Auszahlungen herstellen.
- ☐ Der Unternehmenswert beträgt 21,508 Mio. €.
- ☐ Das Unternehmen sollte nicht gekauft werden, da der Unternehmenswert größer als der Kaufpreis ist.
- ☐ Das Unternehmen sollte gekauft werden, da der Unternehmenswert größer als der Kaufpreis ist.

❓ Vernetzende Aufgaben

1. Danieles Pizza Company möchte in vier neue Filialen investieren. Massimiliano Barbi, der kaufmännische Geschäftsführer, geht davon aus, dass diese Investition für neun Jahre Kapitalflüsse von je 200.000 € am Ende jeden Jahres abwerfen wird. Die vier neuen Filialen können nach den neun Jahren für 1 Mio. € verkauft werden. Herr Barbi kann 15 % Zinsen erwarten, würde er sein Geld in ein anderes Projekt investieren. Daher rechnet er auch mit der gleichen Zinsrate für dieses Projekt. Wie viel Kapital sollte Massimiliano Barbi in seine neuen vier Filialen investieren?
2. Sie haben soeben die Upstart Hotel Group gegründet. Ihr erstes Hotel gründen Sie auf Kroatien mit der Intention, in Zukunft weiter zu expandieren. Sie müssen

für Ihr erstes Hotel 30 Mio. € investieren. Während der nächsten fünf Jahre erwarten Sie von Ihrer Investition folgende Kapitalflüsse:

Jahr 1: 12.000.000 €,
Jahr 2: 13.200.000 €,
Jahr 3: 14.200.000 €,
Jahr 4: 15.400.000 €,
Jahr 5: 16.600.000 €.

Nach fünf Jahren können Sie das Hotel für 5 Mio. € verkaufen. Der Zinssatz, von der Sie ausgehen, beträgt 10 %. Wie hoch ist der Kapitalwert? Sollten Sie diese Investition tätigen?

3. Kapital wird für vier Jahre mit einem Zinssatz von 6 % pro Jahr angelegt. Anschließend wird das Kapital weitere drei Jahre mit einem Zinssatz von 6,5 % pro Jahr angelegt. Wie hoch ist der effektive Jahreszinssatz für diese sieben Jahre?

4. Sie investieren heute 120.000 € in einen Rentenfonds. Wenn Sie die nächsten Jahre gleiche Rentenzahlungen in Höhe von 17.602,24 € am Ende jeder Periode erhalten möchten und der Zinssatz 7,65 % p. a. beträgt, wie viele Zahlungen können Sie erhalten?

5. Nachdem Sie sich bis hierher durchgearbeitet haben, denken Sie vielleicht, wie schön das Leben doch wäre – und damit das Thema Finanzierung – wenn Geld keinen Zeitwert hätte, es keine Zinsen gäbe.

   Aber nun ist es halt so, dass es Zinsen gibt und Fremdkapital und Banken, die von Zinsgeschäften und zukünftigen Geldwerten leben und es ist vielleicht sinnvoll, sich auf etwas entspannende Form mit der Geschichte der Zinsentstehung und unserer Art, Wirtschaft zu betreiben, zu beschäftigen. Schauen Sie sich die drei Videos an, in denen die Banken – zeitgeistgerecht – nicht gerade fair behandelt werden. Sie können über die reine Frage des sich auf der Zeitachse verändernden Geldwertes hinaus etwas über das prinzipielle Funktionieren unseres Wirtschaftssystems lernen. Schon bei der folgenden Aufgabe 6 könnte die gewonnene Sichtweise nützlich sein.

   Teil 1: ▶ http://www.youtube.com/watch?v=9BrLrwbkQWQ
   Teil 2: ▶ http://www.youtube.com/watch?v=aK2yZlHk4cA&feature=related
   Teil 3: ▶ https://www.youtube.com/watch?v=0VOtdQrCoyk

6. Möglicherweise sind Sie empört über den „kapitalismuskritischen Tenor" und die Schuldzuweisungen für alles Böse dieser Welt an die Banken in den Videos von Aufgabe 5 – immerhin könnte Ihr Vater in einer Bank arbeiten. Nehmen Sie das nicht so ernst. Wohl dem, der Demagogie erkennen kann. Und dennoch ist die Gefahr, die von Zinsen ausgehen kann, wohl schon andernorts und in früherer Zeit erkannt worden.

   Beispielsweise verbietet der Koran den Zins! Und folglich auch den Zinseszins! Und wenn sich alle Muslime daran hielten, dann dürfte – anders als in unserem Wirtschaftssystem – niemand dadurch reicher werden, weil er schon reich ist.

Diskutieren Sie die Frage, ob und warum jemand – z. B. eine Bank – dem Wirtschaftsprozess unentgeltlich Kredit zur Verfügung stellen sollte und ob, wenn es unentgeltliche Kredite geben sollte, damit Berechnungen, die Sie in diesem Kapitel gelernt haben, überflüssig würden.

Lesen und Vertiefen

- Becker, H. P. (2013). *Investition und Finanzierung*. Wiesbaden: Gabler, Abschn. 2.2.1.
  Es wird im Abschn. 2.2.1 erläutert, wie man einen Barwert und einen Endwert berechnet. Anschließend wird die Theorie auf die Methoden der Investitionsrechnung angewendet.
- Hillier, D., Ross, S. A., Westerfield, R. W., Jaffe, J., Jordan, B. D. (2013). *Corporate Finance*. London et al.: McGraw-Hill, Kap. 4.
  Im Kap. 4 wird dargestellt, wie der Endwert und Barwert bei Einmalzahlungen und bei wiederholten konstanten Zahlungen berechnet wird.
- Koss, C. (2006). *Basiswissen Finanzierung*. Wiesbaden: Gabler, Teil C.
  In diesem Teil C des Buches werden die verschiedenen Verfahren, wie man einen Barwert, einen Endwert und eine Rente berechnet, ausführlich dargestellt.

Serviceteil

Tipps fürs Studium und fürs Lernen – 182

Formelsammlung – 187

Glossar – 193

Literatur – 197

Der Abschnitt „Tipps fürs Studium und fürs Lernen" wurde von Andrea Hüttmann verfasst.

T. Schuster, L. Rüdt von Collenberg, *Finanzierung: Finanzberichte, -kennzahlen, -planung*,
Studienwissen kompakt, DOI 10.1007/978-3-662-46182-2_9,
© Springer-Verlag Berlin Heidelberg 2015

Tipps fürs Studium und fürs Lernen

- **Studieren Sie!**

Studieren erfordert ein anderes Lernen, als Sie es aus der Schule kennen. Studieren bedeutet, in Materie abzutauchen, sich intensiv mit Sachverhalten auseinanderzusetzen, Dinge in der Tiefe zu durchdringen. Studieren bedeutet auch, Eigeninitiative zu übernehmen, selbstständig zu arbeiten, sich autonom Ziele zu setzen, anstatt auf konkrete Arbeitsaufträge zu warten. Ein Studium erfolgreich abzuschließen erfordert die Fähigkeit, der Lebensphase und der Institution angemessene effektive Verhaltensweisen zu entwickeln – hierzu gehören u. a. funktionierende Lern- und Prüfungsstrategien, ein gelungenes Zeitmanagement, eine gesunde Portion Mut und viel pro-aktiver Gestaltungswille. Im Folgenden finden Sie einige erfolgserprobte Tipps, die Ihnen beim Studieren Orientierung geben, einen grafischen Überblick dazu zeigt ◘ Abb. A.1.

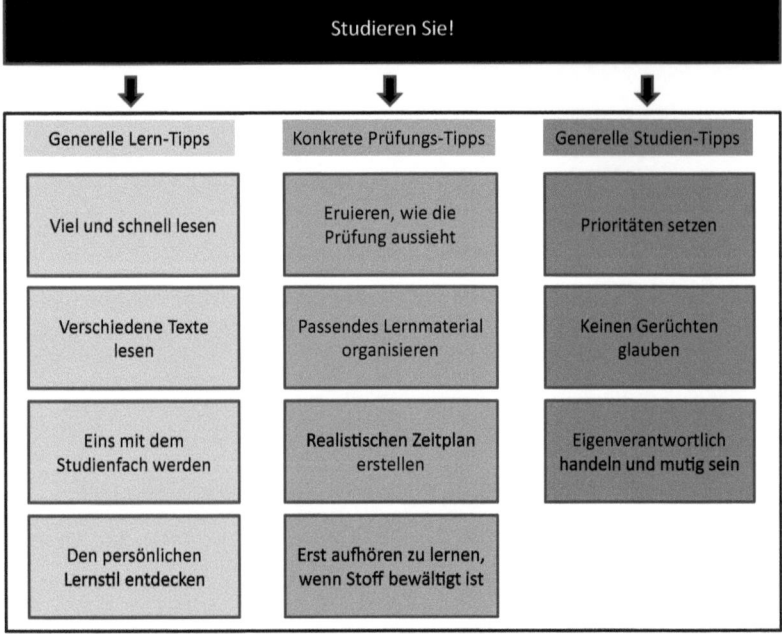

◘ Abb. A.1 Tipps im Überblick

Tipps fürs Studium und fürs Lernen

Lesen Sie viel und schnell

Studieren bedeutet, wie oben beschrieben, in Materie abzutauchen. Dies gelingt uns am besten, indem wir zunächst einfach nur viel lesen. Von der Lernmethode – lesen, unterstreichen, heraus schreiben – wie wir sie meist in der Schule praktizieren, müssen wir uns im Studium verabschieden. Sie dauert zu lange und raubt uns kostbare Zeit, die wir besser in Lesen investieren sollten. Selbstverständlich macht es Sinn, sich hier und da Dinge zu notieren oder mit anderen zu diskutieren. Das systematische Verfassen von eigenen Text-Abschriften aber ist im Studium – zumindest flächendeckend – keine empfehlenswerte Methode mehr. Mehr und schneller lesen schon eher …

Werden Sie eins mit Ihrem Studienfach

Jenseits allen Pragmatismus sollten wir uns als Studierende eines Faches – in der Summe – zutiefst für dieses interessieren. Ein brennendes Interesse muss nicht unbedingt von Anfang an bestehen, sollte aber im Laufe eines Studiums entfacht werden. Bitte warten Sie aber nicht in Passivhaltung darauf, begeistert zu werden, sondern sorgen Sie selbst dafür, dass Ihr Studienfach Sie etwas angeht. In der Regel entsteht Begeisterung, wenn wir die zu studierenden Inhalte mit lebensnahen Themen kombinieren: Wenn wir etwa Zeitungen und Fachzeitschriften lesen, verstehen wir, welche Rolle die von uns studierten Inhalte im aktuellen Zeitgeschehen spielen und welchen Trends sie unterliegen; wenn wir Praktika machen, erfahren wir, dass wir mit unserem Know-how – oft auch schon nach wenigen Semestern – Wertvolles beitragen können. Nicht zuletzt: Dinge machen in der Regel Freude, wenn wir sie beherrschen. Vor dem Beherrschen kommt das Engagement: Engagieren Sie sich also und werden Sie eins mit Ihrem Studienfach!

Entdecken Sie Ihren persönlichen Lernstil

Jenseits einiger allgemein gültiger Lern-Empfehlungen muss jeder Studierende für sich selbst herausfinden, wann, wo und wie er am effektivsten lernen kann. Es gibt die Lerchen, die sich morgens am besten konzentrieren können, und die Eulen, die ihre Lernphasen in den Abend und die Nacht verlagern. Es gibt die visuellen Lerntypen, die am liebsten Dinge aufschreiben und sich anschauen; es gibt auditive Lerntypen, die etwa Hörbücher oder eigene Sprachaufzeichnungen verwenden. Manche bevorzugen Karteikarten verschiedener Größen, andere fertigen sich auf Flipchart-Bögen Übersichtsdarstellungen an, einige können während des

Spazierengehens am besten auswendig lernen, andere tun dies in einer Hängematte. Es ist egal, wo und wie Sie lernen. Wichtig ist, dass Sie einen für sich effektiven Lernstil ausfindig machen und diesem – unabhängig von Kommentaren Dritter – treu bleiben.

Bringen Sie in Erfahrung, wie die bevorstehende Prüfung aussieht

Die Art und Weise einer Prüfungsvorbereitung hängt in hohem Maße von der Art und Weise der bevorstehenden Prüfung ab. Es ist daher unerlässlich, sich immer wieder bezüglich des Prüfungstyps zu informieren. Wird auswendig Gelerntes abgefragt? Ist Wissenstransfer gefragt? Muss man selbstständig Sachverhalte darstellen? Ist der Blick über den Tellerrand gefragt? Fragen Sie Ihre Dozenten. Sie müssen Ihnen zwar keine Antwort geben, doch die meisten Dozenten freuen sich über schlau formulierte Fragen, die das Interesse der Studierenden bescheinigen und werden Ihnen in irgendeiner Form Hinweise geben. Fragen Sie Studierende höherer Semester. Es gibt immer eine Möglichkeit, Dinge in Erfahrung zu bringen. Ob Sie es anstellen und wie, hängt von dem Ausmaß Ihres Mutes und Ihrer Pro-Aktivität ab.

Decken Sie sich mit passendem Lernmaterial ein

Wenn Sie wissen, welcher Art die bevorstehende Prüfung ist, haben Sie bereits viel gewonnen. Jetzt brauchen Sie noch Lernmaterialien, mit denen Sie arbeiten können. Bitte verwenden Sie niemals die Aufzeichnungen Anderer – sie sind inhaltlich unzuverlässig und nicht aus Ihrem Kopf heraus entstanden. Wählen Sie Materialien, auf die Sie sich verlassen können und zu denen Sie einen Zugang finden. In der Regel empfiehlt sich eine Mischung – für eine normale Semesterabschlussklausur wären das z. B. Ihre Vorlesungs-Mitschriften, ein bis zwei einschlägige Bücher zum Thema (idealerweise eines von dem Dozenten, der die Klausur stellt), ein Nachschlagewerk (heute häufig online einzusehen), eventuell prüfungsvorbereitende Bücher, etwa aus der Lehrbuchsammlung Ihrer Universitätsbibliothek.

Erstellen Sie einen realistischen Zeitplan

Ein realistischer Zeitplan ist ein fester Bestandteil einer soliden Prüfungsvorbereitung. Gehen Sie das Thema pragmatisch an und beantworten Sie folgende Fragen: Wie viele

Tipps fürs Studium und fürs Lernen

Wochen bleiben mir bis zur Klausur? An wie vielen Tagen pro Woche habe ich (realistisch) wie viel Zeit zur Vorbereitung dieser Klausur? (An dem Punkt erschreckt und ernüchtert man zugleich, da stets nicht annähernd so viel Zeit zur Verfügung steht, wie man zu brauchen meint.) Wenn Sie wissen, wie viele Stunden Ihnen zur Vorbereitung zur Verfügung stehen, legen Sie fest, in welchem Zeitfenster Sie welchen Stoff bearbeiten. Nun tragen Sie Ihre Vorhaben in Ihren Zeitplan ein und schauen, wie Sie damit klar kommen. Wenn sich ein Zeitplan als nicht machbar herausstellt, verändern Sie ihn. Aber arbeiten Sie niemals ohne Zeitplan!

Beenden Sie Ihre Lernphase erst, wenn der Stoff bewältigt ist

Eine Lernphase ist erst beendet, wenn der Stoff, den Sie in dieser Einheit bewältigen wollten, auch bewältigt ist. Die meisten Studierenden sind hier zu milde im Umgang mit sich selbst und orientieren sich exklusiv an der Zeit. Das Zeitfenster, das Sie für eine bestimmte Menge an Stoff reserviert haben, ist aber nur ein Parameter Ihres Plans. Der andere Parameter ist der Stoff. Und eine Lerneinheit ist erst beendet, wenn Sie das, was Sie erreichen wollten, erreicht haben. Seien Sie hier sehr diszipliniert und streng mit sich selbst. Wenn Sie wissen, dass Sie nicht aufstehen dürfen, wenn die Zeit abgelaufen ist, sondern erst wenn das inhaltliche Pensum erledigt ist, werden Sie konzentrierter und schneller arbeiten.

Setzen Sie Prioritäten

Sie müssen im Studium Prioritäten setzen, denn Sie können nicht für alle Fächer denselben immensen Zeitaufwand betreiben. Professoren und Dozenten haben die Angewohnheit, die von ihnen unterrichteten Fächer als die bedeutsamsten überhaupt anzusehen. Entsprechend wird jeder Lehrende mit einer unerfüllbaren Erwartungshaltung bezüglich Ihrer Begleitstudien an Sie herantreten. Bleiben Sie hier ganz nüchtern und stellen Sie sich folgende Fragen: Welche Klausuren muss ich in diesem Semester bestehen? In welchen sind mir gute Noten wirklich wichtig? Welche Fächer interessieren mich am meisten bzw. sind am bedeutsamsten für die Gesamtzusammenhänge meines Studiums? Nicht zuletzt: Wo bekomme ich die meisten Credits? Je nachdem, wie Sie diese Fragen beantworten, wird Ihr Engagement in der Prüfungsvorbereitung ausfallen. Entscheidungen dieser Art sind im Studium keine böswilligen Demonstrationen von Desinteresse, sondern schlicht und einfach überlebensnotwendig.

Glauben Sie keinen Gerüchten

Es werden an kaum einem Ort so viele Gerüchte gehandelt wie an Hochschulen – Studierende lieben es, Durchfallquoten, von denen Sie gehört haben, jeweils um 10–15 % zu erhöhen, Geschichten aus mündlichen Prüfungen in Gruselgeschichten zu verwandeln und Informationen des Prüfungsamtes zu verdrehen. Glauben Sie nichts von diesen Dingen und holen Sie sich alle wichtigen Informationen dort, wo man Ihnen qualifiziert und zuverlässig Antworten erteilt. 95 % der Geschichten, die man sich an Hochschulen erzählt, sind schlichtweg erfunden und das Ergebnis von „Stiller Post".

Handeln Sie eigenverantwortlich und seien Sie mutig

Eigenverantwortung und Mut sind Grundhaltungen, die sich im Studium mehr als auszahlen. Als Studierende verfügen Sie über viel mehr Freiheit als als Schüler: Sie müssen nicht immer anwesend sein, niemand ist von Ihnen persönlich enttäuscht, wenn Sie eine Prüfung nicht bestehen, keiner hält Ihnen eine Moralpredigt, wenn Sie Ihre Hausaufgaben nicht gemacht haben, es ist niemandes Job, sich darum zu kümmern, dass Sie klar kommen. Ob Sie also erfolgreich studieren oder nicht, ist für niemanden von Belang außer für Sie selbst. Folglich wird nur der eine Hochschule erfolgreich verlassen, dem es gelingt, in voller Überzeugung eigenverantwortlich zu handeln. Die Fähigkeit zur Selbstführung ist daher der Soft Skill, von dem Hochschulabsolventen in ihrem späteren Leben am meisten profitieren. Zugleich sind Hochschulen Institutionen, die vielen Studierenden ein Übermaß an Respekt einflößen: Professoren werden nicht unbedingt als vertrauliche Ansprechpartner gesehen, die Masse an Stoff scheint nicht zu bewältigen, die Institution mit ihren vielen Ämtern, Gremien und Prüfungsordnungen sind nicht zu durchschauen. Wer sich aber einschüchtern lässt, zieht den Kürzeren. Es gilt, Mut zu entwickeln, sich seinen eigenen Weg zu bahnen, mit gesundem Selbstvertrauen voranzuschreiten und auch in Prüfungen eine pro-aktive Haltung an den Tag zu legen. Unmengen an Menschen vor Ihnen haben diesen Weg erfolgreich beschritten. Auch Sie werden das schaffen!

Andrea Hüttmann ist Professorin an der accadis Hochschule Bad Homburg, Leiterin des Fachbereichs „Communication Skills" und Expertin für die Soft-Skill-Ausbildung der Studierenden. Als Coach ist sie auch auf dem freien Markt tätig und begleitet Unternehmen, Privatpersonen und Studierende bei Veränderungsvorhaben und Entwicklungswünschen (► www.andrea-huettmann.de).

Formelsammlung

- ▶ **Abschnitt 3.1**

Nettoumlaufvermögen

Nettoumlaufvermögen = Umlaufvermögen − Kurzfristige Verbindlichkeiten

- ▶ **Abschnitt 3.3**

Körperschaftsteuer

Körperschaftsteuer = 0,15 · Gewinn vor Steuern (EBT)

Gewerbesteuer = Hebesatz/100 · Messzahl/100 · Gewinn vor Steuern

Solidaritätszuschlag = 0,05 · Körperschaftsteuer

- ▶ **Abschnitt 3.4**

Operativer Cashflow = EBIT − Steuern + Abschreibung

EBITD = EBIT + Abschreibung auf Sachanlagen

EBITDA = EBIT + Abschreibung

Liquiditätswirksame Veränderung der Zahlungsmittel
= Cashflow aus laufender Geschäftstätigkeit + Cashflow aus Investitionstätigkeit + Cashflow aus Finanzierungstätigkeit

Zahlungsmittel am Jahresanfang + Liquiditätswirksame Veränderung der Zahlungsmittel = Zahlungsmittel am Jahresende

▶ Abschnitt 4.1

Anlageintensität = Anlagevermögen/Gesamtvermögen · 100 %

Umlaufintensität = Umlaufvermögen/Gesamtvermögen · 100 %

$$\text{Investitionsquote} = \frac{\text{Nettoinvestition bei Sachanlagen}}{\text{Anfangsbestand der Sachanlagen}} \cdot 100\,\%$$

$$\text{Investitionsdeckung} = \frac{\text{Abschreibung auf Sachanlagen}}{\text{Zugänge an Sachanlagen}} \cdot 100\,\%$$

Anlagennutzung = Umsatz/Sachanlagen · 100 %

Vorratshaltung = Vorräte/Umsatz · 100 %

Laufzeit der Forderungen
= Durchschnittlicher Bestand Warenforderungen/Umsatz · 360

Eigenkapitalquote = Eigenkapital/Gesamtkapital · 100 %

Fremdkapitalquote = Fremdkapital/Gesamtkapital · 100 %

Verschuldungsgrad = Fremdkapital/Eigenkapital · 100 %

$$\text{Lieferantenkreditdauer} = \frac{\text{Durchschnittlicher Kreditorenbestand}}{\text{Wareneingang}} \cdot 360$$

$$\text{Liquidität 1. Grades} = \frac{\text{Zahlungsmittel}}{\text{Kurzfristige Verbindlichkeiten}} \cdot 100\,\%$$

Formelsammlung

$$\text{Liquidität 2. Grades} = \frac{(\text{Zahlungsmittel} + \text{kurzfristige Forderungen})}{(\text{Kurzfristige Verbindlichkeiten})} \cdot 100\,\%$$

Liquidität 3. Grades
$$= \frac{(\text{Zahlungsmittel} + \text{kurzfristige Forderungen} + \text{Vorräte})}{(\text{Kurzfristige Verbindlichkeiten})} \cdot 100\,\%$$

Deckungsgrad A = Eigenkapital/Anlagevermögen · 100 %

$$\text{Deckungsgrad B} = \frac{(\text{Eigenkapital} + \text{langfristiges Fremdkapital})}{(\text{Anlagevermögen})} \cdot 100\,\%$$

$$\text{Deckungsgrad C} = \frac{(\text{Eigenkapital} + \text{langfristiges Fremdkapital})}{(\text{Anlagevermögen} + \text{langfristiges Umlaufvermögen})} \cdot 100\,\%$$

Umsatzrendite = Jahresüberschuss/Umsatz · 100 %

Gesamtkapitalrendite = Jahresüberschuss/Gesamtvermögen · 100 %

Eigenkapitalrendite = Jahresüberschuss/Eigenkapital · 100 %

Ergebnis je Aktie = Jahresüberschuss/Anzahl der Aktien

Kurs-Gewinn-Verhältnis = Aktienkurs/Ergebnis je Aktie

Markt-Buchwert-Verhältnis = Marktwert je Aktie/Buchwert je Aktie

Buchwert je Aktie = Eigenkapital/Anzahl der Aktien

- ▶ **Abschnitt 5.3**

Ausschüttungsquote

$$d = \text{Dividenden}/\text{Jahresüberschuss}$$

Thesaurierungsquote

$$b = \text{Nicht ausgeschüttete Gewinne}/\text{Jahresüberschuss}$$

Externer Finanzierungsbedarf

$$\text{EFB} = \text{Gesamtvermögen} \cdot g - \text{Verbindlichkeiten aus Lieferungen und Leistungen} \cdot g - (1-d) \cdot (1+g) \cdot \text{Jahresüberschuss}$$

- ▶ **Abschnitt 5.4**

$$\text{Interne Wachstumsrate} = \frac{\text{Gesamtkapitalrendite} \cdot b}{1 - \text{Gesamtkapitalrendite} \cdot b} \cdot 100\,\%$$

$$\text{Nachhaltige Wachstumsrate} = \frac{\text{Eigenkapitalrendite} \cdot b}{1 - \text{Eigenkapitalrendite} \cdot b} \cdot 100\,\%$$

- ▶ **Abschnitt 6.2**

Barwert eines einzelnen Kapitalflusses

$$\text{Endwert} = \text{Barwert}/(1+r)^T$$

Endwert einer einzelnen Ein- oder Auszahlung

$$\text{Endwert} = \text{Barwert} \cdot (1+r)^T$$

Kapitalwertmethode

$$\text{NPV} = -C_0 + \sum_{i=1}^{T} \frac{C_i}{(1+r)^i}$$

Formelsammlung

Barwert mehrerer nachschüssiger Ein- oder Auszahlungen

$$\text{Barwert nachschüssig} = C \cdot \frac{1 - \frac{1}{(1+r)^T}}{r}$$

Endwert mehrerer nachschüssiger Ein- oder Auszahlungen

$$\text{Endwert nachschüssig} = C \cdot \frac{(1+r)^T - 1}{r}$$

Barwert mehrerer vorschüssiger Ein- oder Auszahlungen

$$\text{Barwert vorschüssig} = C \cdot \frac{1 - \frac{1}{(1+r)^T}}{1 - \frac{1}{1+r}}$$

Endwert mehrerer vorschüssiger Ein- oder Auszahlungen

$$\text{Endwert vorschüssig} = C \cdot \frac{(1+r)^{T+1} - (1+r)}{r}$$

Annuität eines Darlehens

$$C = K \cdot \frac{r \cdot (1+r)^T}{1 - (1+r)^T}$$

- ▶ **Abschnitt 6.3**

Barwert eines Unternehmens

$$PV = \sum_{i=1}^{T} \frac{C_i}{(1+r)^i} + \frac{SP_T}{(1+r)^T}$$

Glossar[1]

[1] Hinweis: Bei zusammengesetzten Stichwörtern ist der Eintrag immer unter dem ersten Hauptwort zu finden.

Aktiva Die Aktivseite der Bilanz stellt die Vermögenswerte eines Unternehmens dar und ist in Anlage- und Umlaufvermögen unterteilt.

Annuität Eine Annuität ist eine regelmäßig wiederkehrende Zahlung in konstanter Höhe. Sie kann jeweils am Anfang einer Periode erfolgen (vorschüssig) oder immer am Ende einer Periode ausgezahlt werden (nachschüssig).

Annuitätendarlehen Bei einem Annuitätendarlehen zahlt der Schuldner das Darlehen in konstanten Raten zurück (meist monatlich oder jährlich). Die Annuität setzt sich aus einem Zins- und aus einem Tilgungsteil zusammen.

Aufsichtsrat Der Aufsichtsrat hat gegenüber dem Vorstand eine Kontrollfunktion und kann damit das Prinzipal-Agent-Problem verringern.

Außenfinanzierung Durch Außenfinanzierung erhält das Unternehmen Kapital, das von außen zugeführt wird.

Barwert Der Barwert ist der Wert eines Geldbetrags zum jetzigen Zeitpunkt. Er wird durch Abzinsen ermittelt.

Bilanz Die Bilanz stellt das Vermögen und das Kapital eines Unternehmens zu einem Stichtag dar. Sie ist in Aktiv- und in Passivseite gegliedert.

Bruttoertrag Gewinnposition in der Gewinn- und Verlustrechnung. Er wird berechnet als Umsatz abzüglich Herstellungskosten.

Bruttogewinn Gewinnposition in der Gewinn- und Verlustrechnung. Er wird berechnet als Bruttoertrag abzüglich Vertriebskosten und allgemeine Verwaltungskosten. Außerdem wird der Saldo aus sonstiger betrieblicher Ertrag minus sonstiger betrieblicher Aufwand hinzugezählt. Der Bruttogewinn wird auch EBIT (Earnings before interest and taxes) genannt.

Cashflow Die Barmittel, die das Unternehmen in einem Geschäftsjahr erwirtschaftet, werden als Cashflow bezeichnet.

Durchschnittssteuersatz Der Durchschnittssteuersatz errechnet sich aus den zu zahlenden Steuern, dividiert durch das zu versteuernde Einkommen.

EBIT EBIT bedeutet Earnings before interest and taxes. Es ist eine Gewinnposition in der Gewinn- und Verlustrechnung. Er wird berechnet als Bruttoertrag abzüglich Vertriebskosten und allgemeine Verwaltungskosten. Außerdem wird der Saldo aus sonstiger betrieblicher Ertrag minus sonstiger betrieblicher Aufwand hinzugezählt. Das EBIT wird auch Bruttogewinn genannt.

Eigenkapital Eigenkapital wird von den Eigentümern des Unternehmens langfristig zur Verfügung gestellt. Auf Eigenkapital muss keine Zinsen gezahlt werden, die Eigenkapitalgeber haben jedoch Anspruch auf den Gewinn. Eigenkapitalgeber haben ein Mitspracherecht bei Unternehmensentscheidungen.

Eigenkapitalquote Die Eigenkapitalquote ist die wichtigste Finanzierungskennzahl. Sie sagt aus, wie viel Prozent des Gesamtkapitals durch Eigenkapital finanziert ist. Die Kennzahl sollte größer 30 % sein.

Einkommensteuer In Deutschland muss eine Kapitalgesellschaft als Einkommensteuer die Körperschaftsteuer, die Gewerbeertragsteuer und den Solidaritätszuschlag bezahlen.

Einzelunternehmen Das Einzelunternehmen gehört einer Einzelperson und ist einfach zu gründen.

Endwert Der Endwert ist der Wert eines Geldbetrags zum Ende einer Betrachtungsperiode. Er wird durch Aufzinsen ermittelt.

Finanzierungsbedarf des Unternehmens Finanzbedarf entsteht, wenn ein Unternehmen wächst. Es muss mehr produziert werden, um mehr Umsatz zu generieren. Mehr Produktion bedeutet aber auch mehr Produktionsanlagen, mehr Vermögen und einen steigenden Kapitalbedarf.

Finanzierungsbedarf (externer) Der externe Finanzierungsbedarf errechnet sich aus Zuwachs an Vermögenswerten (die finanziert werden müssen) abzüglich der Zunahme der Verbindlichkeiten und Leistungen abzüglich den einbehaltenen Gewinnen.

Finanzierung von Unternehmen Unternehmen können sich entweder durch Fremdkapital oder Eigenkapital finanzieren.

Finanzierungskennzahlen Die wichtigsten Finanzierungskennzahlen sind die Eigenkapitalquote, die Fremdkapitalquote, der Verschuldungsgrad und die Lieferantenkreditdauer.

Finanzkennzahlen Finanzkennzahlen setzen mindestens zwei betriebswirtschaftliche Größen ins Verhältnis. Sie dienen dazu, ein Unternehmen wirtschaftlich zu analysieren und mehrere Unternehmen miteinander zu vergleichen.

Finanzplanung (langfristige) Bei der langfristigen Finanzplanung verändern sich nicht alle Posten der Gewinn- und Verlustrechnung sowie der Bilanz proportional zum Umsatz. Ausnahmen sind in der GuV die ausgeschütteten Gewinn und in der Bilanz alle Passivpositionen mit Ausnahme der Verbindlichkeiten aus Lieferungen und Leistungen.

Finanzplanung (vereinfachtes Verfahren) Beim vereinfachten Verfahren der langfristigen Finanzplanung wachen alle Positionen der Gewinn- und Verlustrechnung sowie der Bilanz mit dem gleichen Prozentsatz wie der Umsatz.

Finanzvorstand Im Unternehmen ist der Finanzvorstand für die Finanzthemen zuständig. Er wird unterstützt von einem Treasurer und einem Controller.

Fremdkapital Fremdkapital sind Verbindlichkeiten, auf die Zinsen gezahlt werden müssen und die bei Fälligkeit zurückgezahlt werden müssen. Der Fremdkapitalgeber hat kein Stimmrecht.

Fremdkapitalquote Die Fremdkapitalquote sagt aus, wie viel Prozent des Gesamtkapitals durch Fremdkapital finanziert ist. Die Kennzahl sollte kleiner als 70 % sein.

Gewinn vor Steuern Gewinnposition in der Gewinn- und Verlustrechnung. Er wird berechnet als Bruttogewinn plus finanzieller Ertrag abzüglich finanzieller Aufwand. Dieser Betrag ist Grundlage für die Berechnung der Einkommensteuer.

Gewinn- und Verlustrechnung Die Gewinn- und Verlustrechnung gibt den Gewinn wieder,

Glossar

den ein Unternehmen innerhalb eines Geschäftsjahrs erwirtschaftet hat.

Grenzsteuersatz Der Grenzsteuersatz ist der Steuersatz, den man auf den nächsten zusätzlichen Euro Gewinn zahlen müsste.

Innenfinanzierung Bei der Innenfinanzierung entsteht neues Kapital im Rahmen des Produktions- und Umsatzprozesses des Unternehmens. Das Kapital wird sozusagen von innen bereitgestellt.

Investitionskennzahlen Die wichtigsten Investitionskennzahlen sind die Anlagenintensität, die Umlaufintensität, die Investitionsquote, die Investitionsdeckung, die Anlagennutzung, die Vorratshaltung und die Laufzeit der Forderungen.

Jahresüberschuss Gewinnposition in der Gewinn- und Verlustrechnung. Er wird berechnet als Gewinn vor Steuern abzüglich Einkommensteuer. Dieser Betrag steht den Eigentümern als Gewinn zur Verfügung. Der Jahresüberschuss wird auch Nettogewinn genannt.

Jahreszins (effektiv) Der effektive Jahreszins ist derjenige jährlich gezahlte Zins, den ein Investor erhalten würde, um den gleichen Endwert wie bei einer Kapitalanlage mit unterjähriger Verzinsung zu erhalten.

Kapitalflussrechnung Die Kapitalflussrechnung berücksichtigt alle Ein- und Auszahlungen innerhalb eines Geschäftsjahrs. Es werden der Cashflow aus laufender Geschäftstätigkeit, aus Investitionstätigkeit und aus Finanzierungstätigkeit ermittelt.

Kapitalgesellschaft Die Gesellschaft mit beschränkter Haftung (GmbH) und die Aktiengesellschaft (AG) zählen zu den Kapitalgesellschaften.

Kapitalwertmethode Bei der Kapitalwertmethode wird der Barwert aller zukünftigen Ein- und Auszahlungen eines Investitionsprojekts berechnet und davon die Investitionssumme abgezogen. Der Kapitalwert dient dazu, die Vorteilhaftigkeit von Investitionen zu beurteilen.

Kosten (fixe) Alle Kosten, die auch dann anfallen, wenn der Leistungsprozess still steht (Fehlende Aufträge, Streik, Urlaub), bezeichnet man als fixe Kosten.

Kosten (variable) Kosten, die ausschließlich dann anfallen, wenn produziert wird, sind variable Kosten.

Liquidität Die Liquidität eines Vermögenswertes misst, wie schnell und einfach er in Bargeld umgewandelt werden kann.

Liquiditätskennzahlen Die kurzfristige Liquidität in einem Unternehmen wird durch die Liquidität 1. Grades, Liquidität 2. Grades und Liquidität 3. Grades gemessen. Für die langfristige Liquiditätsanalyse stehen die Kennzahlen Deckungsgrad A, B und C zur Verfügung. Sie messen, inwieweit die langfristigen Vermögenswerte mit langfristigem Kapital finanziert werden. Alle Deckungsgrade sollten für ein finanziell gesundes Unternehmen mehr als 100 % betragen.

Marktwert-Kennzahlen Weit verbreitete Marktwert-Kennzahlen sind das Ergebnis je Aktie, das Kurs-Gewinn-Verhältnis und das Markt-Buchwert-Verhältnis. Am aussagekräftigsten ist das Kurs-Gewinn-Verhältnis. Ist der Wert kleiner als 20, dann ist die Aktie günstig bewertet.

Nettogewinn Gewinnposition in der Gewinn- und Verlustrechnung. Er wird berechnet als Gewinn vor Steuern abzüglich Einkommensteuer. Dieser Betrag steht den Eigentümern als Gewinn zur Verfügung. Der Nettogewinn wird auch Jahresüberschuss genannt.

Passiva Die Passivseite der Bilanz stellt das Gesamtkapital des Unternehmens dar und ist in Eigen- und in Fremdkapital gegliedert.

Personengesellschaft Es gibt drei Arten von Personengesellschaften, die Gesellschaft des bürgerlichen Rechts (GbR), die offene Handelsgesellschaft (OHG) und die Kommanditgesellschaft (KG).

Prinzipal-Agent-Problem Bei Aktiengesellschaften kommt es oft zu einem Prinzipal-Agent-Problem. Hierbei verfolgt der Vorstand (der Agent) andere Ziele als der Aktionär als Eigentümer (der Prinzipal).

Renditekennzahlen Die Umsatzrendite, die Gesamtkapitalrendite und die Eigenkapitalrendite sind die wichtigsten Renditekennzahlen. Für den Eigentümer des Unternehmens ist die Eigenkapitalrendite die wichtigste Kennzahl, da sie aussagt, wie viel Zinsen sein eingesetztes Kapital erwirtschaftet hat.

Rente (ewige) Eine ewige Rente ist ein konstanter Kapitalfluss, der nie aufhört. Ein Beispiel dafür wäre die ewige Anleihe.

Unternehmenswert Der Wert eines Unternehmens wird durch die Kapitalwertmethode bestimmt. Er bemisst sich nach dem Barwert aller zukünftigen Cashflows, die das Unternehmen generiert.

Wachstumsrate (interne) Die interne Wachstumsrate ist diejenige Wachstumsrate, mit der ein Unternehmen wachsen kann, wenn es sich allein durch einbehaltene Gewinne finanziert.

Wachstumsrate (nachhaltige) Die nachhaltige Wachstumsrate ist diejenige Wachstumsrate, mit der ein Unternehmen wachsen kann, wenn es sich durch einbehaltene Gewinne und Fremdkapital finanziert, wobei der Verschuldungsgrad konstant bleibt.

Ziel des Unternehmens Hauptziel des Unternehmens ist es, den Unternehmenswert zu steigern.

Zinsen (einfache) Werden einfache Zinsen gezahlt, werden die Zinsen ausgeschüttet und nicht wieder zinstragend angelegt.

Zinsen (Zinseszinsen) Bei Zinseszinsen werden die Zinsen einbehalten und wieder zinstragend angelegt.

Literatur

Grundlagenliteratur

Hillier, D., Ross, S. A., Westerfield, R. W., Jaffe, J., & Jordan, B. D. (2013). *Corporate Finance* (2. Aufl.). London: McGraw-Hill. European Edition

Jahrmann, F.-U. (2009). *Finanzierung* (6. Aufl.). Herne/Berlin: Neue Wirtschafts-Briefe.

Perridon, L., Steiner, M., & Rathgeber, A. W. (2012). *Finanzwirtschaft der Unternehmung* (16. Aufl.). München: Vahlen.

Schuster, T., & Uskova, M. (2015). *Finanzierung: Anleihen, Aktien, Optionen*. Wiesbaden: Springer Gabler.

Volkart, R., & Wagner, A. F. (2014). *Corporate Finance – Grundlagen von Finanzierung und Investition* (6. Aufl.). Zürich: Versus.

Wöhe, G., & Döring, U. (2013). *Einführung in die Allgemeine Betriebswirtschaftslehre* (25. Aufl.). München: Vahlen.

Weiterführende Literatur

Becker, H. P. (2013). *Investition und Finanzierung* (6. Aufl.). Wiesbaden: Gabler.

Bösch, M. (2013). *Finanzwirtschaft: Investition, Finanzierung, Finanzmärkte und Steuerung* (2. Aufl.). München: Vahlen.

Brealey, R. A., Myers, S. C., & Allen, F. (2014). *Principles of Corporate Finance* (11. Aufl.). New York: McGraw-Hill.

Brigham, E. F., & Ehrhardt, M. C. (2013). *Financial Management. Theory and Practice* (14. Aufl.). Mason, Ohio: Cengage Learning.

Copeland, T. E., Weston, J. F., & Shastri, K. (2005). *Financial Theory and Corporate Policy* (4. Aufl.). Boston: Pearson Addison Wesley.

Koss, C. (2006). *Basiswissen Finanzierung*. Wiesbaden: Gabler.

Meggison, W. L., Smart, S. B., & Lucey, B. M. (2009). *Introduction to Corporate Finance* (2. Aufl.). London: South-Western Cengage Learning.

Olfert, K. (2013). *Finanzierung* (16. Aufl.). Herne/Berlin: Neue Wirtschafts-Briefe.

Schuster, T., & Rüdt von Collenberg, L. (2015). *Investitionstheorie: Kapitalwert, Zinsfuß, Annuität, Amortisation*. Wiesbaden: Springer Gabler.

Thommen, J.-P. (2012). *Betriebswirtschaftslehre* (8. Aufl.). Zürich: Versus.

Vollmuth, H., & Zwettler, R. (2008). *Kennzahlen*. München: Haufe.

Vahs, D., & Schäfer-Kunz, J. (2012). *Einführung in die Betriebswirtschaftslehre* (6. Aufl.). Stuttgart: Schäffer-Pöschel.

Wöhe, G., Bilstein, J., Ernst, D., & Häcker, J. (2013). *Finanzierung und Investition* (11. Aufl.). München: Vahlen.

Quellennachweis Abbildungen und Tabellen

adidas Group (2014). *For the Love of Sports. adidas Group Geschäftsbericht 2013*, Herzogenaurach. www.adidas-group.com/media/filer_public/2014/03/05/adidas-group_gb_2013_de.pdf. Zugegriffen: 20.12.2014

Literatur

BASF (2014). *BASF Bericht 2013. Ökonomische, ökologische und soziale Leistung, Ludwigshafen*. www.basf.com/documents/corp/de/about-us/publications/reports/2014/BASF_Bericht_2013.pdf. Zugegriffen: 20.12.2014

Beiersdorf (2014). *Geschäftsbericht 2013, Hamburg*. www.beiersdorf.de/~/media/Beiersdorf/local/de/investors/financial-reports/2013/Beiersdorf-Geschaeftsbericht-2013-DE.pdf. Zugegriffen: 20.12.2014

Börsenzeitung Online (2014). *Länder-Ratings*. www.boersen-zeitung.de/index.php?li=312&subm=laender. Zugegriffen: 20.12.2014

Daimler (2014). *Geschäftsbericht 2013, Stuttgart*. www.daimler.com/Projects/c2c/channel/documents/2432178_Daimler_2013_Geschaeftsbericht.pdf. Zugegriffen: 20.12.2014

Ross, S. A., Westerfield, R. W., Jaffe, J., & Jordan, B. D. (2010). *Fundamentals of Corporate Finance* (9. Aufl.). New York: McGraw-Hill.

Spiegel Online (2011). *Elektronikriese in Nöten: Erdbeben und Datenleck kosten Sony Milliarden*. www.spiegel.de/wirtschaft/unternehmen/elektronikriese-in-noeten-erdbeben-und-datenleck-kosten-sony-milliarden-a-764261.html. Zugegriffen: 20.12.2014

Yahoo Finance Deutschland (2014). *Wettbewerber. Direkt Wettbewerbsvergleich*. de.finance.yahoo.com/q/co?s=GM. Zugegriffen: 20.12.2014

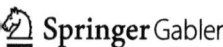 springer-gabler.de

Die neue Lehrbuchreihe für alle Studiengebiete der Wirtschaft!

Mit dem Springer-Lehrbuchprogramm „Studienwissen kompakt" werden kurze Lerneinheiten geschaffen, die als Einstieg in ein Fach bzw. in eine Teildisziplin konzipiert sind, einen ersten Überblick vermitteln und Orientierungswissen darstellen.

- Zielgruppengerechtes Wording und eine klare und übersichtliche Didaktik helfen den Studierenden bei ihren Prüfungen.
- Mit Lern-Kontrolle und unterstützendem Serviceteil.
- Für Bachelor-Studierende und Nebenfachstudenten der jeweiligen Fachgebiete.
- Teilweise mit Lösungen als Zusatzmaterialien zum Buch auf der Website.

Kurz: Lesen, lernen und verstehen!

Jetzt bestellen: springer-gabler.de

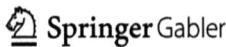

Studienwissen kompakt:
Die neue Lehrbuchreihe für alle Studiengebiete der Wirtschaft!

Opresnik et al.
Allgemeine Betriebswirtschaftslehre
2. Aufl. Brosch. € (D) 14,99 |
€ (A) 15,41 | * sFr 19,00
ISBN 978-3-662-44326-2

Holzmann
Wirtschaftsethik
Brosch. ca. € (D) 14,99 |
€ (A) 15,41 | * sFr 19,00
ISBN 978-3-658-06820-2

Arndt
Logistikmanagement
Brosch. € (D) 14,99 |
€ (A) 15,41 | * sFr 19,00
ISBN 978-3-658-07211-7

Franken
Personal: Diversity Management
Brosch. € (D) 14,99 |
€ (A) 15,41 | * sFr 19,00
ISBN 978-3-658-06796-0

Egner
Internationale Steuerlehre
Brosch. ca. € (D) 14,99 |
€ (A) 15,41 | * sFr 19,00
ISBN 978-3-658-07350-3

€ (D) sind gebundene Ladenpreise in Deutschland und enthalten 7% MwSt. € (A) sind gebundene Ladenpreise in Österreich und enthalten 10% MwSt.
Die mit * gekennzeichneten Preise sind unverbindliche Preisempfehlungen und enthalten die landesübliche MwSt. Preisänderungen und Irrtümer vorbehalten.

Jetzt bestellen: springer-gabler.de

MIX
Papier aus verantwortungsvollen Quellen
Paper from responsible sources
FSC® C105338

If you have any concerns about our products,
you can contact us on
ProductSafety@springernature.com

In case Publisher is established outside the EU,
the EU authorized representative is:
**Springer Nature Customer Service Center GmbH
Europaplatz 3, 69115 Heidelberg, Germany**

Printed by Libri Plureos GmbH
in Hamburg, Germany